KB260709

던질까? 참을까?

사표 사용 설명서

[2. 활용편]

던질까? 참을까? **사표 사용 설명서** [2. 활용편]

초판 1쇄 인쇄일 2014년 11월 11일
초판 1쇄 발행일 2014년 11월 18일

지은이 황진규
펴낸곳 도서출판 유심
펴낸이 구정남
총괄 이헌건
일러스트 정유리
마케팅 최진태

주소 서울특별시 구로구 공원로 41, 805(구로동, 현대파크빌)
전화 02.832.9395
팩스 02.6007.1725
URL www.bookusim.co.kr
등록 제2014-000098호(2014.7.8)

ISBN 979-11-953260-1-3 13320
값 15,000원

던질까? 참을까?

사표 사용 설명서 2 활용편

황진규 지음

도서출판 USim

| CONTENTS |

PART 4
진짜
문제는 '나'다
내면을
개혁하라

PART 5
내면 개혁
행동
강령

PART 6
퇴사 실천 강령 마지노선

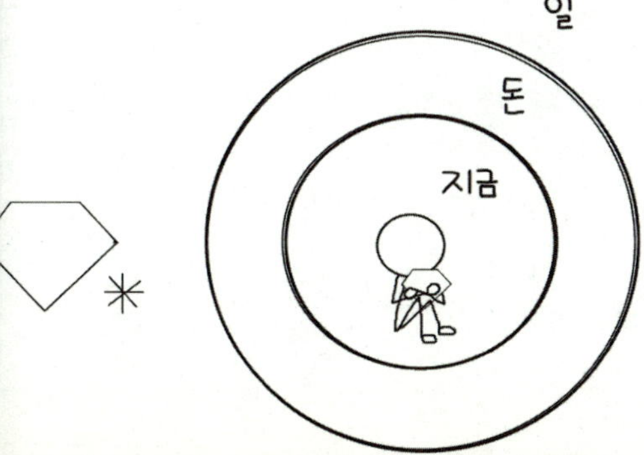

01

전선은 우리 내면에 그어져 있다

어느 날 영문도 모른 채 방 안에 갇힌 남자

어찌 된 일인가? 눈을 떠보니 방 안에 갇혀있다. 영문은 모르겠지만 일단 나가야겠다. 황급히 문의 손잡이를 힘껏 잡아당겼다. 열리지 않는다. 무슨 일일까? 잠시 앉아 곰곰이 생각한다. '내가 누군가에게 무슨 잘못을 한 것일까? 누가 이런 못된 짓을 한 것일까? 나는 언제 나갈 수 있을까? 아, 모르겠다. 모르겠다.' 손잡이를 더 힘껏 잡아당긴다. 여전히 문은 열리지 않는다. 그는 더욱 절망하여 그 자리에 주저앉아버렸다. 그는 방 안에 완전히 갇혀버린 것이다. 마치 영화 '올드보이'의 '오대수'처럼.

그렇게 모든 것을 포기하고 앉아 있을 즈음 왈칵 문이 열리는 것이 아닌가! "라면 끓여놨다, 먹자." 순간 모든 것이 기억났다. 어제 술에 만취해 친구의 집으로 찾아왔고, 거기서 친구와 술을 더 마셔서 필름이 완전히 끊겨버렸던 사실이. 그렇다. 친구는 그를 위해 제일 따뜻한 2층 다락방을 내어주었던 것이다. 여전히 이해되지 않는 것이 있다. 문은 대체 왜 안 열렸던 것일까? 알았다. 이유를. 이런 코미디가 있나? 친구의 집은 오래된 집이라 방문을 당겨서 여는 문이 아니라 밀어서 여는 문이었던 것이다.

이 웃지 못할 이야기는 나의 이야기가 아니다. 철학자 비트겐슈타인이 자주 사용했던 예를 내가 조금 각색한 것이다. 비트겐슈타인은 우리가 얼마나 내면화된 고정관념에 사로잡혀 있는지를 말하기 위해서 이 예를 자주 사용했다. 방에 갇힌 그가 단 한 번이라도 문을 밀어볼 생각을 했다면 갇혀있다는 생각조차 하지 않았을 것이다. 그가 잠시지만 갇혀있었던 이유는 문은 안으로 당겨야만 열린다는 내면화된 고정관념을 포기하지 않았기 때문이다. 아이러니하게도 다락방에 그 남자를 가둔 것은 다름 아닌 바로 그의 생각이었던 셈이다. 그는 방에 갇혀있었던 것이 아니라 바로 그의 생각에 갇혀있었던 것이다.

나는 가끔 우리가 직장에서 벗어나지 못하는 것도 그 남자와 같지 않을까 하는 생각이 든다. 우리네 직장인들은 대체로 직장에 갇혀있다고 생각한다. 처자식을 먹여 살리기 위해, 대출을 갚기 위해, 남들만큼이라도 살기 위해 오래 직장에 붙어있어야만 한다고 생각한다. 우리는 그런 직장이라는 방 안에서 얼마나 답답했고 또 얼마나 좌절했던가. 그리고 직장이라는 방에서 벗어나기 위해 얼마나 많은 시도들을 했던가.

복권을 사보기도 하고, 이직을 고려해보기도 하고, 사업을 구상해보기도 했다. 하지만 그런 시도들은 번번이 좌절되기만 했다. 그런 시도들로는 직장이라는 견고한 방의 문은 결코 열리지 않았다. 그러니 다음 날이면 또 우리는 우울한 마음을 달래기 위해 억지스럽게 신나는 음악을 들으며 출근을 할 수밖에.

가만, 생각해보자. 혹시 우리도 방 안에 갇혀있던 그 어리석은 남자처럼 문을 안으로만 힘껏 당기고 있었던 것은 아닐까? 슬며시 문을 밀어보기만 하면 되는 것을, 그 생각 자체를 하지 못해 이제껏 직장이라는 방에 갇혀있었던 것은 아닐까? 우리도 어쩌면 직장에 갇혀있었던 것이 아니라 우리가 당연하다고 믿고 있었던 고착화되고 내면화된 어떤 생각에 갇혀있었던 것은 아닐까? 그렇다. 직장이라는 방을 나갈 수 있다는 생각마저 포기한 우리는 그저 방문을 당기기만 하다가 힘이 다 빠져버린 것인지도 모른다. 정말 그렇다면 너무 억울하지 않을까? 우리를 가두고 있는 내면의 고정관념만 개혁할 수 있다면, 방문을 슬며시 밀어서 열고 유유히 걸어나가듯 그렇게 멋지게 행복한 밥벌이로 갈 수 있지 않을까?

우리의 전선은 내면에 그어져야 한다

행복한 밥벌이를 찾아가는 과정은 어떤 이미지일까? 여유롭고 아름다운 여행의 이미지보다는 치열하고 거친 전쟁의 이미지와 닮아 있다. 사실이다. 누구나 갈 수 있는 가벼운 여행길이었다면 하기 싫은 일에 어쩔 수 없이 파묻혀 사는 그 많은 월급쟁이들은 애초에 존재할 리가 없었을 테니까. 또 때로는 자신에게 혹은 타인에게 잔인할 수밖에 없기 때문에 우리 주위에 행복한 밥벌이를 하는 삶이 드문 것일 테다.

만약 행복한 밥벌이를 찾는 과정이 전쟁이라면 수많은 월급쟁이들은 그 전쟁에서 패배하고 있는 셈이다. 전쟁에서 지는 이유는 분명하다. 절대로 내어주지 말아야 할 전선(戰線)에서 번번이 물러나기 때문이다.

실제 전쟁의 경우에는 전선이 명확히 눈에 보인다. 적이 넘어오면 결사항전의 각오로 막아선다. 그러지 않을 도리가 없다. 전선을 내어주면 곧바로 우리의 목숨이 위태로워지니까. 그런데 행복한 밥벌이라는 전쟁의 전선은 눈에 보이지 않는다. 이것이 문제다. 전선이 눈에 보이지 않으니 서서히 잠식당해 결국은 전선을 적에게 내어줄 가능성이 아주 높다.

어쩌면 행복한 밥벌이라는 전쟁에 전선이 정말 존재하기는 하는 것인지 의구심이 들 수도 있겠다. 단 한 번도 그것을 직접 본 적이 없으니까. 그러니 우리에게 지금 가장 필요한 것은 그 전선을 가시화하는 일이다. 뭐가 보여야 지키든 말든 할 것 아닌가? 가장 무서운 적은 강한 상대가 아니라 보이지 않는 상대다. 눈에 보이지 않는 전선을 명확히 해줄 사람이 필요하다. 여기서 탁월했던 철학자 한 명의 힘을 빌리자.

'미셸 푸코'라는 프랑스 철학자가 있다. 그가 탁월했던 점은 "우리(인간)를 구성하는 방식은 특정한 체제의 권력구조에서 비롯된다."는 사실을 이론화했기 때문일 것이다. 대체로 사람들은 자신의 생각이나 의식구조가 개인적인 성향과 환경에 의해 만들어졌다고 생각하기 쉽다. 하지만 푸코는 우리가 가지고 있는 생각이나 사고방식은 철저하게 특정한 권력구조에 의해 내면화되었다고 이야기한다.

우리는 대체로 좋아하는 일을 하면서 밥벌이를 하는 것은 순진해 빠진 소리고, 직장을 그만두는 것은 무모하고 무책임한 행동이라는 생각을 갖고 있다. 왜 그런 사고방식을 갖게 되었을까? 푸코는 이리 답할 것이다. 가정의 권력자인 아버지는 어린 시절부터 딴 생각하지 말고 시키는 일을 하라고 말했고, 직장의 권력자인 사장, 상사들은 지금 있는 자리에서 충실하라고 명령했고, 사회의 권력자인 정부나 언론은 앞으로 경기가 더 힘들어질 테니까 하던 거나 잘하라고 암묵적인 협박을 했기에 그런 것이라고. 갖가지 다양한 권력 구조에 의해 우리는 새로운 삶을 꿈꿀 상상력마저 거세당한 것이다.

미셸 푸코는 또 이렇게 말한 적이 있다. "어떤 체제의 지배는 개인의 내면과 생활에서 관철된다." 이제 우리는 그 말도 이해할 수 있다. 우리를 구속하고 속박하는 모든 체제는 강한 권력을 가지고 있고, 일정 정도 시간이 지나면 우리의 내면과 생활에 깊숙이 파고들게 되는 것이다.

조선시대의 과부를 생각해보자. 국가 권력은 남편과 사별한 여성이 다른 남자와 결혼하는 것은 죄악이라고 수도 없이 이야기했고, 죽을 때까지 정절을 지키는 과부를 칭송하며 열녀문을 세워주었다. 그런 국가 권력의 목소리가 자신에게 내면화되었을 때 조선시대의 여성들은 스스로가 원해서 정절을 지키는 것이라 믿게 되었다.

푸코의 말은 옳다. 국가 권력이라는 체제의 지배는 과부라는 개인이 스스로 정절을 지키는 것이 옳다고 믿는 내면을 갖게 만들고, 열녀로 평생을 살아내는 생활을 자발적으로 관철하게 된다. 체제의 목소리가 나의 목소리라고 착각하게 되는 것이다. 이쯤 되면 우리는 놀라운 사실을 하나 알게 된다. 그것은 우리의 행복한 밥벌이를 방해하는 갖가지 권력의 목소리가 바로 우리 내면의 목소리가 되어버린다는 사실이다.

인간은 자기가 옳다고 받아들인 가치를 거스르는 행동을 쉽게 할 수 없다. 자신이 옳다고 믿는 것을 거부할 때 정신병적 자기 분열을 일으키게 되기 때문이다. 정절을 지키는 것이 훌륭하고 옳은 것이라는 사실을 내면화한 과부가 자신의 행복을 위해 다른 남자와 재혼을 하는 결정을 할 수 있을까? 만약 한다고 해도 그 과부는 엄청난 죄책감과 자기 부정에 시달릴 것이 분명하다. 그런 부정적인 감정은 결국 자기가 옳다고 믿는 것과 자신의 욕망 사이의 정신병적 자기 분열에서 기인하는 것이다.

이처럼 체제의 논리가 개인에게 내면화되는 것은 무서운 일이다. 개인의 욕망과 행복을 자발적으로 억압하게 되니까.

알아서 기지 말자

미셸 푸코는 우리가 한 번도 본 적이 없는 행복한 밥벌이라는 전쟁의 전선을 분명하고 명확하게 해준다. 행복한 밥벌이라는 전쟁은 우리 삶의 변화를 방해하는 그 모든 체제나 권력들과 싸워야 하는 일이다. 과부가 자신의 행복을 위해 사랑하는 남자와 함께 사는 것에 죄의식을 느끼는 것은 체제나 권력의 논리를 무비판적으로 내면화한 탓이다. 조선시대 과부의 재가를 죄악시하고, 여성들의 욕구와 욕망을 억압했던 것은 철저하게 남성 중심적이고 폭력적인 가부장 제도일 뿐이다.

남자들은 첩까지 두고 살면서 여자들은 남편이 죽어도 홀로 외롭게 살라고 말하는 것은 폭력에 다름 아니다. 지금 시대뿐만 아니라 조선시대 역시 남편이 죽으면 다른 남자와 결혼해 행복하게 사는 것은 당연한 일이다. 하지만 권력의 목소리를 내면화한 대가로 절대 다수의 조선시대 여성들은 알아서 기느라 자신의 욕망과 욕구를 억압하고 자발적으로 불행해졌다.

우리 역시 마찬가지다. 행복한 밥벌이를 하지 못하도록 집요하게 방해하고 공격하는 존재가 팀장, 사장, 직장 혹은 열악한 우리 사회라고 우리는 생각한다. 어쩌면 사실일지도 모른다. 매일 우리를 괴롭히는 팀장, 우리를 일하는 기계로 생각하는 사장, 직장을 그만두고 나면 안전장치도 거의 없는 우리 사회는 피할 수 없는 엄연한 현실이니까. 하지만 정작 우리의 전선은 우리 내면에 존재한다. 돌아보면 사실이지 않나? 상사가 연차를 쓰지 말라고 한 적이 있나? 사장이 일찍 행복한 밥벌이를 찾지 말라고 한 적이 있나? 우리 사회가 지긋지긋한 직장을 그만두지 말라고 말한 적이 있나? 그럼에도 불구하고 우리가 행복한 밥벌이를 찾지 못하는 이유는 일정 부분 우리가 알아서 기기 때문이다.

알아서 긴다는 것! 이것이 정말 심각한 문제다. 명백한 위험과 불이익이 있다면 피해가면 된다. 하지만 우리를 속박하는 체제나 권력은 그런 식으로 기능하지 않는다. 항상 알아서 기게 만든다. 사장과 상사는 야근수당을 신청하지 말라고 절대 직접 말하지 않는다. 그런 분위기를 만들 뿐이다. 고생하며 일한 야근수당을 신청하지 못한 이유는 그 분위기에 말려들고 그 분위기를 내면화하면서 우리가 알아서 기기 때문이다. 당연한 일인지도 모른다. '직장이 잘 되어야 나도 잘 되는 거야!' '직장을 위해서 그 정도 희생하는 것은 직원으로서 당연한 일이야!'라는, 직장이라는 체제의 목소리가 이미 내면화되어버렸으니 말이다.

이쯤 되면 어떤 직원도 "내일은 연차를 사용하겠습니다." "특근·야근 수당은 왜 안 주시는 거죠?" "작년보다 매출이 늘었는데 왜 성과급을 안 주시는 거죠?"라며 합리적으로 자신의 권리에 대해 당당하게 요구할 수 없게 된다. 그런 요구를 했을 때 그 직원은 스스로가 비윤리적인 직업관을 가진 무책임한 직원이라는 기묘한 죄책감에 시달릴 수밖에 없을 테니까.

미셸 푸코의 이야기를 어려워할 필요 없다. 푸코의 이야기를 내 식으로 표현해보면 "알아서 기지 말라!"는 걸 테다. 행복한 밥벌이를 찾고자 하는 우리에게 아주 중요한 이야기다. 직장이라는 체제가 우리의 내면과 생활에서 관철되어버리면 우리는 더 이상 사장이 명령하고 팀장이 쪼지 않아도 알아서 기게 될 테니까.

서글픈 일이다. 알아서 긴다는 것은. 우리는 언젠가부터 알아서 기는 것을 현명하다고 생각하게 되어버렸다. 괜히 직장에서 찍힐 일은 애초에 시도조차 하지 않는다. 직장에서 어디까지 자유를 누릴 수 있는지 알지 못한다. 그 경계까지 가보지 못했으니까. 늘 주위의 눈치만 보면서 알아서 기니까 직장에서 변화를 도모할 수 있는 한계지점을 알 수가 없다. 사실 아닌가? 당당한 척하지만 작은 실수 하나 때문에 과도하게 사장과 팀장의 눈치를 보고, 대담한 척하지만 상사보다 먼저 퇴근을 하는 날이면 알 수 없는 불안감에 시달리는 것이 바로 우리 내면의 모습 아니던가?

그렇다. 전선은 우리 내면에 그어져 있다. 언제나 우리를 알아서 기게 만드는 내면화된 노예의식이 바로 우리의 전선이다. 이제 우리가 무엇을 해야 하는지 선명해졌다. 행복한 밥벌이를 찾기 위해서는 언젠가는 직장을 그만두어야 한다. 하지만 직장을 그만두는 것보다 더 중요하고 더 힘든 일이 있다. 그것은 바로 우리의 내면을 개혁하는 것이다. 직장에서 고달픈 삶을 연명하는 우리는 상사가 일 시키기 편한 존재로, 사장이 편하게 부릴 수 있는 존재로 길러졌던 것이다. 더 나아가 우리는 사회의 모든 기득권이 편할 수 있는 존재로 길러졌던 것이 분명하다.

행복한 밥벌이를 찾기 위해서는 우리의 내면에 그어져 있는 전선을 명확히 해야 한다. 그리고 그 전선에서 물러나지 말고 우리의 내면부터 개혁하면서 전선의 지평을 넓혀나가야 한다. 행복한 밥벌이를 위한 그 어떤 구체적인 기술보다 이 부분이 중요하다. 우리는 결국 우리 내면의 목소리에 의해서 결정하고 행동하기 때문이다. 우리를 불행하게 만드는 노예의식을 깡그리 무너뜨리고 우리 삶의 주인이 되어야 한다. 그것이 행복한 밥벌이의 시작이자 끝이다. 미셸 푸코에게 고마움을 전하면서 우리 내면의 개혁을 시작해보자.

02

직장이라는 형식을
없애자

직장이라는 '형식'

"진규야, 직장 그만두니까 어때?"

"좋죠."

"뭐가 그렇게 좋냐?"

"직장 다니는 것보다 나쁠 수가 있나요?"

"그래, 네 말이 맞다. 직장 다니는 것보다 나쁠 수는 없지."

"과장님도 이제 그만두세요, 많이 고민하셨잖아요."

"그만두면 네가 먹여 살릴 거냐?"

직장을 그만두고 회사 동료와 소주를 한잔 한 적이 있다. 그는 직장을 그
만둔 나를 부러움 반, 걱정 반의 눈길로 바라보았다. 그 역시 직장에 대한
환멸과 새로운 길에 대한 갈망을 오래전부터 느끼고 있는 사람이었다. 그에

게 해줄 수 있는 이야기는 이제 그만 결정을 내리라는 말뿐이었다. 그가 되돌린 답은 "그만두면 네가 먹어 살릴 거냐?"였다. 반은 농담이었지만 분명 그 나머지 반은 진담이었다.

나는 때가 되면 용기를 내어 직장을 그만두라고 항상 이야기한다. 하지만 정작 직장을 그만두느냐 계속 다니느냐는 그렇게 중요한 문제가 아니다. 정말 중요한 것은 직장을 그만두겠다는 당당한 태도다. 직장을 그만두라는 이야기를 하면 비교적 친한 사람은 웃으면서 "그만둘 테니까 네가 먹어 살려라."라고 말한다. 그리고 강연이나 모임 같은 곳에서 친분 없는 사람들에게 같은 말을 하면 대부분의 직장인은 역정을 내면서 "그만두면 당신이 책임질 거요?"라고 한다.

이런 부류는 직장을 그만둘 자세가 전혀 안 되어 있다고 봐야 한다. 월급쟁이의 기본적인 마인드는 '내 인생을 사장에게 의탁하겠다.'는 것이다. 자존심 때문에 노골적으로 말하지는 않지만 직장을 그만두지 못하는 직장인은 대체로 자신의 인생을 스스로 책임지는 것을 두려워한다. 적어도 밥벌이에 있어서만큼은 상사나 사장에게 의지해서 살아가려는 태도를 가진 사람들이다. "그만둘 테니까 네가 먹어 살려라." "그만두면 당신이 책임질 거요?"라는 그들의 볼멘소리가 이제 이해가 된다. 그들의 내면에는 '기본적인 밥벌이를 하기 위해서는 반드시 누군가에게 의지를 해야 한다.'는 인식이 아주 강하게 자리 잡고 있는 것이다.

이런 사람들에게 사표는 사실 의미가 없다. 뿌리 깊이 내면화된 노예의식을 극복하지 않고는 직장을 그만두는 것이 아무 의미도 없다. 만약 직장을 그만둘 태도가 안 된 사람들이 직장의 부조리와 불합리를 도저히 참을 수 없어 "에이 쓰바, 내가 더러워서 그만둔다."라며 사표를 던졌다고 가정해보자. 그들이 행복한 밥벌이를 찾을 수 있을까? 천만의 말씀이다. 얼마 지나지 않아 "그래 사는 게 다 비슷하지 뭐."라는 냉소만을 남긴 채 또 다른 직장을 전전하게 될 것이다.

어찌 보면 우리는 직장에 갇혀있는 것이 아니다. 직장이라는 '형식'에 갇혀있는 것이다. 직장이라는 물리적 공간은 얼마든지 그만둘 수 있지만 직장이라는 '형식'은 그만둘 수도 없다. 우리 내면에 존재하니까. 그리고 우리가 어디에 있건 우리의 내면은 항상 우리와 함께하니까.

행복한 밥벌이를 하기 위해서는 직장을 버릴 것이 아니라 직장이라는 '형식' 자체를 버려야 한다. 내면화된 '형식'을 벗어던지지 못하기 때문에 막상 직장을 그만둬도 언제나 '나를 먹여 살려줄 존재'를 찾고, '밥벌이를 책임져 줄 존재'를 찾게 되는 것이다. 직장이라는 '형식' 자체를 쓰레기통에 처넣지 않고는 직장을 백 번 그만둬도 행복한 밥벌이는 없다.

'아버지'라는 형식

그렇다면 직장이라는 '형식'은 도대체 무엇일까? 직장은 정문도 있고, 책상도 있고, 컴퓨터도 있으니 쉽게 볼 수 있고, 만질 수도 있다. 하지만 직장이라는 '형식'은 볼 수도 만질 수도 없다. '형식'은 보이지 않으니 그만둘 수도, 죽일 수도 없다. 답답한 노릇이다. 우선 직장이라는 '형식'의 원형이 무엇인지 알아보는 것이 중요하다. 죽이든, 없애든, 쓰레기통에 처넣든 그것이 무엇인지 알아야 할 것 아닌가?

결론부터 내고 가자. 직장이라는 형식의 원형은 '아버지'다. 잠시 책을 놓고 눈을 감고 어린 시절로 돌아가보자. 너무 어려서 아무것도 혼자 할 수 없었던 그 유약한 시절로 돌아가보자. 갖고 싶은 장난감이 있을 때, 용돈이 필요할 때 혹은 감당하기 힘든 문제가 생겼을 때 우리는 언제나 듬직한 아버지의 넓은 어깨 뒤로 갔다. 아버지는 언제나 커 보였고, 모든 것을 다 할 수 있을 것 같은 존재였다. 유약한 어린 시절 우리는 그런 아버지에게 항상 의지했다.

나 역시 그랬다. 아버지는 못하는 것이 없었다. 새로 얻어온 강아지의 집이 필요하다고 말하면 아버지는 일요일 오전에 뚝딱 근사한 강아지 집을 만들어주었다. 너무 갖고 싶어 사흘 밤낮을 엄마를 졸랐던 그 게임기를, 아버지는 퇴근길에 아무 말 없이 한 손에 들고 오셨다.

하지만 속절없이 시간은 흘렀다. 어느 사이엔가 아버지의 어깨는 너무 좁아져버렸다. 너무 작아져버렸다. 아니, 돌아보니 나의 어깨가 넓어진 것이었고 내가 너무 커져버린 것이었다. 이제는 아버지가 내 어깨 뒤로 가야 할 시간이다. 그리고 이제 내가 아들에게 좋은 아버지가 될 시간이다.

나는 그렇게 어른이 되었다. 밥벌이를 해야 하는 어른이 되었다. 그래서 취업을 했다. 처음으로 아버지에게 용돈도 드리고 여행도 보내드렸다. 아버지가 늙어가는 모습을 보며 먹먹해지기도 했지만 한편으로는 이제 더 이상 아버지에게 의지하지 않는 당당한 어른이 되었다고 생각했다. 하지만 못내 의구심이 들었다. 넓어진 어깨만큼, 커버린 키만큼 나의 정신도 성숙한 것이 맞는 걸까? 이제 어른이 되었으니 정말 아버지를 의지하지 않게 된 것일까? 답은 잠시 뒤로 미뤄두고, 이런 이야기를 먼저 해보자.

우리 모두에게 그렇듯이 아버지는 '의지의 대상'이기도 하지만 한편으로 '두려움의 대상'이기도 하다. 우리는 여기서 놀라운 사실을 하나 발견할 수 있다. 우리는 의지의 대상을 두려워하고 또 두려움의 대상에게 의지를 한다는 사실 말이다. 부정할 수 없는 명백한 사실이다. 노예는 주인에게 의지하지만 동시에 주인을 두려워할 수밖에 없다. 즉, 주인을 두려워하지만 동시에 주인에 의지할 수밖에 없다. 노예와 주인의 관계와 아들과 아버지의 관계를 동일선상에 놓는 것을 불편해 할 수도 있겠다. 노예와 주인에게는 사랑이 없지만 아들과 아버지 사이에는 따뜻한 부정이라는 것이 존재하니까 말이다.

하지만 부자지간의 애틋한 감정과는 별개로 둘의 관계는 본질적으로 같다. 주인은 전능하고 노예는 유약하듯이 어린 시절 아버지는 전능하고 우리는 유약했으니까. 우리의 삶을 돌아보라. 강아지 집을 만들어주던, 게임기를 사주던 의지의 대상인 아버지가 갑작스럽게 호통을 칠 때는 너무 두려워 덜덜 떨 수밖에 없었으니까. 그러니 이렇게 보아도 좋다. 노예가 주인에게 더 이상 의지하지 않게 된다는 것은 주인을 더 이상 두려워하지 않게 되는 것이라고 말이다. 야속한 세월 때문에 어느 순간 나는 더 이상 아버지가 두렵지 않게 되었다. 이제 내게 아버지는 의지와 두려움의 대상이기보다는 연민의 대상이 되었다. 그렇다. 나는 더 이상 아버지에게 의지하지 않게 된 것이다.

그렇다면 이제 나는 당당한 어른이 된 것일까? 아니다. 넓어진 어깨와 커진 키와 상관없이 나는 여전히 어린 시절 유약한 아이의 모습 그대로였다. 그것을 인정하는 데 꽤 많은 시간이 걸렸지만 사실이었다. 어린 시절 '아버지'의 자리에 '직장'이 대신 들어왔을 뿐이다. 직장생활을 하면서 나는 그 사실을 절절히 깨닫게 되었다. 나는 분명 직장에 의지하고 직장을 두려워하고 있었다. 어린 시절 호통을 칠 때 무서웠던 아버지의 얼굴이 때로는 상사의 모습으로, 때로는 사장의 모습으로 나타났다. 부정할 수 없었다. 여전히 나는 주인도 어른도 되지 못한 채 유약한 어린아이의 모습 그대로였다. 아버지에게 용돈을 받으려고 눈치를 보는 열 살짜리 꼬마인 내가, 직장에서 월급을 받으려는 서른 중반의 나로 변해 있었을 뿐이다.

세월이 더 흘러 물리적 나이가 더 많아진다고 해결될 문제 같지는 않다. 지금 60~70대를 보자. 그들은 당당한 주인과 성숙한 어른이 되었을까? 아닌 것 같다. 그들은 모두 그네들의 아버지를 떠나보냈지만 여전히 주인도 어른도 되지 못한 사람들이 많다. 국가라는 또 다른 아버지에 얽매여 있으니까. 아니 더 적확하게는 '박정희'라는 아버지에 얽매여 있다. '박정희'의 수많은 과오와 용서받지 못할 죄를 대부분의 60~70대는 입에 담지 못한다. 심지어 시기와 형태만 차이가 있을 뿐 본질적으로 거의 똑같은 잘못을 저지른 전두환에게는 쌍욕을 하면서도 '박정희'만은 다르다고 말하는 60~70대의 남루함을 우리는 종종 보게 되지 않나?

박정희가 곧 국가였던 시대를 살아낸 그네들은 박정희가 우리를 먹여 살린 사람임을 의심하지 않는다. 박정희에게 그렇게 의지했던 만큼 두려움 역시 여전히 남아있는 셈이다. 그네들에게 박정희는 마음속에 여전히 살아있는 아버지다. 그러니 어찌 아들이 아버지의 허물을 말할 수 있단 말인가. 박정희를 추종하는 수많은 한국의 60~70대는 여전히 자신을 의탁하고 또 그만큼 두려워해야 할 아버지를 찾고 있는 것인지도 모른다. 어쩌면 박정희에 대한 실체 없는 그 경외감이 기어코는 그의 딸마저 대통령으로 만든 것인지도 모르겠다.

아버지를 죽여라

물리적 나이가 많아진다고 해서 어른이 되고 주인이 되는 것은 아니다. 아버지라는 형식 자체를 죽여야 한다. 우리에게 처음 경외감을 심어주었던 그 형식을 우리 마음속에서 완전히 죽여 없애야 한다. 그 누구도 경외의 대상이 되어서는 안 된다. 나에게는 경외의 원형이 아버지였지만 누군가에게는 그 대상이 국가일 수도 있고, 권력일 수도 있고, 종교일 수도 있고, 자본일 수도 있겠다. 그것이 무엇이든 의탁하고 싶은 두려움을 불러일으키는 대상은 모조리 죽여야 한다.

이쯤에서 임제스님을 다시 들추어볼 필요가 있겠다. 임제의 말을 그의 제자가 편집한 《임제어록》의 한 대목을 깊이 생각해보아야 한다.

안이건 밖이건 만나는 것은 무엇이든 죽여버려라. 부처를 만나면 부처를 죽이고, 조사를 만나면 조사를 죽이고, 나한을 만나면 나한을 죽이고, 부모를 만나면 부모를 죽이고, 친척을 만나면 친척을 죽여라. 그렇게 한다면 비로소 해탈할 수 있을 것이다.

당황스럽기 그지없다. 스님이 부처와 나한, 부모, 친척을 죽이라고 말하는 것이니 말이다. 하지만 임제의 진의는 내가 하고 싶은 이야기와 다르지 않을 것이다. 그가 죽여야 한다고 말했던 대상들은 하나같이 의탁하고 싶고 두려워하게 만드는 대상들이다. 그러니 임제가 정말 죽여야 한다고 말했던 것은 부처도, 나한도, 부모도 아니다. 우리 속에 내면화된 그 노예의식을 죽여야 한다고 말했던 것이다.

바로 이 지점이 미셸 푸코와 임제가 연결되는 교차점이다. 푸코는 "어떤 체제의 지배는 개인의 내면과 생활에서 관철된다. 그러니 우리의 삶을 바꾸려면 내면의 개혁부터 시작해야 한다."고 말했다. 바로 이 이야기를 임제는 우리 속에 경외의 존재로 내면화된 부처, 나한, 부모를 죽이지 못하면 어떤 삶의 혁명도 불가능하다고 되풀이해서 말하고 있는 셈이다. 우리의 근본적인 노예의식은 바로 그 경외의 대상으로부터 발생하는 것이니까 말이다. 생각해보니 어쩌면 푸코(1926~1984)보다 임제스님(?~867)이 훨씬 선배이니 임제의 이야기를 푸코가 되풀이한 것인지도 모르겠다.

이제 고담준론 대신 현실적인 이야기로 조금 좁혀보자. 얼마 전 자신만의 길을 가기 위해 창업을 한다며 직장을 박차고 나온 서너 명의 친구들을 만났다. 평일 오후 카페에서 만난 그들의 넘치는 열정과 에너지에 괜스레 기분이 좋아졌다. 그런데 그 좋은 기분도 거기까지였다. 창업을 위해 의기투합한 친구들이 상의를 벗고 자리에 앉는 순간 나는 답답해졌다. 하나같이 카드키를 목에 걸고 있는 것이 아닌가? 동네 작은 원룸을 사무실로 꾸민 그들에게 왜 카드키가 필요했을까? 물었다. "ID카드는 뭐야? 사무실에 보안시스템 있어?" 대표인 친구는 답했다. "아니요. 그런 건 아니고, 창업을 했으니까 이 정도는 있어야죠."

그날 그들에게 말하지 않았지만 나는 그들의 성공에 의구심이 들었다. 직장생활을 오래 한 사람들은 안다. 직장의 카드키는 사실 우리가 언제 출근하고 언제 퇴근하는지, 몇 시간 자리를 비우는지 모두 체크당하는 개목걸이라는 사실을. 내가 보기에 그들은 아직 직장이라는 형식을 벗어나지 못한 듯 보였다. 그리고 자신이 싫어서 뛰쳐나온 기존 직장의 형식을 내심 동경하고 있는 것처럼 보였다. 그것이 아니라면 창업이라는 불안감, 두려움을

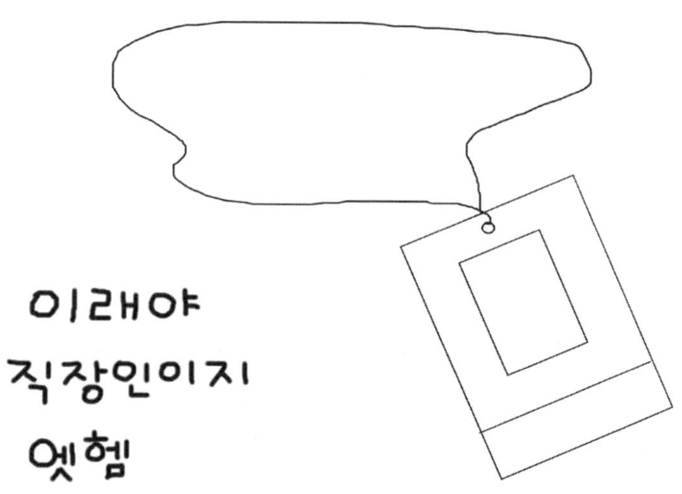

달래기 위해 안정적인 직장인을 흉내 내고 있었거나.

나는 창업 전문가는 아니지만 하나는 분명히 알고 있다. 창업은 말 그대로 '업(業)'을 새롭게 만들어내는 것'이라는 사실. 업을 새롭게 만드는 사람이 기존의 형식을 내밀하게 동경하거나 미래의 불안함을 그대로 받아내지 못한다면 그들의 앞날은 그다지 밝지 못할 것 같다. 부디 그들에 대한 나의 걱정이 기우가 되기를.

창업을 하든, 이직을 하든, 장사를 하든 행복한 밥벌이를 위해서는 직장이라는 형식을 없애야 한다. 그 어떤 직장의 형식도 거부해야 한다. 내밀하게 동경하는, 의탁하고 싶은, 두려워하는 대상을 죽이지 못한 채 하는 밥벌이는 반드시 그 대상의 눈치를 볼 수밖에 없다. 그런 식으로는 그 대상에서 결코 벗어날 수 없다. 그런 밥벌이는 결코 행복한 밥벌이가 될 수 없다. 반드시 직장을 그만두라는 이야기가 아니다. 직장을 다녀도 좋다. 단, 직장을 또 다른 아버지라는 경외의 형식으로 받아들여서는 안 된다는 이야기다.

어린 시절 동경했고, 의탁했고, 두려워했던 아버지라는 형식이 직장, 사장, 상사에게 투사되지만 않는다면 직장생활은 얼마든지 해도 좋다. 일은 재미가 없을지언정 이미 충분히 주인으로서 어른으로서의 삶을 살아내고 있는 것이니까. 그리고 직장이라는 형식 자체를 거부할 수 있다면, 때가 되었을 때 행복한 밥벌이로 얼마든지 다가설 수 있다. 직장을 버리는 것보다 직장이라는 형식 자체를 버리는 것이 훨씬 중요하다. 전선은 우리 내면에 그어져 있으니까.

하나 더 보태고 싶은 말이 있다. 앞서도 언뜻 말했지만 직장이라는 형식을 없애더라도 갈 길이 멀다. 내가 아버지에게 더 이상 의지하지 않게 되었다고 생각했을 때도 아버지라는 형식은 여전히 직장이라는 형식으로 내게 존재하고 있었다. 지금 나는 직장이라는 형식마저 죽였지만 아직 끝난 것이 아닌 것 같다. 국가라는, 종교라는, 권력이라는, 자본이라는, 극복해야 할 또 다른 아버지의 형식이 여전히 나의 내면에 존재하기 때문이다.

행복한 밥벌이를 위해 직장이라는 형식을 없애야 한다면, 행복한 인생을 위해 국가와 종교, 자본, 권력이라는 거대한 형식마저 없애야 하는 것인지도 모른다. 우리는 여전히 국가와 종교, 자본, 권력에 의탁하고 싶어 하고 그것을 두려워하며 살고 있으니까 말이다. 우리가 얼마나 당당한 주인, 성숙한 어른으로 살 수 있느냐는 얼마나 많은 아버지라는 형식을 극복할 수 있느냐에 달린 것인지도 모른다. 하지만 지금 우리에게 가장 중요한 것은 우리가 내디딜 수 있는 한 걸음이다. 그러니 일단 행복한 밥벌이를 위해 직장이라는 형식부터 가뿐하게 없애버리자. 다음 문제는 또 그 다음에 생각하자.

03

정서적 퇴사를
먼저 하자

두 번의 사표

우리는 다니던 직장을 한 번 그만둔다고 생각한다. 하지만 그렇지 않다.

직장을 제대로 그만둬본 사람들은 안다. 사실 직장은 두 번 그만두어야 한

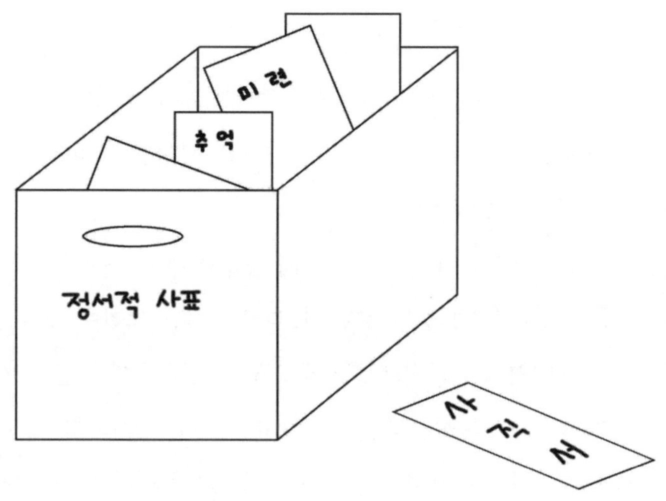

다는 사실을. 다니던 직장에 재입사를 하지 않는 다음에야 어찌 한 직장을 두 번 그만둘 수 있는지 의아스러울 것이다. 하지만 분명 우리는 사표를 두 번 쓴다. 한 번은 물리적으로 직장을 그만둘 때 쓰는 사표다. 퇴사라는 행정적 절차를 진행하는 것이다. 우리는 대개 행정적이고 물리적인 이 사표를 유일한 사표라고 생각한다. 아니다. 직장을 제대로 그만두기 위해서는 또 한 번의 사표를 써야 한다. 그것은 정서적 사표다. 우리의 마음속에 여전히 잔존하고 있는 직장의 흔적들과 완전히 이별을 고하는 것이다. 이 과정은 물리적 사표와는 전혀 관계없다.

직장의 흔적이란 무엇일까? 어떤 이들에게는 친하게 지냈던 동료일 수도 있고, 또 어떤 이들에게는 오랜 시간 함께했던 자신의 업무일 수도 있겠다. 또 어떤 이에게는 직장을 다니면서 겹겹이 쌓였던 뿌리 깊은 노예의식 같은 것일 수도 있다. 짧지 않은 시간 직장을 다녔다면 누구에게나 어떤 종류이건 간에 직장의 흔적이 반드시 존재하게 마련이다. 어느 날 홧김에 물리적 사표를 던지고 직장을 그만둔다고 하더라도 이 직장의 흔적은 여전히 남을 수밖에 없다. 말하자면 정서적 사표는 그런 직장의 흔적들을 지워내는 과정인 셈이다.

많은 직장인들은 정서적 사표는 행정적이지도 물리적이지도 않기 때문에 전혀 중요하지 않다고 생각한다. 하지만 정서적 퇴사를 잘하지 못하면 심각한 상황에 봉착하기도 한다.

직장을 그만둔 뒤 느끼는 '직장이라는 향수'는 우리를 아주 집요하고 다양한 방식으로 후회하게끔 만든다. 나 역시 직장을 그만두고 혼자 일하는 것이 좋기는 하지만 또 한편으로는 동료들과 '아자아자' 하면서 업무를 마무리하고 다 같이 맥주 한잔하던 추억이 때로 그립기도 하다. 또 어떤 사람은 자신의 젊은 시절을 바쳤던 업무를 그리워하기도 하고, 또 어떤 사람은 안정적인 급여를 받던 시절을 그리워하기도 한다.

직장을 정리하고 새로운 삶을 준비하기 위해서는 일정 부분 정서적 준비가 필요하다. 차분한 마음으로 지나왔던 직장의 추억을 찬찬히 되짚어보는 것, 친하게 지냈던 고마운 동료들에게 메일을 한 통 보내는 것, 직장을 그만두고 다가올 삶의 무게를 가늠해보는 것, 앞으로 살아가야 할 삶의 모습을 다짐하는 것들 말이다. 성급한 사람은 직장을 그만두면 자연스럽게 정서적 준비 역시 되어질 것이라 여기지만 그것은 오판이다. 너무 성급하게 물리적 사표를 쓰면 직장의 집요하고 다양한 후회의 유혹을 견디기가 만만치 않다. 이리 말해도 좋다. 너무 성급하게 행정적 퇴사를 하는 사람은 이미 후회할 준비를 하고 있는 셈이라고. 어떤 선택이든 자신이 해야 할 선택에 대한 장점과 단점이 선명하게 보이지 않는다면 우선은 지금의 자리에 충분히 머무는 것이 좋다.

이제 두 번의 사표의 순서에 대해서 말해보자. 물리적 사표를 쓰고 난 뒤에 정서적 사표를 쓸 수도 있다. 그것도 훌륭한 선택이다. 자신의 감정이나 인장강도에 따라 충분히 선택할 수 있는 대안 중 하나다. 하지만 가능하다면 그 방법을 추천하고 싶지는 않다. 개인적으로는 정서적 퇴사를 먼저 하고 물리적이고 행정적인 퇴사를 했으면 좋겠다. 심오하고 철학적인 이유는 없다. 버티면 월급이 나오니까 그렇다. '나는 돈을 벌기 위해 입사를 했다.'는 초심을 그만둘 때까지 굳건하게 유지할 필요가 있다.

물리적인 퇴사는 정해진 시간이 되면 알아서 진행된다. 하지만 정서적 퇴사는 다르다. 이것은 일정 부분 우리의 내면을 개혁하는 일이다. 1년이 걸릴 수도 있고, 2년이 걸릴 수도 있다. 아니면 그보다 더 긴 시간이 걸릴지도 모르는 일이다. 그 시간은 개인차가 있겠지만 대체로 직장생활을 한 기간에 비례한다. 직장생활을 더 오래 한 사람이 더 많은 시간이 걸릴 수밖에 없다. 그러니 생활의 경제적 부침을 겪어야 하는 우리로서 실제로 직장을 그만둔 상황에서 정서적 퇴사를 하는 것은 현실적으로 만만치가 않다.

물론 직장을 다니면서 정서적 퇴사를 하는 것도 쉬운 일은 아니다. 정서적 퇴사를 하려면 차분한 마음으로 지나온 삶을 돌아보아야 하는데, 우리네 직장은 쉬이 그런 여유를 주지 않으니까 말이다. 어떤 순서를 택하든 여러분의 몫이다. 하지만 경제적으로 그다지 여유가 없다면 정서적 퇴사를 먼저 한 후에 물리적 퇴사를 하는 방법이 더 나을 것 같다. 사장과 상사, 동료에게 욕 좀 얻어먹겠다고 결심하면 못할 것은 없으니까 말이다.

멘붕 방지책, 정서적 사표

사실 순서는 그다지 중요한 것이 아니다. 정말 중요한 사실은 두 번의 퇴사를 모두 잘 해내지 못하면 행복한 밥벌이를 하지 못할 것이란 점이다. 의연하게 물리적인 사표를 쓰지 못하면 당연히 삶의 근본적인 변화를 모색할 수 없을 테니 행복한 밥벌이를 하지 못할 것이다. 또한 끈덕지게 정서적 사표를 쓰지 못했다면 물리적인 사표를 쓴 다음 '아, 내가 미친 짓을 한 거야, 그때 귀신이 씌었나 봐.'라며 행복한 밥벌이 근처에도 가기 전에 후회와 혼란에 휩싸이게 될 것이다.

그런 후회와 혼란에 빠지면 결과는 뻔하다. 직장을 그만두고 얼마 지나지 않아 이전 직장보다 급여도 근무조건도 좋지 않은 또 다른 직장으로 가서는 '월급쟁이는 다 똑같아.'라는 냉소에 빠질 것이다. 다른 직장으로 갈 수 있으면 그나마 불행 중 다행인지도 모른다. 재취업도 힘든 사람들은 이제 마지막 보루, '치킨집'으로 향하게 될 테니까. 어느 신문기사에 따르면 벤처보다 생존확률이 낮은 것이 치킨집이라니, 그 결과는 달리 말할 필요도 없겠다.

직장을 그만둔 뒤 수시로 찾아올 후회와 혼란을 미리 대비하자. 여러분의 행복한 밥벌이가 창업이든, 장사든, 이직이든 상관없이 직장을 그만두면 몇 번의 위기가 찾아올 것이다. 직장을 그만두고 치명적인 위기에 봉착하는 이유는 '이 직장이 좋대.' '이 장사가 요즘 뜬대.' '요새 주식시장에서 이 종목이 상승세야.'라는, 검증되지 않은 유언비어에 현혹되어 무리수를 두기 때문이다. 이런 무리수는 반드시 피해야 한다.

이제 우리를 치명적 위기에 빠뜨리는 무리수가 어떻게 탄생하는지 역추적해 들어가보자. 일단 무리수의 어미는 조급함이다. 당연하다. 검증되지 않은 이야기에 혹하거나 우리가 듣고 싶은 이야기에 귀가 팔랑거리는 이유는 조급하기 때문이다. 빨리 무엇인가 성과를 만들고 싶고, 빨리 돈을 벌고 싶기 때문이다. 자, 이제 그럼 이 조급함을 낳은 어미는 또 누구인지 생각해보자. 그것은 바로 멘탈 붕괴다. 직장을 그만두면 강도와 빈도의 차이만 있을 뿐 모든 사람이 일정 정도 멘탈의 붕괴를 겪게 마련이다.

거대한 세상을 나 혼자 감당해야 할 것 같은 압박감, 두려움에 압도되어 갑자기 불안해지기도 하고, 이유 없이 우울해져서 이리저리 당황하게 되는 것이 바로 멘탈 붕괴의 정체다. '멘붕'에 빠지면 우리는 '일단 뭐라도 해야 된다.'는 강박에서 벗어날 수 없게 된다. 결국 성급하게 직장을 떠나 무리수를 두게 되는 근본적인 원인이 바로 멘붕인 셈이다.

이제 다 왔다. 그렇다면 멘붕은 어디서 오는 걸까? 그것은 직장의 결여감에서 온다. 직장을 다닐 때는 인지하지 못하지만 막상 직장을 그만두고 나면 느껴지는 그 결여감이 바로 멘붕을 불러일으킨다. 대체로 직장생활을 3년 이상 하면 9 to 6의 규칙적인 직장생활이, 매달 정해진 날짜에 월급이 입금되는 생활이 정상이라고 여기게 된다. 그 외에 다소 불규칙해 보이고 불안정해 보이는 라이프 스타일은 모두 비정상이라고 암묵적으로 규정하게 된다. 이건 머리로 생각하는 게 아니다. 머릿속으로는 다 알고 있다. 세상에는 다양한 사람이 있고, 다양한 직업이 있고, 다양한 라이프 스타일이 있다는 것을. 하지만 막상 우리의 내면은 그것을 받아들이지 못한다.

평생 직장생활만 했던 사람을 아버지로 둔 작가를 한 명 알고 있다. 나름 자신의 밥벌이를 잘하며 살고 있음에도 불구하고 여전히 그 아버지는 아들을 탐탁지 않게 생각한다고 한다. 그 친구에게 이유를 물으니 정시에 출근하지 않고, 정해진 날 월급이 들어오지 않기 때문이란다. 그 아버지는 운이 좋아 꽤 오래 직장을 다닌 후 명예퇴직을 했지만 만약 조금 더 일찍 직장문을 나설 수밖에 없었다면 분명 멘붕에 시달렸을 것이다. 직장이 없다는 결여감 때문에.

직장을 그만둔 다수의 사람들은 하루라도 빨리 직장을 다닐 때의 규칙적인 생활로 돌아가려고 한다. 아침에 출근해서 저녁에 퇴근하는, 매달 정해진 날에 월급이 안정적으로 입금되는, 우리가 도망쳐왔던 그 삶으로 다시 돌아가려 무던히도 애를 쓴다. 직장을 벗어나면서 생긴 결여감을 충족하려는 것이다. 자신이 뭔가 잘못하고 있는 것 같고, 비정상적인 것 같다는, 직장생활을 기준으로 해서 발생하는 그 모순적인 결여감 때문에 멘붕에 빠지게 되는 것이다.

많이 돌아왔다. 직장의 결여감은 어떻게 극복할 수 있을까? 이제 다시 처음으로 돌아가야 한다. 결여감은 시간을 가지고 정서적 퇴사를 꾸준히 준비할 때 극복할 수 있다. 어려울 것은 없다. 직장을 떠나기로 마음먹었다면 함께 지냈던 동료나 해왔던 업무에 미련이 남지 않도록 잘 갈무리를 하자. 또 내가 정말 원하는 밥벌이가 어떤 것인지 다시 점검하자. 그리고 그런 밥벌이를 하기 위해서 무엇을 얼마나 감당해야 할지 진지하게 고민하자. 그런 정서적 퇴사를 완숙하게 할 수 있다면 물리적으로 직장을 그만둔 후 불필요한 직장의 결여감에 시달리지 않아도 될 것이다. 결여감만 극복된다면 멘붕도 없고, 조급함도 없다. 그러니 당연히 우리를 치명적 곤경에 빠뜨릴 무리수는 애초에 없는 것이나 다름없다.

직장을 떠나 후회하지 않는 방법, '그럼에도 불구하고'

이별을 준비하는 두 연인이 있다. 인설이는 남자친구가 약속시간에 늦게 오고, 기념일도 안 챙기는 것은 물론 매번 가르치려고 하는 것이 짜증이 난다. '그래서' 헤어진다. 반면에 향미의 남자친구는 참으로 다정하고, 힘들 때 항상 옆에 있어주고, 투정을 부릴 때도 조용히 들어준다. 향미는 '그럼에도 불구하고' 그 남자와 헤어진다. 이별 뒤 인설이와 향미의 심경은 어떻게 다를까?

인설이는 시간이 지나 남자친구와 헤어진 것을 분명 후회할 것이다. 그 사람보다 좋은 사람은 없었다며. '그래서' 한 이별 뒤에 만나는 찌질한 남자들을 보면서 자신의 성급한 선택을 후회하며 살 것이다. 하지만 '그럼에도 불구하고' 이별을 한 향미는 남자친구와의 좋은 추억들을 가슴에 고스란히 남긴 채 이별을 담담히 받아들이고 결코 후회하지 않을 것이다.

두 여자의 이별 이야기는 퇴사를 준비하는 우리에게 시사하는 바가 크다. 그녀들의 이별 방식을 제대로 숙고하고 받아들인다면 직장을 떠난 뒤 아무리 열악한 상황이 와도 어떤 후회도 하지 않을 수 있다. 후회할 것이 두려워 아무 결정도 못하는 우리네 직장인들에게 이보다 더 좋은 희소식이 있을까? 이제 직장을 떠나서 후회하지 않는 방법에 대해 그리고 구체적으로 정서적 사표를 쓰는 우리의 태도는 어떠해야 하는지에 대해 이야기해보자.

무엇인가를 선택할 때는 그 대상을 '그래서' 선택하지 말고 '그럼에도 불구하고' 선택해야 한다. 직장을 그만두는 것처럼 중요한 선택이라면 더욱 그렇다. 선택은 결국 하나를 버리고 하나를 얻는 결정이다. 그 선택에 후회를 남기지 않으려면 자신이 버리려고 하는 것의 좋은 점을 충분히 숙고한 뒤 버려야 하고, 자신이 얻으려고 하는 것의 나쁜 점을 충분히 숙고해서 얻어야 한다. 그렇게 내리는 결론은 언제나 '그럼에도 불구하고'가 될 수밖에 없다.

우리 삶을 돌아보면 사실이지 않나? 이제는 필요없다고 '그래서' 버렸던 것이 당장 다음 날 아쉬워진 적이 한두 번이 아니다. 이제는 싫어졌다고 '그래서' 헤어진 연인이 당장 다음 날 너무 보고 싶어진 적도 한두 번이 아니지 않나? 그렇다. 우리가 선택을 후회하는 이유는 항상 '그래서' 선택하기 때문이다. 인설이처럼 말이다. 우리의 고질적인 유치함이 여기에 있다. 어떤 것을 선택할 수밖에 없다면 좋은 점만을 보려고 하고, 어떤 것을 포기할 수밖에 없다면 나쁜 점만을 보려고 한다. 그러니 우리의 삶이 언제나 후회로 점철될 수밖에 없는 것이다.

직장을 정말 그만두고 싶다면 직장의 좋은 점을 충분히 숙고해야 한다. 직장에 대한 애정, 동료와의 추억, 안정적 급여, 복지, 소속감 등 자신이 누리고 있는 그 모든 것들에 대한 숙고가 끝이 나야 비로소 후회 없는 퇴사를 할 수 있게 되는 것이다. "이것이 싫으니까 '그래서' 이건 안 할 거야!"라는 식은 안 된다. 이런 건 우리 아들도 한다. (참고로 우리 아들은 이제 네 살이다.) 이 얼마나 창피할 정도로 유치하고 미성숙한 행동인가. 최소한 직장을 그만둘 때만큼은 "직장에서 이게 좋았어. 그래 이것도 참 좋았지. '그럼에도 불구하고' 사표를 써야 할 것 같아."라고 해야 한다.

직장의 좋은 점들을 숙고하다가 그것 때문에 오히려 사표를 쓰기가 주저될 수도 있을 것이다. 충분히 그럴 수 있다. 만약 그렇다면 물리적 사표는 잠시 뒤로 미루어두는 편이 낫다. 그때 성급하게 덜컥 물리적 사표를 쓴다면 우리를 주저하게 만든 좋은 점, 바로 그 지점에서 반드시 후회하게 될 테니까 말이다. 안정적인 급여 때문에 사표를 쓰는 것이 주저된다면 반드시 나중에 그것 때문에 후회를 하게 된다. 대기업 직원이라는 소속감을 버리기가 주저된다면 반드시 나중에 그것 때문에 후회하게 된다. 절대 예외가 없다.

한편으로는 '그렇게 좋은 점들이 많은데 직장을 왜 그만둬?'라고 생각하는 사람도 있을 것이다. 평범한 우리는 언제나 좋은 것들을 유지하고 싶어 하니까 말이다. 안정적인 급여, 소속감 같은 좋은 점 때문에 회사를 다니려고 하지, 그럼에도 불구하고 그만두고 싶어 하는 사람은 드물다. 하지만 우리 스스로에게 정직하게 되물어보자. '정말 직장이 좋은 점들이 많아서 그만두지 않는 것인가?'라고 말이다. 우리는 이미 직장이 괴롭기만 할 뿐 돈을 버는 것 이외에는 아무런 의미도 없다는 것을 알고 있는 것 아닐까? 행여 우리가 직장을 그만둘 용기가 없어서 '그래도 아침에 출근할 데가 있다는 게 어디야?'라며 애써 직장의 좋은 점들을 찾고 있는 것은 아닐까? 아니면 '우리 회사보다 좋은 회사도 별로 없지.'라며 직장의 좋은 점을 애써 날조하거나 증폭하고 있는 건 아닐까?

이런 질문을 한번 해보자. 여러분이 직장의 좋은 점이라고 생각하는 것들이 정말 여러분을 행복하게 해주는 것인가? 아니면 당장 때려치워도 시원찮을 회사지만 당장 그나마 좋은 점을 애써 찾고 날조하고 증폭해야 불행한 현실을 그나마 버틸 수 있기 때문은 아닌가? 아프게 되물어볼 일이다. '그럼에도 불구하고'를 고민하기 전에 먼저 우리가 숙고하고 있는 좋은 점들이 정말 좋은 점인지 정직하게 되물어보아야 한다.

그 모든 과정을 겪어내고 행복한 밥벌이에 대한 고민을 끈덕지게 물고 늘어진다면 '그럼에도 불구하고' 직장을 그만두어야 할 순간을 맞이할 수 있을 것이다. 그 순간은 절대 '될 대로 되라'는 자포자기의 순간이 아니다. 바로 그 순간이 진정으로 직장을 그만둘 준비가 된 순간이다. 직장을 그만두고 닥쳐올 그 어떤 최악의 상황도 의연하고 담담하게 맞이할 정신적 준비가 되었다는 의미다.

정서적 퇴사를 잘하면 퇴직금도 쏠쏠하다. 물리적 퇴사를 잘하면 돈이라는 퇴직금을 받을 수 있지만, 정서적 퇴사를 잘하면 아무리 힘든 상황도 능히 헤쳐 나갈 수 있는 정신적 성장이라는 퇴직금을 받을 수 있게 된다. 어쩌면 돈보다 정신적 성장이라는 퇴직금이 더 소중하고 가치 있는 것인지도 모른다. 통장에 꽂힌 퇴직금은 쓰면 없어지지만 내면에 아로새겨진 정신적 성장이라는 퇴직금은 절대 없어지는 법이 없으니까 말이다. 기왕 그만둘 거라면 퇴직금도 두 번 받는 게 낫지 않을까? '받을 수 있는 것은 다 받고 나가자.'는 게 나의 변치 않는 퇴사 지론이니까 말이다.

04

일의 재구성1

'돈이 되는 일' VS '돈이 안 되는 일'

사달이 나고야 말았다. 장모는 얼굴이 붉으락푸르락 화를 참지 못한 채 현관문을 닫고 나가버렸다. 웬만하면 화를 내는 것은 고사하고 사람들에게 싫은 소리 한마디도 잘 못하는 분이라 나와 아내는 더욱 당황스러웠다. 무슨 일인지 영문을 알 수가 없었기 때문이었다. 우리는 다음 날이 되어서야 장모의 갑작스런 역정의 정체를 알 수 있었다. 발단은 나의 '사치' 때문이었다.

책을 사는 것 이외에는 그다지 돈을 쓰는 데가 없지만 가끔 한 번씩 부리는 사치가 있다. 위스키다. 나는 가끔 혼자 위스키를 한잔씩 하는 것을 좋아한다. 술을 좋아하기도 하거니와 직장을 다닐 때 해외 출장이 잦아서 그때마다 위스키를 하나씩 사오던 것이 버릇이 되었다. 그것이 내가 부리는 유일한 사치가 아닐까 싶다. 그 사치는 고치고 싶지 않다. 그 정도 소소한 즐거움은 만끽하면서 살고 싶다. 조금 군색한 변명을 하자면, 직장을 그만둔 지금은 조금 저렴한 위스키로 바꾸었다.

　어느 날 아내에게 해외 출장 일정이 잡혔다. 나는 별 생각 없이 위스키를 사다 달라고 부탁했다. 그것이 화근이 될 줄은 그때는 정말 몰랐다. 아내가 출장을 마치고 집으로 돌아왔고, 나는 아내가 사온 위스키를 기분 좋게 한 잔 했다. 장모는 바로 거기서 화가 치민 것이었다. 나중에 아내로부터 그 사실을 처음 전해 들었을 때는 의아했다. 위스키를 한 잔하는 습관은 직장을 다닐 때부터 가지고 있던 오래된 것이고 장모 역시 나의 그런 습관을 잘 알고 있었기 때문이었다.

　아내의 이야기를 차분히 듣고는 사건의 전말을 모두 알게 되었다. 내용인즉슨 멀쩡히 다니던 직장을 그만둔 것도 못마땅한데 비싼 양주를 뻔뻔하게 마셔대는 것이 꼴보기 싫었다는 것이다. 아내가 직접 말하지 않았지만 행간을 미루어 짐작하건대 장모는 아마 아무 일도 안 하고 빈둥거리는 내가 본인의 딸을 고생시킨다고 생각했던 것 같다. 그러고 보니 이해가 갔다. 아

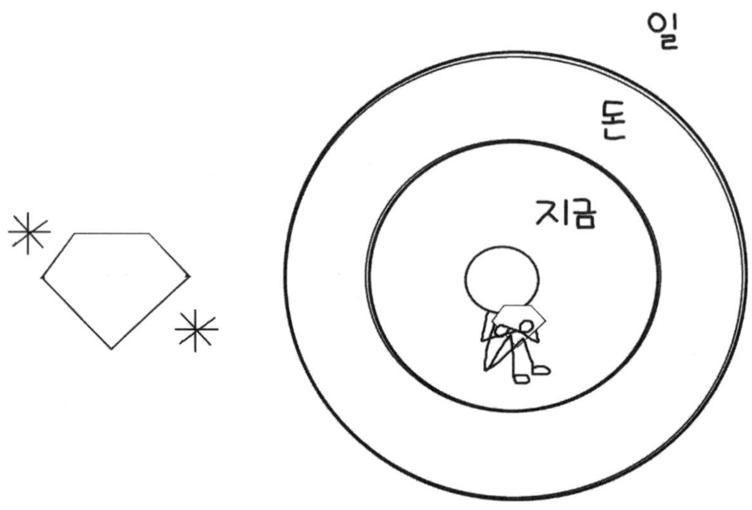

내가 해외까지 나가 고생하며 번 돈을 가지고 양주나 사오라고 시키는 무능하고 염치없는 인간이라 생각했을 테니까 말이다. 딸을 가진 어미의 심정이 충분히 이해가 되었다.

내가 이 이야기를 왜 꺼냈을까? 백수의 고뇌? 아니다. 일에 대한 우리의 편협하고 왜곡된 생각을 짚고 넘어가기 위해서다. 장모는 그리 말했단다. "집에서 일도 안 하고 빈둥빈둥 노는 주제에 양주는 무슨 놈에 양주야, 염치가 있어야지!" 여기에 진지하게 생각해보아야 할 무엇인가 석연치 않은 문제가 있다. 그 석연찮음의 정체는, 장모가 당장 돈이 되는 일만 일이라고 생각하고 있다는 점이다.

장모는 옛날 사람이니 이해 못할 것도 없다. 그 세대는 대부분 남자는 직장에서 돈을 벌어오는 것이 당연하고, 그렇지 않은 일은 쓸데없는 짓이라고 확신하고 있는 부류니까. 그런데 우리들 역시 장모 세대처럼 생각하고 있는 것은 아닐까? 직장을 다니건 장사를 하건 돈이 되는 일만 진짜 일이라고 생각하고 있지는 않나? 우리 역시 돈이 되지 않는 일은 폄하하고 있지는 않나? 아니 돈이 안 되는 일은 아예 일이라고 생각조차 하지 않는 것인지도 모르겠다.

정말 돈이 되는 일만 진짜 일일까? 섣불리 답하기 전에 우선 일이 무엇인지 처음부터 다시 생각해보자. '일'이라는 단어는 너무 추상적이고 범위가 넓다. 사실 우리가 일상적으로 일이라고 말하는 것은 엄밀한 의미에서 '노동'이다. '일=노동'이라고 생각해도 크게 무리가 없다. 그러면 노동이란 무엇일까? 노동의 사전적 정의는 '사람이 생활에 필요한 물자를 얻기 위하여 육체적 노력이나 정신적 노력을 들이는 행위'다. 맞다. 노동, 즉 일을 한다는 것은 생활에 필요한 물자를 얻기 위해 육체적, 정신적 노력을 하는 것이다.

일은 일이다

이제 일이라는 것을 다시 생각해보자. 일은 아주 다양하고 많다. 자본주의 체제에서 생활에 필요한 물자 중 가장 교환가치가 높은 것은 단연 돈이다. 그러니 돈을 버는 일은 아주 중요하다. 하지만 직접 돈을 벌지 않는 일이라고 해서 일이 아닌 것은 아니다. 아이들 기저귀 가는 것, 아이들에게 동화책 한 권 읽어주는 것, 청소하는 것, 설거지하는 것, 뒤뜰에 상추를 키우는 것, 직장에 다니는 남편을 위해 손수 안마를 해주는 것, 짧은 글 한 편 쓰는 것, 좋은 음악을 작곡하는 것……. 이 가운데 일 아닌 것은 없다. 모두 다 소중한 일이고 노동이다.

이제 알겠다. 우리가 왜 돈이 되는, 그것도 당장 돈이 되는 일들만 진짜 일이라고 생각하게 되었는지. 자본주의가 왜곡하고 협소하게 만든 일의 범위를 무비판적으로 받아들였기 때문이다. 자본주의, 그리고 그것에 무비판적으로 적응한 우리가 바로 주위의 소중한 일들을 폄하시킨 것이다.

내가 제일 싫어하는 남편들의 말이 있다. 아내에게 "집에서 놀면서 뭐하는 거야."라는 말이다. 집안일이 얼마나 소중하고 고된 일인지 모르고 하는 소리다. 단언하건대 고됨으로 따지자면 집안의 많은 일은 직장의 일과 비슷하면 비슷했지 모자라지는 않을 것이고, 중요함으로 따지자면 직장의 일은 집안의 일에 발끝도 따라올 수 없다. 1년에 한 번도 못 보는 사장에게 돈을 벌어주는 직장의 일보다, 소중한 가족들을 위해 청소하고 빨래하고 아이들에게 동화책을 한 권 읽어주는 것이 훨씬 중요한 일이다.

일은 일이다. 우리는 자본의 논리를 무비판적으로 받아들임으로써 '돈이 되는 일만 일이다.'라며 우리의 소중한 일들을 폄하해온 것이다. 여기에다 남자는 바깥일을 해야 하고 여자는 집안일을 해야 한다는 촌스러운 유교적 관점까지 더해지면 소중한 일에 대한 천박한 폄하가 완성된다. 다시 한

번 말하지만 일은 일이다. 꼭 남자가 바깥일을 할 필요도 없고, 여자가 반드시 집안일을 할 필요도 없다. 서로의 합의 하에 각자 성향과 기호에 맞추어 할 일을 하면 된다. 관습과 주위 사람의 시선에 휘둘릴 필요가 없다.

우리가 행복한 밥벌이를 하지 못하는 이유 역시 마찬가지다. 당장 돈이 되는 일만 진짜 일이고, 당장 돈이 안 되는 일은 일이 아니라고 폄하해왔기 때문에 우리를 행복하게 해줄 일을 찾을 수도 없고, 그 일을 할 수도 없는 것이다. 안 팔리는 책을 쓰는 작가는 할 일 없이 빈둥거리는 사람이라고 폄하하고, 돈도 안 되는 판소리를 하는 사람은 쓰잘데기 없는 짓을 하는 사람이라고 무시하고, 아무도 보지 않는 다큐멘터리를 만드는 사람은 백수건달이라고 외면하는 것이 지금 우리의 모습 아닌가? 우리가 진정으로 원하는 일을 찾고도 막상 그 일을 할 수 없는 이유가 무명 작가와 명창, 다큐멘터리 감독을 무시하고 폄하했던 바로 그 시선이 우리 자신에게 투사되어 돌아오기 때문이라는 것을 우리는 정말 알기나 하는 걸까?

장모의 이야기로 다시 돌아가보자. 장모는 아무 일도 안 하고 놀고먹는 염치없는 사위가 꼴도 보기 싫었을 것이다. 그렇다면 나는 정말 아무 일도 안 하는 백수건달이었을까? 아니다. 직장을 다닐 때 할 수 없었던 일을 하고 있을 뿐이다. 2주일에 한 번씩 대청소를 하고, 주말이면 아내를 위해 음식을 만들고, 설거지를 한다. 또 아들에게 동화책을 읽어주고, 그 녀석이 좋아하는 퍼즐도 함께 맞춘다. 그리고 새벽에는 계약한 몇 권의 책을 꾸준히 쓰고 있다. 당장 많은 돈을 벌지 못할 뿐, 어쩌면 직장을 다닐 때보다 더 중요한 일을 더 많이 하고 있는 셈인지도 모른다. 직장을 그만둔 백수건달의 자기합리화가 아니다. 교활하고 집요한 자본 때문에 우리가 놓친 삶의 진실이다.

세계적인 경영 컨설턴트 찰스 핸디의 이야기에 주목할 필요가 있다. 그는

41

자신의 저서 《코끼리와 벼룩》을 통해 이렇게 이야기했다.

나의 실수는 단 하나의 일, 즉 돈을 받고 하는 일(직장)만이 진정한 일이라고 생각한 것이었다. 이런 생각은 다른 종류의 일에 열심인 사람들을 모독하는 것이다. 이런 편협한 일의 정의는 경제적 필요를 인생의 다른 필요보다 우선시하게 만든다. 나는 누구 못지않게 돈을 좋아한다. 특히 돈이 없을 경우에는 그게 정말 소중한 물건이 된다. 하지만 돈이 인생의 모든 것이 되어서는 안 된다. 나는 편협한 일의 개념이 우리 사회를 왜곡시키고 있다고 생각한다.

찰스 핸디의 이야기는 의심의 여지없이 옳다. 이미 우리에게 내면화되어버린 왜곡되고 폄하된 일, 노동이라는 개념을 다시 복원시키지 않는다면 행복한 밥벌이는 없다. 우리 모두 장모처럼 일이라는 것을 폄하해왔던 것은 아닌지 반성하고 진지하게 되물어야 한다. 잊지 말자. 일은 일이다. 우리의 생활을 유지하기 위한 일체의 수고로움은 모두 소중한 일이고 노동이다.

일을 완전히 재규정해야 한다

돈이 되는 일과 돈이 안 되는 일의 구분은 무의미할 뿐만 아니라 본인은 물론 타인에게 폭력으로 기능할 수 있다. 판소리를 정말 좋아해서 명창이 되려는 사람에게 그의 부모가 "그것은 돈이 안 되니 은행에 취업이나 하라."고 강권한다면 그것이 어찌 폭력이 아니겠나? 다큐멘터리 만드는 것을 진짜 좋아하는 사람에게 그의 아내가 "그것은 돈이 안 되니 그냥 직장에 취업이나 하라."고 강요한다면 그것이 어찌 폭력이 되지 않을 수 있을까?

더 늦기 전에 우리가 폄하하고 왜곡했던 일의 개념을 반드시 바로잡아야 한다. 일의 개념을 바로잡기 위해서는 어떻게 해야 할까? 조금 더 구체적으로 일이라는 것을 재규정해보자. 자본주의와 그 자본주의에 공모한 우리가 왜곡하고 협소하게 만들어버린 '일'을 근본적으로 다시 한 번 되짚어보자.

우선 일을 몇 가지 기준으로 구분해서 생각해보자. 가장 크게는 '돈이 되는 일'과 '돈이 안 되는 일'로 구분할 수 있다. '돈이 되는 일'은 우리의 노동을 가장 효율적인 교환수단인 돈으로 바꾸는 일이다. 가장 흔하면서 우리가 일반적으로 일이라고 인정하는 형태의 일이다. '돈이 안 되는 일'은 돈이라는 매개를 거치지 않고 바로 우리의 생활을 영위하게 해주는 일이다. 이런 일은 없을 것 같지만 분명 존재한다. 찬찬히 살펴보자.

'돈이 되는 일'은 가장 일반적이고 광범위한 일의 형태이므로 좀 더 세부적으로 나눌 필요가 있다. '돈이 되는 일'은 다시 '당장 돈이 되는 일'과 '나중에 돈이 되는 일'로 나뉘게 된다. 이런 구분들이 조금 낯설게 느껴질 수도 있다. 그러니 이제부터 우리 주위에 있는 여러 가지 일들을 구체적인 사례로 들면서 차분히 설명해보자. 행복한 밥벌이를 꿈꾸는 사람에게는 이 과정이 아주 중요하다.

05

일의
재구성2

1. '당장' 그리고 '돈이 되는 일'

직장일

우리네 직장인들에게 '당장' '돈이 되는 일'의 대표는 단연 직장일이다. 더 이상 설명할 필요도 없다. 말 그대로 '돈이 되는 일'인 동시에 '당장 돈이 되는 일'이다. 더 구체적으로 말하면 전일제 직장에서 근무하면서 하는 노동이다. 아침에 출근해서 저녁 혹은 밤에 퇴근을 하며 사장의 일을 대신해주는 노동 말이다. 심지어 직장에서 대충 눈치 보면서 시간만 때워도 때가 되면 돈이 나온다. 그러니 당장 돈이 되는 일, 맞다.

비단 직장일뿐만 아니다. 장사를 하는 사람들에겐 장사, 배우에게는 연기, 가수에게는 노래를 하는 것이 '당장' '돈이 되는 일'이다. 생활을 위해 정기적으로 돈을 버는 노동이 바로 이 부류의 일이다.

친구 중에 어린 나이에 사업을 시작해서 나름 성공한 친구가 있다. 그 친구가 처음 사업을 한다고 밤을 새며 일할 때, 아무도 그에게 열심히 '일'을 한다고 말해주지 않았다. 심지어 그 친구의 부모마저. 왜냐? 돈을 벌지 못했기 때문이다. 하지만 몇 번의 실패 끝에 사업으로 어느 정도 자리를 잡고 난 이후에는 모든 사람이 그를 열심히 '일'하는 사람이라고 치켜세워주었다. 재미있지 않나? 그는 같은 일을 하고 있을 뿐인데 돈을 못 벌 때는 백수건달이 되고, 돈을 잘 벌 때는 근면하고 성실하게 일을 하는 사업가가 되는 현실이 말이다.

알바

'당장' '돈이 되는 일'에는 전일제 직장의 일만 있는 것은 아니다. 소위 말하는 알바(아르바이트) 역시 이 부류의 일에 해당된다. 하지만 '알바'는 직장의 일과 구분된다. 우선 일하는 시간의 양과 받는 돈의 양이 현저히 다르다. 전일제 직장의 일은 압도적으로 일하는 시간이 많은 대신 받는 돈의 양도 꽤 넉넉한 편이다. 이에 비해 파트타임 형식의 알바는 일하는 시간이 적은 반면 받는 돈의 양도 형편없다. 햄버거 가게에서 일한 시급으로 그 가게 햄버거조차 사먹지 못하는 것이 지금 한국의 적나라한 현실이다. 한국 사회에서는 '직장일'이든 '알바'든 당장 돈이 되는 일은 괴롭기는 마찬가지다. 직장일은 돈을 많이 버는 대신 너무 과도하게 많은 일을 해야 하고, 알바는 적은 시간 일할 수 있지만 받는 돈은 형편없이 적으니까.

'직장일'과 '알바' 사이에는 노동 시간, 급여 액수 같은 표면적인 차이 말고 본질적인 차이점이 있다. 일을 바라보는 태도다. 정기적으로 적지 않은 돈을 버는 '직장일'을 하는 사람은 대체로 돈을 벌기 위해 다른 일을 하려고 하지 않는다. 자신이 좋아하는 일을 하는 배우, 가수, 작가 같은 사람은 두 말할 나위도 없고, 안정적인 직장을 가진 월급쟁이들 역시 그 직장에서 오래 버티고 승진하는 것을 목표로 하지 다른 일을 하기 위해 지금의 직장을 다니는 경우는 매우 드물다.

하지만 '알바'는 다르다. 일본에서는 한때 '후리타'(프리랜서와 아르바이트의 일본식 합성어)라고 해서 아르바이트만으로 먹고사는 사람들이 등장하기도 했다. 하지만 이것은 최저임금이나 기본적인 노동환경이 한국에 비해 현저히 나은 일본이기에 가능한 일이었다. 우리는 다르다. 우리에게 '알바'는 단순한 버티기 수단이다. 대기업에 취업할 때까지 경제적으로 버티는 수단일 수도 있고, 자신이 원하는 행복한 밥벌이를 할 때까지 경제적으로 버티는 수단일 수도 있다.

'알바' 역시 일이다. 오히려 알바가 정규직 직장의 노동보다 더 건강한 노동인지도 모른다. 행복한 밥벌이를 찾지 못한 우리에게 지금의 일은 단순한 '수단'이다. 우리 삶의 경제적인 부분을 해결해주는 수단 말이다. 하지만 안정적인 전일제 직장을 다니는 사람들 중에는 자신의 일이 수단이 아니라 '목적'이 되어버린 사람들이 많다. 나는 직장생활을 하면서 이런 부류의 사람들을 너무 많이 보았다. 자신이 왜 일을 하는지조차 모르면서 그냥 일을 하는 사람들 말이다. 그저 아침이 되었으니 출근하고, 상사가 일을 시키니까 할 뿐이다. 입버릇처럼 가족들을 위해서 일을 한다고 하지만 매일 야근에 주말특근을 하느라 아이들, 아내와 제대로 된 대화조차 하지 못하는 것이 지금 대다수 직장인의 모습이다.

하지만 '알바'는 다르다. 그들에게 일은 명백한 수단이다. '월급 받으면 음악학원 등록한다.' '이번 달까지 일하면 한동안은 글만 쓸 수 있다.'라고 생각하며 알바를 한다. 알바를 하는 사람 중에 '나는 알바가 좋아, 이 일이 정말 천직이야.'라고 생각하는 사람은 없다. 그러니 알바를 하는 사람이 더 건강한 직업관을 가진 사람임에 분명하다. 일을 소중한 자신의 삶을 유지하는 수단으로 명확히 인식하고 있으니까 말이다.

2. '나중에' 그리고 '돈이 되는 일'

또 다른 돈벌이를 위한 준비

돈이 되는 일 중에는 '당장'은 돈이 안 되는 일이 있다. 이것은 나중에 돈을 벌기 위해 준비하는 과정이다. '나중에' '돈이 되는 일'은 또 두 가지로 나뉜다. 우선은 오직 돈'만' 버는 일을 위한 준비다. 예를 들자면 취업을 위한 자격증 공부, 영어 공부 혹은 기타의 노력들이 여기에 해당된다. 비단 취업에만 관련되는 것은 아니다. 돈'만' 벌기 위해 하는 준비들은 모두 이 일에 해당된다. 대체로 우리는 이런 부류의 노동은 일이라고 인정해주는 것 같다. 직장에 들어가도 부지런한 사람들은 이 일을 멈추지 않는다. 주식, MBA 등등 지금의 일보다 더 많은 돈을 벌 수 있는 준비와 관련된 모든 노동이 여기에 해당된다.

행복한 밥벌이를 위한 준비

'나중에' '돈이 되는 일'에는 한 가지 종류가 더 있다. 그것은 돈'도' 버는 일을 위한 준비다. 말하자면 행복한 밥벌이를 위한 준비과정이다. 불행히도 우리 주위에 이것을 일이라고 인정해주는 사람은 거의 없다. 하지만 행복한 밥벌이를 위한 일련의 준비과정 역시 일이다. 그런 의미에서 당연히 자신의 욕망과 재능을 찾는 과정도 일이다. 그렇게 찾은 욕망과 재능을 가지고 이런저런 즐거운 시도를 해보는 것 역시 일이다. 또한 자신이 행복할 만한 직업을 찾았다면 그것을 계발하는 과정도 분명 일이다.

가수를 꿈꾸는 사람에게는 퇴근 후 매일 2시간씩 노래방에서 즐겁게 노래를 부르는 것도 일이고, 매일 좋아하는 노래를 듣는 것도 일이다. 작가가 되려는 사람에게는 매일 새벽에 글을 쓰고, 주말 오후에 좋아하는 소설책을 읽는 것도 일이다. 사진작가를 꿈꾸는 사람에게는 주말마다 좋은 경치를 찾아다니는 것도 일이고, 틈틈이 짬을 내어 새로 나온 카메라를 찾아보는 것 역시 일이다. 그 어느 것 하나 일이 아닌 것이 없다. 행복한 밥벌이가 무엇인가? 노동과 놀이의 경계가 불명확해지고, 수단과 목적이 하나가 되는 그런 직업 아닌가? 그러니 즐겁게 할 수 있는 노동의 범위를 늘려가려는 노력 역시 아주 소중한 일이다.

하지만 우리 주위에 돈'도' 벌 수 있는 이런 행복한 밥벌이를 위한 준비를 일이라고 인정해줄 수 있는 사람이 몇이나 있을까? 나를 즐겁게 해주고 설레게 해주는 취미를 직업으로 만들려고 하는 노력들은 아주 소중한 노동이고 일이다. 아무도 그것을 일이라고 인정해주지 않더라도 그것은 중요한 일이다. 그 일을 부정해서는 안 되며, 그 일을 하면서 기죽을 필요도 없다. 묵묵히 우리의 길을 가자. 많은 직장인들이 행복한 밥벌이를 찾지 못하는 이유는 바로 '행복한 밥벌이를 위한 준비'를 일이라고 생각하지 않기 때문이다. 그러니 '행복한 밥벌이를 위한 준비'는 당장 돈이 되는 일에 속절없이 밀려서 지속되지 못하게 마련이다.

단언하건대 이 부류의 일은 돈'만' 벌기 위한 일보다 훨씬 중요하고 의미있는 일이다. 낮에는 일하고 밤에 주식 공부를 해서 돈을 많이 벌었다고 가정해보자. 또 직장을 다니면서 뼈를 깎는 노력으로 MBA를 이수해 돈을 더 많이 주는 직장으로 옮겼다고 가정해보자. 행복할 것 같은가? 돈'만' 벌기 위해 하는 노동은 우리의 탐욕을 더욱 부채질할 뿐이다. 돈은 벌면 벌수록 더 벌고 싶다. 그러니 그 돈을 더 벌기 위해 더 많은 일에 빠져 허우적댈 수밖에. 오직 더 많은 돈을 벌 수 있는 준비로서의 모든 일은 불행한 밥벌이로 가는 전주곡일 뿐이다.

해묵은 그리고 아주 고착화된 고정관념 하나를 깨고 가자. 일에서 행복을 찾지 못하는 이유는 더 많은 돈을 벌지 못했기 때문이 아니다. 매일 하는 그 일이 그저 지겹고 고되기만 한 이유는 그 일에서 돈을 버는 것 이외의 그 어떤 의미도 찾지 못하기 때문이다. 그러니 돈'만' 버는 일을 위한 일은 의미 없다. 완전히 헛다리를 짚은 셈이다. 그것은 결국 그토록 가기 싫은 직장을 하루에 두 번 가는 것과 다르지 않다. '행복한 밥벌이를 위한 준비'를 쓸데없는 시간낭비라거나 하찮은 가십거리로 여기지 말자. 이 일을 중요하고 소중한 일이라고 받아들이지 못한다면, 행복한 밥벌이는 없다.

3. '돈이 안 되는 일'

집안일

어쨌든 나중에라도 돈을 벌 수 있다고 생각하는 일은 그나마 사정이 낫다. 우리가 정말 심각하게 폄하해온 일들은 아예 돈을 벌 수 없는 일이 대부분이다. 아니, 돈을 벌 수 없는 노동은 애초에 일이라고 생각조차 하지 않는지도 모르겠다. 대표적인 것이 집안일이다. 집안일을 상품으로 만들어서 가정부나 집사로 노동을 하지 않는 한 집안일이 돈이 되는 법은 없다.

하지만 이 일은 아주 중요하다. 집안일이 얼마나 많나? 아이 기저귀 갈기, 설거지, 청소, 각종 공과금 내기, 식사 준비하기 등등 수도 없이 많다. 이 모든 것이 다 일이다. 노파심에서 말하자면 이 일을 꼭 여자가 해야 하는 것은 아니다. 사정과 환경에 맞게 하면 된다. 이것도 일이니까.

언젠가 한 기혼 여성이 내게 이런 고민을 털어놓은 적이 있다. "남편이 직장 그만두고 집안일을 해요. 잠시 그러다 말겠지 했는데, 이제 저보다 집안일을 더 잘해요. 청소도 꼼꼼하게 하고, 행주까지 탈탈 털어놓을 정도예요. 그런데 그런 모습이 정말 보기 싫어요. 이제 나가서 돈을 벌어왔으면 좋겠어요."

맞벌이를 했던 그녀는 집안일을 일이라고 인정하지 않는 사람이거나 남자는 돈을 벌어와야 하는 사람이라는 고정관념에 사로잡힌 게 분명해 보였다. 내가 그녀에게 어떤 대답을 해주었을 것 같나? 내 대답은 "이혼하세요!"였다. 뜬금없는 황당한 대답이 아니다. 정직하게 말하면 그녀는 남편을 사랑하는 것이 아니라 남편을 그저 돈을 벌어오는 수단으로 생각하는 사람이다. 남편을 정말 사랑한다면 어찌 집안일을 하는 남편이 보기 싫을 수가 있을까? 사랑하지 않는 사람과 같이 사는 것만큼 불행한 일도 없다. 남편이나 아내나 둘 다에게 말이다.

그녀는 남편이 직장을 그만두고 집안일을 열심히 하는 것이 왜 보기 싫었을까? 집안일을 일이라고 인정하지 않는 경우이건 남자는 돈을 버는 일을 해야 하는 사람이라는 고정관념에 사로잡힌 경우이건 상관없다.

그녀가 정말 남편을 사랑했다면 남편을 보며 드는 감정이 짜증이 아니라 걱정이어야 했다. 내게는 두 사람의 관계가 이미 끝난 것처럼 보였다. 지금은 대충 미봉하고 넘어갈 수 있을지 모르지만 그 문제는 그 부부의 삶 곳곳에서 터져나올 것이다. 시간이 지날수록 부인의 눈치를 보게 된 남편은 이미 직감하고 있는지도 모른다. 아내가 나를 사랑한 것이 아니라 대기업에 다녔던 직장인을 사랑한 것이라고 말이다. 그러니 그녀의 질문에 대한 내 대답이 "이혼하세요!"였던 것이다.

단언하건대 일에 대해서 남자, 여자라는 역할 구분은 무의미하다. 남자는 바깥일, 여자는 집안일이라는 구분은 예전 농경사회에서 육체적으로 고된 일이 주로 바깥일이었기 때문에 생긴 고정관념일 뿐이다. 요즘같이 현대화된 시대에 고된 육체노동을 해야 하는 일들은 많지 않다. 그러니 이제 일에 대한 남성, 여성의 구분은 무의미할 수밖에. 실제로 남자들 중에 직장생활에 어울리지 않는 사람도 많다. 직장의 그 치열함, 분주함을 불편하게 여기는 남자들을 적지 않게 보았다. 반면 여자들 중에도 직장의 치열함, 분주함을 즐길 수 있는 성향을 가진 사람도 많다.

부부가 각자 성향에 맞는 일을 하면 되는 것이다. 꼭 맞벌이를 할 필요는 없다. 이제는 남자가 집안일을 하는 것이 창피한 것도 아니고, 여자가 돈을 버는 것이 유별나거나 드센 것도 아니다. 일에 가치판단을 적용할 필요는 없다. 그것보다 촌스러운 일도 없다. 일은 일이다. 각자 가족이라는 공동체를 유지해나가는 데 필요한 일을 하면 되는 것이다. 그 일을 꼭 돈을 버는 일로 한정해서는 안 된다.

안타까운 것은 직장을 그만둔 사람 중에 집안일을 하는 것을 부끄러워하는 사람이 여전히 많다는 사실이다. 특히 남자들이 심하다. 괜한 자격지심이다. 안 그래도 무능한 것처럼 느껴지는데 하찮은 집안일까지 해야 한다니 자존심이 허락하지 않는 것이다. 이런 고지식한 사람은 상태가 점점 심각해질 수도 있다. 아무 일도 안 하면 자격지심은 점점 더 심해질 것이고, 그러다 술에 탐닉해서 술주정을 할 수도 있고, 경우에 따라 폭력적으로 변하게 될지도 모른다. 과도한 비약이 아니다. 쌓였던 감정은 결국 어떤 식으로든 터져 나오게 마련이니까. 엉뚱한 방향으로 자기의 자존심을 내세우려고 하다가 사달이 일어날 수도 있는 것이다. 이 얼마나 미성숙하고 유약한 존재들이란 말인가. 정신을 바짝 차려야 한다. 우리가 그렇게도 싫어했던 아버지의 모습을 우리가 답습하게 될지도 모르니까 말이다.

직장은 그만둘 수 있다. 하지만 일은 해야 된다. 일을 안 하고 밥을 먹는 것은 다른 사람의 것을 빼앗아 먹는 것과 같다. 남편이 돈을 벌면 아내는 청소하고, 설거지를 하면 된다. 아내가 돈을 벌면 남편은 아내 안마라도 해주고, 공과금도 내고, 아이들 목욕을 시키면 된다. 가족 공동체는 사랑의 공동체다. 그러니 꼭 돈을 버는 일이 아니라도 사랑하는 사람을 위해 할 수 있는 일을 하면 된다. 그러다 때가 되면 돈을 버는 일을 하면 된다.

돈을 벌지 못하는 남편을 원망하고, 고된 직장을 그만두려는 아내에게 눈치를 주고 만류하는 사람들을 보면 서글픈 예감이 든다. 이미 많은 가정이 따뜻한 사랑의 공동체라기보다 싸늘한 정치적 거래가 횡행하는 장터가 되어버린 것은 아닌지 하는 서글픈 예감 말이다. 하나만은 잊지 말자. 무능함은 돈을 벌지 못하는 것이 아니라 아무 일도 하지 않는 것이다. 직장은 그만둘 수 있지만 무능한 인간은 되지 말자.

자원봉사

돈은 안 되지만 소중한 일이 하나 더 있다. 자원봉사다. 사회적 약자들을 위한 자발적 노동 역시 일이다. 우리는 이 소중한 일을 대체로 사치나 쓸데없는 일이라고 여긴다. 이해는 된다. 나 하나 먹고살기도 힘든데 자원봉사는 무슨 자원봉사란 말인가. 정직하게 말하면 나 역시 자원봉사를 많이 하지는 못한다. 하지만 이것이 소중하고 중요한 일이라는 것을 부정해서는 안 된다.

한국에서 살면서 희망이라는 것을 느껴본 적이 몇 번이나 있을까? 신문을 꺼내 정치, 사회, 경제면을 뒤적여보자. 희망을 주는 이야기가 과연 몇 개나 있을까? 꼼꼼하게 찾지 않는다면 아마 하나도 찾기가 쉽지 않을 것이다. 하지만 나는 가끔 한국에서 희망을 본다. 아이러니하게도 대형 참사가 있을 때 나는 한국의 희망을 본다. 얼마 전 세월호에 관한 '기억을 잊었던 기억'이라는 손미나 아나운서의 글을 읽은 적이 있다.

친구들과 저는 예정된 시간보다 좀 늦었지만 결국 삼풍백화점 붕괴현장으로 모였습니다. 무엇이라도 해야 할 것 같았습니다. 그러나 그야말로 아비규환이었던 그곳에서 우리가 할 수 있는 일은 미미했고, 다만 가슴이 천 갈래 만 갈래 찢기는 마음이 무엇인지를 간접적으로 느끼며 같이 울 뿐이었습니다. 바로 그날, 자원봉사를 하고 싶어도 그저 발만 동동 구를 수밖에 없었던 그 현장은 뿌연 연기와 고약한 냄새, 울부짖음, 차마 눈 뜨고 보지 못할 모습들이었습니다.

나는 기꺼운 마음으로 자원봉사를 하는 한국의 수많은 '손미나'를 보면서 한국의 희망을 본다. 자원봉사는 타인의 아픔을 나의 아픔으로 느껴야만 가능한 일이다. 말은 자원봉사지만 엄밀한 의미에서 '자원' 봉사를 하지 못하는 인간들이 얼마나 많던가? 선거철이면 노인정을 찾아가 밥을 퍼주는 정치인들, 회사의 이미지 쇄신을 위해 고아원을 찾는 기업체 사장과 임원들이 하는 '자원' 봉사를 정말 자원봉사라 할 수 있을까? 또한 타인의 불행으로 자신의 삶을 위로하거나, '다른 사람을 무료로 도와줄 정도로 괜찮은 삶을 사는 거야!'라는 얄팍한 우월감을 느끼기 위해 자원봉사를 하는 사람이 얼마나 많던가? 아니다. 그냥 이런 말은 하지 말자. 그런 자원봉사 아닌 자원봉사의 손길마저 절실한 사람들이 너무 많으니까 말이다.

자본주의의 가장 큰 폐해 중 하나는 사랑이라는 소중한 감정을 아주 협소하게 만들어버렸다는 사실일 것이다. 이제 우리는 사랑이라는 단어를 들으면 연인의 사랑 혹은 그보다 조금 더 확장된 가족의 사랑 정도로 생각할 뿐이다. 하지만 인류의 역사를 찬찬이 돌아보면 사랑은 사회 공동체를 대상으로 하는 것이 보편적이었다. 예수의 사랑, 공자의 인, 싯다르타의 자비처럼 말이다.

자원봉사라는 일을 부정하지 말자. 그것이 우리의 희망일지도 모른다. 타인의 아픔을 우리의 아픔으로 느끼고 그들을 위해 기꺼이 수고로움을 감당하는 일은 성스럽기까지 하다. 그것을 밥벌이를 챙기는 일과 어찌 비교할 수 있을까? 하지만 현실은 현실이니 받아들이자. 지금은 먹고살기도 힘든 척박한 시대이니 말이다. 당장 힘든 밥벌이 때문에 자원봉사는 꿈도 꾸지 못할 수도 있다. 죄책감 같은 것은 가질 필요 없다. 우리는 모두 생활인들이니까. 하지만 생면부지의 사람들을 위한 자원봉사가 아주 소중한 일이라는 사실만은 부정할지 말자. 그것으로 충분할지도 모른다. 그것이 소중한 일이라는 것을 인정하기만 한다면 자원봉사를 하는 사람들을 응원하고 격려해줄 수도 있을 것이다. 또 언젠가 여유가 된다면 우리 역시 자원봉사라는 소중한 일을 할 수도 있을 테니까 말이다.

돈을 매개하지 않고 생계를 책임지는 일

앞서 말한 두 가지 '돈이 안 되는 일'은 근본적인 한계가 있다. 그 일만으로 생계를 전적으로 책임지지 못한다는 것이다. 당연하다. 남편과 아내 둘 모두 돈은 안 벌고 집안일만 해서는 생계를 유지할 수 없고, 생업을 내팽개치고 자원봉사만 하고 살 수도 없는 노릇이니까. 그렇다면 정말 '돈이 안 되는 일'만으로는 우리의 생계를 꾸려갈 수 없는 걸까? '예스'라고 성급하게 대답하기 전에 자본주의라는 것을 근본적으로 다시 한번 고민해보자. '우리에게 돈이 왜 필요한가?'

돈은 그 자체로는 아무짝에도 쓸모가 없다. 엄청난 돈이 든 가방을 들고 도망치다가 추운 겨울 산속에 혼자 조난을 당했다고 상상해보자. 얼어 죽을 판인데도 돈가방을 껴안고 있을 수 있을까? 아니다. 라이터를 꺼내 지폐를 한 장 한 장 태워 몸을 잠시나마 녹이려고 할 것이다. 가끔 영화에도 등장하는 이 장면이 우리에게 어떤 의미가 있을까? 돈의 유일한 가치는 교환수단이라는 걸 알려준다. 교환수단이라는 기능을 제외하면 돈은 아무 짝에도 쓸모없는, 그저 이놈 저놈 만져서 더러운 종잇조각일 뿐이다.

'발터 벤야민'이라는 탁월한 철학자는 '자본주의는 세속화된 종교'라는 말을 남겼다. 더없이 정확한 표현이다. 종교로 삶의 구원을 받고자 하는 사람은 십자가와 불상에 과도한 의미를 부여한다. 사실 십자가는 그냥 목걸이일 뿐이고, 불상은 그저 부처의 형상을 본뜬 조각품일 뿐이다. 스스로 자신을 구원하지 못하고 종교에 구원을 구걸할 때 우리는 한없이 약해지고, 쇳덩어리나 나무 조각 따위의 허구적인 상징에 과도하게 집착하게 마련이다. 마찬가지로 돈으로 삶의 구원을 받고자 하는 사람은 돈에 과도한 의미를 부여하게 마련이다. 이것은 한 가지 실험으로 단박에 확인할 수 있다. 종교인들 앞에서 십자가와 불상을 불태우면 어떤 반응일까? 경악을 금치 못할 것이다. 마찬가지 아닌가? 사람들 앞에서 돈을 불태워보시라. 그들은 괴성을 지르면서 경악할 테니까.

돈만 있으면 무엇인가 자신감이 생기고 매사에 당당하다고 느끼는 인식구조와 신만 있다면 무엇인가 자신감이 생기고 매사에 당당해진다고 느끼는 종교인의 인식구조는 놀랍도록 닮아 있다. 다만 차이가 있다면 자본주의에서 돈이라는 신은 진짜 종교의 신에 비해 더 직접적이고 더 신속하게 무엇이든 할 수 있는 전능함을 준다는 것 정도뿐일 것이다. 그러니 어찌 '자본주의를 세속화된 종교'라고 말하지 않을 수 있을까?

이제 생각해보자. 우리는 그동안 돈이라는 것을 과도하게 맹신하고 있었던 것은 아닐까? 결국 돈이라는 것은 교환의 기능을 제외하면 아무짝에도 쓸모가 없는 것 아닌가. 물론 아주 유용하고 매혹적인 교환의 도구라는 것은 분명한 사실이지만.

인류 역사를 거칠게 나눈다면 두 시기로 나눌 수 있다. 자본주의 시대와 전(前) 자본주의 시대. 지금 우리는 돈을 버는 것을 너무나 당연하게 생각하지만 인류는 돈이 존재하지 않았던 혹은 지금보다 돈의 위력이 현저히 적었던 전 자본주의 시대를 살아낸 적이 있다. 이제 실마리가 보인다. 우리의 아주 오래된 선배 세대들이 전 자본주의 시대를 어찌 살아왔는지를 알면 우리도 '돈이 안 되는 일'로 생계를 유지할 수 있지 않을까? 그 오래된 미래에 우리의 희망이 있을지도 모른다.

이쯤에서 한 사람을 소개해야겠다. '볼턴 홀'이라는 사람이다. 그는 《3에이커와 자유》(Three Acres and Liberty)라는 책을 쓴 사람이다. 이 책은 1907년에 미국에서 이슈가 되었다. 간단하게 책의 내용을 이야기해보자. 이 책은 독자들에게 사무실이나 공장을 떠나 미국 중부에 3에이커(약 4,047제곱미터. 축구장 3개 정도를 합친 크기)의 농지를 구입하라고 조언한다. 그리고 그 정도 규모면 어렵지 않게 4인 가족이 농작물을 재배하면서 충분히 먹고살 수 있다고 말한다. 그리고 그렇게 소박하게 살 수 있다면 돈을 벌기 위해 더 이상 직장에서 아첨과 협상으로 동료나 상사들에게 시달림을 받는 생활을 할 필요가 없다고 말한다. 그뿐만이 아니다. 볼턴 홀은 추상적이고 뜬구름 잡는 이야기 대신 아주 실용적이고 구체적인 이야기들로 독자들을 유혹한다. 채소를 재배하는 방법, 온실을 만드는 방법, 과수원을 배치하는 방법, 가축을 이용하는 방법 등. 이 책을 우리 시대의 언어로 이야기하자면 '귀농 프로젝트 실전편' 정도가 될 것이다.

그런데 정작 중요한 질문을 빼먹었다. 우리는 '볼턴 홀이 왜 《3에이커와 자유》(Three Acres and Liberty)라는 책을 썼을까?'라는 질문을 해야 한다. 1900년대 미국은 근로환경의 격변기였다. 1800년대 이전 미국의 노동자들은 대체로 농장이나 소규모 가족 사업을 자체적으로 하는 상황이었다. 하지만 1800년대에 접어들면서 미국의 임금 노동자는 전체 노동자 중 20퍼센트에 육박했고, 1900년대에는 50퍼센트에 육박했다. 쉽게 말하자면 1900년대를 기점으로 미국은 자급자족하는 전(前) 자본주의 시대에서 돈을 벌어 먹고살아야 하는 자본주의 시대로 옮겨갔던 셈이다.

그는 행복한 삶을 영위하려면 고용주에 대한 의존에서 벗어나 자신을 위해, 자신만의 속도로, 자신의 행복을 위해 일해야 한다고 말한다. 이는 곧 돈을 벌어 먹고사는 것이 전혀 행복한 삶이 아니라는 이야기다.

생각해보면 그의 이야기는 옳다. 돈에 필요 이상의 가치를 부여하지 않으면 돈은 그저 교환수단일 뿐이다. 돈을 무엇으로 교환하나? 결국 먹고살아야 하는 필수품을 사는 것 아닌가? 그렇다면 내가 하는 일로 직접 생활의 필수품을 만들어낼 수 있다면 '돈이 안 되는 일'을 하면서도 생계를 꾸려나갈 수 있게 되는 것 아닌가? 볼턴 홀은 이런 근본적인 깨달음에 도달한 것이다. 한때 한국에서 귀농 열풍이 불었던 것도 같은 맥락이었을 것이다. 그것은 자본주의에 지칠 대로 지친 사람들의 '내가 먹을 것은 내가 생산해서 먹고 산다.'는 절박함 같은 것이었다.

돈을 벌지 않고 최소한의 의식주를 해결할 수 있는 일들을 고민해보는 것도 좋다. 살 곳, 입을 옷, 먹을 것만 직접 해결할 수 있다면 더 이상 돈을 버는 일에 목을 매지 않아도 좋지 않을까? 이런 이야기가 너무 비현실적으로 들린다면 적정선에서 '돈 되는 일'과 '돈 안 되는 일'의 조화를 도모하는 것도 하나의 좋은 대안일 수 있다. 치열하고 경쟁적인 삶은 싫고, 조금은 거칠고 불편할 수도 있는 시골에서의 삶에 크게 거부감이 없는 사람이라면 충분히 시도해볼 만한 현실적인 대안이다.

내가 아는 한 출판사 대표는 서울생활을 접고 귀농을 했다. 낮에는 농사를 짓고, 밤에는 출판사 업무를 한다. 지금 같은 세상에 아무리 농사를 잘 짓는다고 해도 완전히 돈이 없이 살기는 현실적으로 불가능하다. 그러니 그는 나름 현실과 어느 정도 조화를 이루면서 '돈이 안 되는 일'로 생계를 꾸려가고 있는 셈이다. 그리고 지인 중에는 직장을 다니면서 목공예를 배워 시골로 내려가서 사는 사람도 있다. 그는 작은 텃밭을 일구면서 먹을 것을 직접 생산하고, 동시에 필요한 어느 정도의 돈은 목공예품을 만들어 팔아서 번다. 그들 나름으로 삶에 여러 가지 불편함이 있겠지만 분명한 사실은 우리들보다 훨씬 돈에 대한 압박이나 강박이 덜할 것이란 점이다.

'돈이 안 되는 일'로 생계를 유지하는 방법이 지금 당장은 우리에게 농사를 짓는다거나 귀농을 하는 방법뿐일 것이다. 하지만 만약 그런 생각을 공유하는 사람들이 많아진다면, 그래서 그런 생각을 공유하는 공동체가 이루어진다면 '돈이 안 되는 일'로 생계를 꾸릴 수 있는 조금 더 다양한 방법이 나오지 않을까? 어찌 되었던 돈을 매개하지 않고 생계를 유지하는 것도 분명 중요하고 소중한 일이다. '직장을 그만두고 할 일이 없으면 어떡하지?'라는 쓸데없는 고민은 할 필요 없다. 우리 주위에는 이렇게나 할 일이 많으니까 말이다. 우리가 이제껏 일이라고 생각했던 것들을 완전히 재구성할 수만 있다면 우리에게 소중한 일은 얼마든지 널려 있다.

06

나는 내가 틀릴 것이 두렵지 않다

선택은 생각보다 중요하지 않다

행복한 밥벌이를 찾을 때 우리는 과도하게 신중하다. 직장인이 '행복한 밥벌이를 찾는다'는 것은 지금의 안정적인 직장이 송두리째 흔들릴 수도 있음을 의미하는 것이니 신중해지지 않는 것이 오히려 더 이상한 일일 것이다. 그럼에도 불구하고 행복한 밥벌이를 위한 자기 탐색을 꾸준히 하다 보면 몇 가지 실마리를 찾을 수 있다. '아, 나는 이런 것을 좋아하는 사람이었구나.' '나는 이런 것을 잘할 수 있는 사람이었구나.'라는 작은 확신이 들 때가 있을 것이다. 하지만 많은 사람들은 그런 확신들이 찾아온 이후에도 여전히 지금의 자리에 머물면서 크고 작은 실존적인 선택은 잘 하지 않는다.

J가 그랬다. 그는 직장생활이 힘들 때면 나에게 연락을 했고, 나는 그에게 행복한 밥벌이를 찾을 수 있는 이런저런 조언들을 해주었다. 만난 지 6개월쯤 되었을까? 그는 "저는 사람을 만나는 것을 좋아하는 것 같아요, 그리고 사람들이 만날 수 있는 모임을 계획하고 만드는 것을 잘하는 것 같

아요."라고 말했다. 얼마나 대견했는지 모른다. 처음 만났을 때의 J는 자신에 대해서 아무것도 알지 못했고, 그럴 필요성도 전혀 느끼지 못하는 사람이었으니까.

나는 J에게 이제 자신에 대해 알게 된 것을 가지고 작은 시도를 해보라고 조언해주었다. 그는 자신의 욕망과 재능을 가지고 시도해볼 수 있는 몇 가지 일을 적은 리스트를 작성했다. 나는 이제 곧 그가 자신만의 행복한 밥벌이를 찾을 수 있을 것이라고 생각했다. 하지만 시간이 더 지난 뒤 만난 J는 그 리스트 중 단 하나도 시도해보지 못했다고 했다. 여러 가지 리스트 중 정작 아무것도 선택하지 못했기 때문이다.

'한 번의 선택이 평생을 좌우한다.'는 이야기를 많이 들어보았을 것이다. 무시무시하지 않나? 한 번의 행동으로 인생 자체가 결정난다니 무시무시한 정도가 아니라 거의 저주에 가깝다. 물론 선택은 중요하다. 부정할 수 없다. 하나를 선택한다는 말은 다른 하나를 포기한다는 의미이니까. 하지만 정말 선택이 그렇게 중요한 걸까? 혹시 우리는 '선택의 중요성'에 너무 쫄아서 선택장애증후군을 앓고 있는 것은 아닐까? J처럼 말이다.

프리츠 펄스(1893~1970)라는 정신과 의사가 있다. 그는 이런 말을 남겼다. "어떤 것을 선택하느냐는 전혀 중요하지 않다. 중요한 것은 결정하는 행위 그 자체이다." 우리네 삶에서 진정으로 중요한 것은 '선택'이 아니라 '실존적인 행동력'이라는 사실을 역설한 것이다. 우리 삶을 냉정하게 돌아보라. 우리가 불행에 빠졌던 것은 잘못된 선택을 했기 때문이 아니라 결국 아무것도 선택하지 않았기 때문이 아니던가? 배우자를 잘못 선택해서 인생이 꼬였다고 한탄하는 사람들을 심심치 않게 본다. 하지만 그네들과 조금만 깊게 이야기하다 보면 그들은 결국 '그래 그 정도는 되는 사람이랑 결혼해야지.'라는 주위 사람들의 이야기 혹은 '이제 결혼할 나이가 된 것 같네.'라는 스스로의 압박감에 밀려서 결혼을 할 것일 뿐, 정작 적극적이고 능동적으로 배우자를 선택해서 결혼을 한 것이 아니라는 사실을 알 수 있다.

사실이다. 선택은 생각보다 중요하지 않다. 딴지 총수 김어준의 말처럼 '우리는 우리 선택의 누적분'인 셈이다. 우리가 살면서 했던 그 모든 선택들이 지금 우리를 만든 것이다. 의아할 수도 있겠다. '선택이 우리를 만든 것이라면 선택은 정말 중요한 것 아닌가?' 하는 의구심 말이다. 김어준의 말이 사실이긴 하지만, 그 말이 정말 우리네 삶을 더 잘살게 해주는 것인지는 잘 모르겠다. 지금 우리의 모습이 썩 마음에 들지 않는다면 그것은 결국 우리가 한 선택에 의해서 그리 된 것이다. 그러니 김어준의 진의와 관계없이 이 말은 자칫 '과거의 선택에 의해 지금 우리의 삶은 규정될 수밖에 없고, 우리는 그 선택의 누적분에 해당하는 삶을 계속해서 그대로 받아들일 수밖에 없다.'고 이해될 소지가 다분하다. 쉽게 말해 지금 우리의 삶보다 과거에 우리가 했던 선택에 집착하며 살게 될 개연성이 높다는 이야기다.

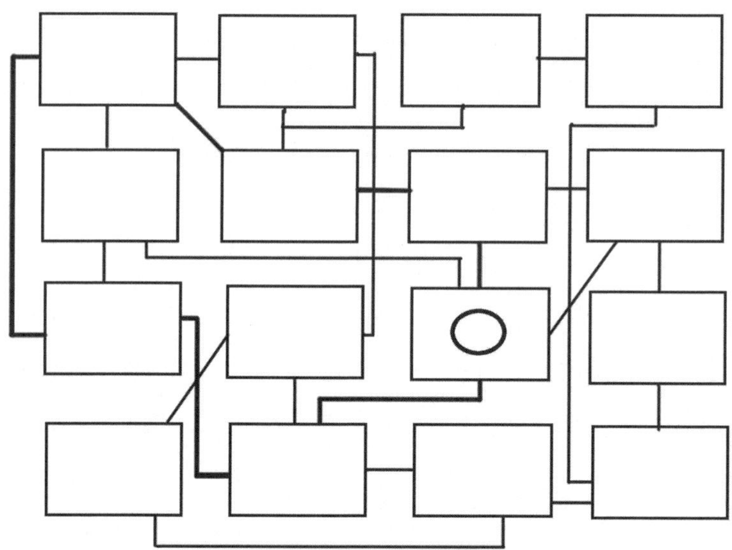

   PART 4 진짜 문제는 '나'다. 내면을 개혁하라

'우리는 우리 선택의 누적분'이지만 과거의 선택에 집착하거나 그것에 지배당할 이유는 없다. 우리의 삶을 찬찬히 한번 돌아보자. 살면서 얼마나 많은 선택을 하고 살아갈까? 아침에 일어나서 버스를 탈지 지하철을 탈지부터 시작해서 점심은 짜장면을 먹을 건지 짬뽕을 먹을 건지까지 수도 없는 선택을 한다. 가령 우리를 지구라고 생각한다면, 우리가 했던 선택은 지구에 있는 나무 한 그루 정도이지 않을까? 그 정도로 우리는 수많은 선택들을 하며 살아왔고 또 앞으로 살아갈 것이다.

우리가 했던 그 모든 선택이 우리를 만들었다. 부정할 수는 없다. 하지만 객관적으로 한번 생각해보자. 지구에서 나무 한 그루가 없어지면 지구가 더 이상 지구가 아닌 것이 되나? 나무 한 그루의 차이는 분명 존재하겠지만 그 차이는 생각보다 중요하지 않다. 우리의 선택 역시 마찬가지다. 하나하나의 선택에 과도한 의미를 부여할 필요가 없다. 실수해서 나무 한 그루쯤 없어져버리면 어떤가? 내일 다시 한 그루 심으면 되는 것 아닌가?

단 한 번의 실수도 없이 사는 사람은 없다. 때로는 잘못된 선택을 후회하기도 하고, 그럼에도 또 실수를 하며 살아간다. 유한한 인간이 그러지 않을 도리가 없다. 한 번 잘못된 선택을 한다고, 한 번 실수한다고 인생이 거기서 끝나는 것이 아니다. 이렇게 보아도 좋다. 훌륭한 선택은 잘못된 선택의 경험에서 나온다고. 한 번도 넘어지지 않고 걸음마를 하는 아이는 없다. 그러니 잘못된 선택으로 인해 조금 힘든 삶을 살고 있다면, 훌륭한 선택을 하기 위한 배움의 시기인 셈이다. '한 번의 선택이 평생을 좌우한다.'는 이야기는 이제 신경 쓰지 말자. 뭐든 너무 고민하지 말고 일단 지르자!

정답을 찾지 맙시다

삶에서 아무런 선택을 하지 못하고 늘 고민만 하는 이유는 정답을 찾으려고 하기 때문이다. 정답은 수학 시험지에나 있는 것일 뿐, 인생에는 정답 자체가 존재하지 않는다. 우리가 정답을 찾으려고 하는 이유는 비겁하기 때문이다. 여러 가지 선택을 놓고 마지막까지 정답을 찾으려는 이유는 그 어떤 기회비용도 치르고 싶지 않거나 혹은 가장 적은 기회비용을 치르고 무엇인가를 얻고 싶어서일 뿐이다. 세상에 그런 게 어디 있나? 인생을 두 번 사는 사람은 존재하지 않는다. 하나를 얻고 싶으면 당연히 하나를 내려놔야 하는 것이 세상의 순리다.

우리는 인생에 정답이란 존재하지 않는다는 것을 이미 알고 있다. 그럼에도 마지막까지 정답을 찾으려고 애쓰는 이유는 고질적인 선택장애를 합리화하기 위해서인지도 모른다. '아직 정답을 찾지 못했기 때문에 아무런 선택을 하지 않은 거야!'라고 말이다. 그 내밀하고 간교한 자기합리화 때문에 여전히 우리는 존재하지도 않는 정답을 찾아 헤매느라 시기를 놓쳐버리곤 한다. 잊지 말자. 우리가 선택해야 할 때 선택하지 않으면 결국 세월이 대신 그 결정을 해버리게 된다는 사실을.

행복한 밥벌이를 위해 언제든 직장은 그만둘 수 있지만 아직 마땅한 정답을 찾지 못했기 때문에 사표를 쓸 때가 아니라고 생각하는 사람이 있다. 행복한 밥벌이를 위해 직장을 다니면서 이런저런 시도들을 해볼 수는 있지만 아직 정답을 찾지 못했기 때문에 지금은 직장에 충실해야 할 때라고 말하는 사람도 있다. 이런 부류는 아주 흔하다. 그렇다면 그들은 정말 정답을 찾기만 하면 직장을 다니면서 이런저런 시도를 하거나 혹은 직장을 그만두고 새로운 길을 걸어갈 수 있을까? 없다. 단호하게 말할 수 있다. 그런 정답은 애초에 존재하지 않으니까.

탁월했던 철학자, 장자의 힘을 빌리자. 장자의 이야기 중 우리가 꼭 기억해야 할 것이 하나 있다. '도행지이성'(道行之而成), 즉 '길(진리)은 걸어가야 만들어진다.'는 이야기다. 우리에게 아주 의미 있고 소중한 이야기다. 장자의 이 이야기를 내 식으로 다시 표현하자면, '인생에는 정답이 존재하는 것이 아니라 우리가 진지하게 걸어가는 길이 바로 정답이 된다.'는 것이다. 나는 장자의 말이 참 힘이 되었다. 행복한 밥벌이란 길을 걸어가다 보면 모든 것이 불투명하고 혼란스럽고 외롭고 불안해지기 마련이다. 나 역시 그랬다. '맞게 가고 있는 건가?' '나 혼자 미친 짓하고 있는 것은 아닌가?' 하는 혼란, 막막함, 두려움, 불안함 같은 감정이 수시로 나를 엄습해왔다. 그때마다 장자의 말을 곱씹으며 참 많은 힘을 얻었다.

우리가 지금 정답이라고 하는 것들은 누군가 이룬 성취를 사후적으로 해석하는 것에 지나지 않는다. 우리는 지금 국민이 주인인 시대를 정답이라고 생각한다. 그것이 지금 정답인 이유는 그것이 예전부터 정답이었기 때

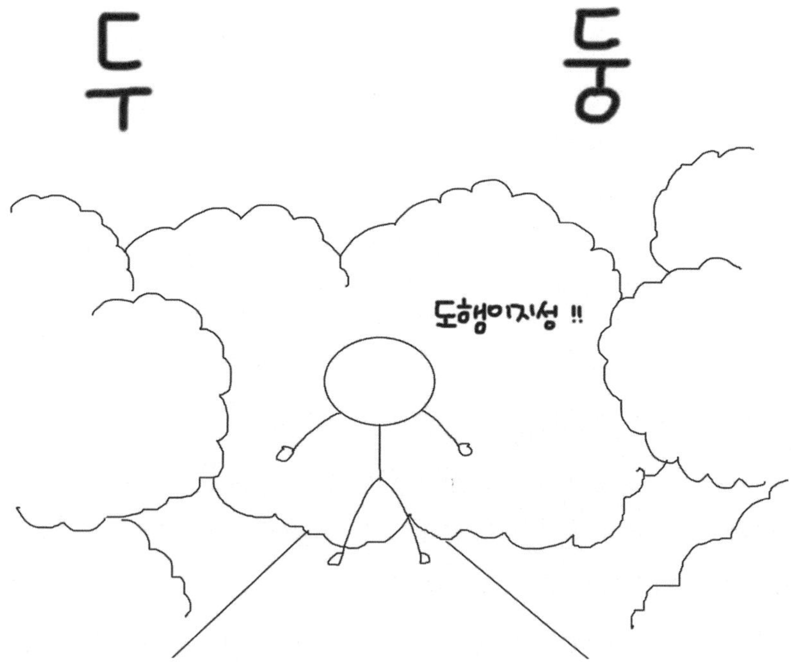

문이 아니다. 왕을 모셨던 시대라면, 백성이 주인이 된다는 발상은 오답이 아니라 미친 소리였을 것이다. 하지만 수많은 백성들이 스스로 주인이 되는 길을 피를 흘리며 걸어갔기에 지금 우리가 정답이라고 생각하는 민주주의가 형식적이나마 이루어진 것일 테다. 거창하게 민주주의까지 갈 것도 없다. 지금 많은 사람들이 스티브 잡스의 성취를 추앙하고 마치 혁신의 아이콘이라도 된 듯이 떠받든다. 하지만 잊지 말자. 처음 나타났을 때 그는 독선적이고 고집불통에다 과대망상증에 걸린, 흔한 실리콘 밸리의 '또라이' 중 한 명일 뿐이었다는 사실을 말이다.

우리가 가는 길이 아무리 외롭고 고된 길이라도 장자의 말을 잊지 않는다면 그 길을 묵묵히 걸어갈 수 있다. 우리가 가는 길이 바로 정답이니까. 여러분 역시 행복한 밥벌이라는 길을 제대로 걸어가고 있다면 분명 그 길 위에서 혼란, 막막함, 두려움, 불안함을 여지없이 만나게 될 것이다. 그때 장자의 '도행지이성'(道行之而成), 다섯 글자를 떠올릴 수 있다면 좋겠다.

정답보다 중요한 것은 걸어감이다

정답보다 중요한 것은 걸어감이다. 시행착오도 있을 수 있다. 하지만 시행착오가 없다면 우리는 언제나 지금의 자리에 머물러 있어야 할 것이다. 딱 떨어지는 정답을 찾으면 움직이겠다는 생각은 언제까지나 지금 자리에 머물겠다는 이야기에 다름 아니다. 한때 나는 인생이라는 여행을 떠나기 위해서는 지도가 있어야 한다고 생각했다. 그래서 그 지도를 무던히도 찾았다. 그런데 이제 알겠다. 인생이란 여행은 정확한 지도를 가지고 떠나는 여행이 아니라는 사실. 인생은 애매모호한 방향만을 알려주는 나침반을 가지고 떠나야 하는 여행인 것 같다.

인생에서 지도라는 정답은 애초에 존재하지 않는다. 미래를 알 수 없기 때문이다. 우리가 인생의 지도를 만날 때는 죽음을 맞이하는 순간일 뿐이다. 삶을 다 살아내고, 그래서 지난 삶을 오롯이 돌아볼 수 있을 때야 우리는 인생의 지도를 찾을 수 있을 것이다. 그러니 당장 오늘을 살아야 하는 우리에게 정답이라는 지도는 의미가 없다. 물론 아무런 방향도 없이 무작정 가는 것도 능사는 아니다. 우리에게 필요한 것은 나침반이다. 개략적인 삶의 방향을 알려줄 나침반 정도면 충분하다.

나는 여러분의 나침반이 무엇인지 모른다. 하지만 분명 여러분만의 나침반을 찾아야 한다. 어디로 갈지 기본적인 방향은 알아야 하니까 말이다. 나에게 그 나침반은 '철학'이었다. 철학을 통해 '아, 이렇게 사는 것이 행복하게 잘사는 것이구나.'라는 것을 알게 되었다. 여러분도 인생이라는 여행에서 어디로 가야 하는지는 알아야 한다. 아니면 이리저리 흔들리다가 소중한 인생을 탕진하게 될지도 모른다. 조금 욕심을 내보자면 이 책이 여러분의 나침반이 되었으면 좋겠다.

인생이 정확한 지도가 아니라 때로는 모호한 방향만을 알려주는 나침반을 가지고 가야 하는 여행이라면 우리에게 정말 중요한 것이 무엇인지 어렵지 않게 알 수 있을 것 같다. 우리에게 중요한 것은 정답이 아니라 걸어감 자체다. 한 걸음씩 걸어가다 흔들리는 나침반을 보고 방향을 수정하고, 그리고 또 걸어야 한다. 어쩌면 이것은 우리의 선택사항이 아니다. 삶은 일방통행로다. 일단 들어서면 후진도 안 되고, 유턴도 안 된다. 우리의 삶을 돌아보라. 우리가 완벽하게 준비가 되었거나 혹은 정답을 찾고 난 이후에 닥친 문제들이 있었나? 삶은 그렇게 우리에게 다가오지 않는다.

아직 준비가 되지 않았는데 고3이 되어버렸고, 사랑할 준비가 되지 않았는데 마음을 흔드는 사람이 불쑥 내 눈앞에 나타났고, 이별을 감당할 정도로 성숙하지 못했는데 연인이 이별을 불쑥 통보하지 않았던가? 마찬가지로 우리는 밥벌이가 무엇인지도 모른 채 직장에 들어섰던 것이다. 삶은 분명 일방통행로다. 우리가 준비가 되었든 그렇지 않든 후진도, 유턴도 없이 그 저 앞으로만 가야 하니까 말이다. 그것이 삶의 진실이다.

나는 내가 틀릴 것이 두렵지 않다

나는 여전히 선택을 잘하지 못하고, 한때는 스스로도 답답하게 느껴질 정도로 과도하게 신중했다. 실패하는 것이 두려웠다. 다른 사람에게 실패 자라고 비춰지는 것도 두려웠고, 몇 번의 실패로 자신감을 잃어갈 나를 보게 될 것은 더욱 두려웠다. 나는 내가 틀릴 것이 정말 두려웠다. 늘 '틀리면 어떡하지'라는 의구심에 전전긍긍하며 지냈다. 의구심은 이내 두려움이 되었고 급기야 그 두려움은 나에게 강박이 되어버렸다. '틀린 길로 가서는 안 돼!'라는 강박에 꽁꽁 묶여 지낸 시간이 짧지 않았다.

이것은 비단 나만의 이야기가 아닐 것이다. 우리는 사소한 선택에서도 틀릴 것을 얼마나 두려워하고 있나? 결국은 그 두려움 때문에 아무런 선택도, 결단도 내리지 못한 채 존재하지도 않는 정답을 찾아 헤매는 것 아닌가? 직장을 그만두는 결단도, 정시에 퇴근을 하는 선택도, 연차를 쓰는 선택도 하지 못한 채 고민하고 주저하고 있는 것이 바로 우리네 직장인들의 모습 이다. 이 모든 것은 결국 '틀리면 어떡하지?'라는 마음속 깊은 의구심을 떨칠 수 없기 때문이다.

틀릴 것을 두려워할 필요가 없다. 나는 이제 분명히 말할 수 있다. 나는 내가 틀릴 것이 두렵지 않다. 맞고 틀리고는 정답이 있어야 가능한 것인데 내가 가는 길이 정답이라면 내가 틀릴 일은 애초에 없기 때문이다. 물론 내가 하는 여러 가지 선택에 실수, 실패라고 할 만한 것들은 여전히 앞으로도 많을 것이다. 하지만 개의치 않는다. 결국 삶에서 중요한 것은 걸어감이니까.

실수하면 어떤가? 실패하면 어떤가? 틀리면 어떤가? 생각해보면 당연한 것 아닌가? 나침반이 정확한 방향을 잡기 직전에는 파르르 떨린다는 사실을 알고 있나? 어쩌면 우리가 하는 작은 실수, 실패는 정확한 방향을 잡기 직전에 나침반의 바늘이 파르르 떨리는 것과 같은 것은 아닐까?

지금 해야 할 선택이 어떤 것이든 너무 많이 고민하지 말자. 그냥 조금이라도 마음이 끌리는 쪽으로 일단 선택하자. 그리고 걸어가자. 그 길이 아니라면 그때 다시 방향을 조절하자. 그리고 또 그렇게 걸어가자.

더 이상 틀릴 것을 두려워하지 말자. 아니 오히려 아무것도 틀리지 않는 것을 두려워해야 한다. 아무것도 틀리지 않았다는 것은 제자리에 서 있다는 의미이거나 혹은 이미 지나왔던 길로 후진을 하고 있다는 의미니까. 아찔하다. 말하지 않았나? 인생은 일방통행로라고. 일방통행로에서 제자리에 서 있거나 후진을 하면 어찌 되겠나? 얼마 지나지 않아 대형 참사가 벌어질 것이 분명하다. 일방통행로에서는 잘못된 길로 들어섰더라도 일단 가야 한다. 그리고 가면서 새로운 길을 찾아야 한다. 인생이란 참 묘하다. 실수로 들어선 길에서 뜻하지 않은 아름답고 멋진 경치를 보게 되듯이 실수를 통해서 우리 삶의 새로운 가능성을 발견하게 되기도 한다.

잊지 말자. 정답은 미리 존재하는 것이 아니라 우리가 진지하게 걸어가는 길이 바로 정답이 된다는 사실을. 그리고 삶은 되돌아갈 수 없는 일방통행로라는 사실을. 그러니 우리가 해야 하는 선택들 앞에서 너무 망설일 필요 없다. 또 우리가 했던 그 선택들이 틀릴 것을 두려워할 필요도 없다. 그저 씩씩하게 우리의 길을 걸어나가면 된다. 그뿐이다.

07

행복은 가벼움이 아니라 무거움이다

행복의 색깔

"행복이란 어떤 색깔일까요?"
"글쎄요. 아마 노랑색, 분홍색 아니면 파랑색 아닐까요?"

퇴사를 주제로 이야기하는 어느 모임에 참석해서 옆에 있던 사람과 나눈 대화였다. 여러분은 어찌 생각하나? 우리가 그토록 바라마지 않는 행복이 어떤 색깔이라고 생각하나? 대체로 밝은 계통의 유채색을 생각할 것 같다. 하지만 내 생각은 조금 다르다. 누가 내게 행복의 색깔을 묻는다면 나는 회색 같은 다소 어두운 무채색이라 답하겠다. 의아해 하거나 반론을 제기하고 싶은 사람도 많을 것이다. 하지만 나는 그렇게 생각한다.

우리는 대체로 행복이란 것을 너무 쉽고 가볍게 생각하는 경향이 있다. 힘들고 고된 것들을 결코 행복이라 생각하지 않는다. 나도 그리고 여러분도 행복하고 싶다. 세상에 행복하고 싶지 않은 사람이 어디 있겠나? 그런데 주변 사람들에게 물어보자. "나는 정말 행복해!"라고 자신 있게 말할 수 있는 사람이 과연 몇이나 될까? 모르긴 몰라도 아주 드물 것이다. 대체로 우리는 "행복하냐?"는 질문 자체를 불편해한다. 아니면 겨우 한다는 대답이 "살 만하면 행복한 거지 뭐."라는 냉소적인 이야기뿐일 것이다.

왜 행복한 사람이 그토록 드문 걸까? 답을 말하기 전에 이 이야기부터 해보자. 싯다르타의 말을 빌리지 않더라도 생(生)은 기본적으로 고해(苦海)다. 태어나면서부터 우리는 행복한 것이 아니라 고통 속에 내던져지는 것이다. 이것은 허무주의도 아니고 비관주의도 아니다. 서글프기는 하겠지만 엄존하는 삶의 진실이다. 당장 우리가 태어난 날을 생각해보자. 엄마의 안락한 배 속에서 나오자마자 눈이 아플 정도의 강렬한 의료용 불빛이 우리를 괴롭히지 않았나? 그뿐인가? 옆에 있는 간호사는 허파 호흡을 해야 한다며 이제 갓 태어난 우리를 구타하기 시작한다. 우리의 삶은 그렇게 시작부터 고통의 바다다.

그보다 시간이 조금 더 지나면 상황이 나아졌나? 전혀 아니다. 순한 분유와 모유에 겨우 좀 적응될 만한데, 이제는 짜고 매운 김치와 퍽퍽한 밥을 먹으란다. 곤욕이다. 이제 다 적응해서 살 만해졌다고 생각해서 학교에 가면 그놈의 시험은 또 왜 그리 많은지. 부모, 선생 할 것 없이 시험을 잘 치기 위해 공부를 해야 한다며 우리를 괴롭힌다. 성인이 되어도 달라질 건 없다. 이제 내 밥벌이는 내가 챙겨야 한다. 취업이 안 되면 안 되는 대로 고통스럽고, 취업을 하면 '또라이' 같은 상사와 사장들 때문에 괴롭다.

물론 삶을 조금 거칠게 이야기한 부분도 있다. 고통 사이사이에 잠시잠시 느끼는 행복한 시간들이 있기도 하니까. 하지만 인간의 삶은 기본적으로 고통스러운 것이다. 이것은 자연스러운 것이고, 유사 이래 최고의 지성들이 공통적으로 깨달았던 사실이기도 하다.

우리가 행복을 그토록 찾아 헤매는 이유 역시 삶이 원래 고통스럽다는 불편한 진실을 얼핏 보았기 때문인지도 모른다. 평범한 우리에게 삶이 고해라는 사실은 절망스럽고 참담해서 인정하고 싶지도 받아들이고 싶지도 않다. 하지만 받아들여야 한다. 그래야 다음 스텝이 가능하니까.

아이러니하게도 삶이 고해라는 것을 인정하면 나름 세상살이가 '널널' 해진다. 궤변이 아니다. 살아가면서 부딪히는 여러 가지 문제에 우리가 과도하게 힘들어하는 이유는 사실 당면한 문제가 너무 빡세기 때문이 아니다. '왜 나한테만 이런 일이 생기는 거야!'라는 생각이 들 때 과도하게 힘들어지는 것이다. 이제 삶은 원래 고통의 연속이라는 것을 인정하는 사람이 그렇지 않은 사람보다 인생을 '널널하게' 살 수 있다는 말의 진의가 슬며시 보이기 시작한다.

조금만 생각해보면 아주 당연한 것이다. 운전을 하고 있는데 갑자기 뒤차가 내 차를 들이받았다. 회사에서 중요한 미팅이 있는 날인데 제기랄, 모든 게 엉망이 되어버렸다.

살아가면서 누구나 겪을 수 있을 만한 문제다. 하지만 삶은 원래 해피한 거라고 생각하는 사람은 이런 상황에 직면하면 "아 쓰바, 왜 나한테만 이런 일이 생기는 거야!"라며 온갖 짜증을 내느라 진을 다 뺄 것이다. 하지만 삶이 원래 고해임을 성숙하게 받아들이는 사람의 반응은 어떨까? 그런 사람은 이렇게 생각할 것이다. "똥 밟았네. 할 수 없지. 빨리 수습해보자."라고. 누구 인생이 더 행복하고 여유로울까?

아, 물론 예외는 있다. 삶은 원래 해피한 것이라고 여기는 사람 중에도 사고가 나도 여유로운 사람이 있다. 마마보이다. 자신에게 직면한 문제를 '엄마'로 상징되는 누군가에게 의지하는 사람은 삶이 언제나 해피하다. 하지만 문제는 '엄마'로 표상되는 존재 역시 언젠가는 사라진다는 치명적인 한계가 존재한다는 사실이다. 순서를 매기자면 마마보이가 최악, 삶의 문제에 짜증을 내는 사람은 그보다는 조금 더 성숙한 사람이다. 그리고 삶은 원래 고통의 연속이라는 사실을 받아들이는 사람이 가장 성숙한 사람이라고 할 수 있겠다.

이제 행복이란 것이 왜 그리 드문지 알겠다. 삶은 원래 고통스러운 것이고, 행복이란 것은 그 고통을 거슬러 올라가야만 맛볼 수 있는 것이다. 하지만 행복을 너무 쉽고 가볍게 생각하는 사람은 결코 그 고통을 거슬러 올라가려 하지 않는다. 그러니 우리 주위에 행복한 사람들이 드문 것일 테다. 미성숙한 사람들에게 행복의 색깔은 언제나 노랑, 분홍, 파랑 같은 밝은 유채색으로 느껴질 수밖에 없는 이유 역시 이제는 알겠다.

정말 행복을 찾기 위해 진지하게 자신의 삶을 던져본 적이 있는 사람은 안다. 행복을 찾는 과정이 얼마나 고되고, 외롭고, 두렵고, 막막하고, 불안한지. 행복하기 위해 치러야 할 그 괴로움을 감당하느니 차라리 지금의 익숙한 불행 속에 사는 것이 더 나을지도 모른다는 생각이 들 정도다.

행복을 너무 순진하게 생각하지 말자. 매일 밤 술주정에다 심지어 기분 나쁜 날에는 손찌검까지 하는 몹쓸 남편과 살고 있는 아내가 있다고 가정해보자. 우리는 그녀의 고통스러운 삶에 훈수 두듯이 쉽게 이야기할지도 모른다. "이혼해!"라고. 맞다. 그녀의 행복은 그 몹쓸 남편과의 인연을 완전히 끊어내는 데서부터 시작해야 할 것이다. 두 번 물을 필요도 없는 명백한 사실이다. 그런데 매일 두려움 속에서 고통받고 있는 그 아내가 그 사실을 모를까? 아니다. 그녀가 제일 잘 알 것이다. 그럼에도 불구하고 그녀가 남편과 인연을 끊어내지 못하는 데는 다 이유가 있다. 경제적인 문제일 수도 있고, 이혼녀라는 주위의 시선 때문일 수도 있고, 아니면 이혼을 하자고 했다가는 남편에게 더 많은 매를 맞을지도 모른다는 공포감 때문일 수도 있다.

아내는 익숙한 불행을 택했기에 행복해지지 못하는 것이다. 몹쓸 남편과의 인연을 끊어내면서 겪어야 할 고됨, 외로움, 두려움, 막막함, 불안을 감당하지 못한다면 아내는 결코 행복해질 수 없다. 그 삶의 무게는 결코 가벼운 것이 아니다. 이처럼 행복이란 것은 그리 만만한 놈이 아니다. 정말 다행스럽게도 그 아내가 그 모든 과정을 뚫고 끝내 행복해졌다고 가정해보자. 그때 그녀에게 물어보자. "당신에게 행복은 어떤 색깔인가요?" 그녀는 행복이 아름답기만 한 유채색이라고 결코 답하지 못할 것이다. 차라리 자신에게 행복은 회색이나 검정색이었노라고 답하지 않을까?

행복한 밥벌이는 가벼움이 아니라 무거움이다

행복은 절대 가볍지 않다. 세상에 가벼운 행복은 없다. 행복이 가볍다고 여기는 사람은 미성숙한 아이일 뿐이다. 자기가 짊어져야 할 삶의 무게를 타인이 짊어졌을 때만 행복은 가벼울 수 있을 테니까. 우리는 그런 사람을 '아이'라고 부른다. 중요한 미팅이 있는 날 뒤차가 들이받았을 때 짜증을 내고 욕을 하는 사람은 그나마 낫다. 자신의 삶의 무게를 자신이 짊어져야 한다는 기본적인 태도는 되어 있으니까. 하지만 '아이'는 다르다. 중요한 미팅이 있건 말건 뒤차가 내 차를 들이받건 말건 상관없다. '엄마'한테 전화만 한 통 하면 되니까 말이다. 직장에서 잘려도 엄마한테 용돈을 받으면 되고, 사고가 난 것도 엄마가 다 처리를 해줄 테니 세상만사 행복하지 못할 이유가 뭐가 있겠나.

적어도 어른이라면 행복을 유아적으로 생각해서는 안 된다. 정말 행복해지고 싶다면 행복의 무거움에 직면해야 한다. 우리가 행복한 밥벌이를 하려고 용을 쓰는 것도 결국은 행복하기 위함 아니던가? 그렇다면 이제 우리가 행복한 밥벌이를 하지 못하는 이유를 알겠다. 행복한 밥벌이를 너무 가볍게 생각하기 때문이다. 단언하건대 산책 나가듯, 영화 한 편 즐기듯 행복한 밥벌이를 찾는 사람은 절대 행복한 밥벌이를 찾을 수 없다.

다시 술주정뱅이 남편의 아내 이야기로 돌아가보자. 그녀가 불행한 이유는 남편과 인연을 끊지 못하기 때문이다. 남편과 인연을 끊지 못한 이유는 앞서 말했듯 한 번도 돈을 벌어본 경험이 없으니 당장 생계를 어찌해야 할지 막막하고 두렵기 때문일 것이다. 또 항상 착하고 참한 여자라는 주위 칭찬 속에서 살아왔는데 이제 아무짝에도 쓸모없는 중고 이혼녀라는 주위의 차가운 시선이 두렵기 때문일 것이다. 어쩌면 괜한 소리 했다가 남편에게 더 두들겨맞을지도 모른다는 두려움이 가장 큰 것인지도 모르겠다.

이제 우리의 이야기를 해보자. 우리는 매일 직장 상사와 과도한 업무에 시달리면서도 직장을 그만두지 못한다. 왜 우리는 불행한 삶을 끊어내지 못할까? 술주정뱅이 아내와 본질적으로 같은 이유 때문이다. 대충 눈치나 보며 시간만 때우면 월급은 나온다는 태도로 일해왔는데 막상 직장을 그만두자니 살벌하고 거친 세상에서 무엇을 해서 먹고살아야 할지 막막하고 두렵기 때문일 것이다. 또 항상 어딜 가든 안정적인 직장을 다니는 성실하고 근면한 사람이라는 칭찬 속에서 살아왔는데 이제 무능하고 무기력한 백수건달이라는 주위의 차가운 시선이 두렵기 때문일 것이다. 어쩌면 그보다 직장을 그만둔다고 괜한 소리 했다가 팀장으로부터 호되게 질책을 당할지도 모른다는 두려움이 가장 큰 것인지도 모르겠다.

그 아내가 정말 행복하기 위해서는 남편과 인연을 끊으면서 생길 수 있는 모든 정신적, 물리적, 경제적 아픔을 이겨내야만 한다. 그래야 더 이상 '오늘은 남편이 술을 먹고 오지 않을까?' '내일은 또 얼마나 맞아야 할까?' 하는 근본적인 불행과 단절하고 행복한 자신만의 삶을 살 수 있을 것이다. 우리 역시 마찬가지다. 직장과 인연을 끊으면서 발생하는 모든 정신적, 물리적, 경제적 아픔을 감당하고 이겨내야만 한다. 그래야 '오늘은 팀장이 또 야근을 시키지 않을까?' '내일 혹시 잘리는 것 아닐까?' 하는 근본적인 불행과 단절하고 행복한 밥벌이를 할 수 있을 것이다.

어느 철학자가 그러지 않았던가? 세상의 모든 귀하고 소중한 것은 드물다고. 행복은 유채색도 아니고, 가볍지도 않다. 그러니 귀하고 소중한 행복이란 것은 드물 수밖에. 조금 더 정확하게 말해보자. 행복 자체는 밝고 환한 유채색이 맞을지도 모른다. 하지만 그 행복을 찾아가는 과정만큼은 분명 어두운 무채색이고 한없이 무거운 것이다.

행복한 밥벌이를 위한 그 어떤 기교나 행동수칙보다 '행복을 찾아가는 과정은 아주 빡세다.'라는 사실을 확실히 우리의 가슴에 못박아 두는 것이 가장 중요하다. 우리가 행복한 밥벌이를 하지 못하는 이유는 그 방법을 몰라서가 아니다. 행복한 밥벌이를 위해 감당해야 할 그 절절한 현실적인 아픔과 고통을 외면하고 싶어서다. 그 유아적이고 비겁한 태도 때문에 행복한 밥벌이를 하지 못하는 것이다.

진짜 어른이 되자. 행복하고 싶다면 행복으로 가는 길에서 감당해야 할 것들은 의연히 감내해내자. 그 모든 아픔과 고통을 직면하고 감내할 태도가 없다면 우리는 직장에서 불행함을 애써 잊기 위해 연예인 가십거리나 월드컵, 코리안시리즈 같은 자극적인 이슈들에 매몰되려고 할 테니까 말이다. 분명하게 말해줄 수 있다. 지금 익숙한 불행, 너무 익숙해서 불행이라 느끼지 않을지도 모르는 그 익숙한 불행에 근본적으로 맞서지 않는다면 우리는 결코 진정한 행복을 맛보지 못할 것이란 사실을.

08

성공해서 당당한 것은
개나 소나 다 한다

세 대의 포르쉐

취업을 한 뒤 가족들과 처음으로 여행을 간 호텔에서였다. 호텔 앞으로 검정, 노랑, 빨강 세 대의 포르쉐가 연이어 들어왔다. 많아봐야 20대 후반으로 보이는 남자 셋이 내렸다. 유행하는 트레이닝복을 입은 채. 그들의 포르쉐는 당시 내 연봉을 하나도 안 쓰고 거의 3년을 꼬박 모아야 살 수 있는 자동차였다. 나는 그들에게 부러움의 눈길을 보냈고, 그 부러움의 눈길을 스스로 자각한 순간, 초라한 월급쟁이인 내 모습도 함께 자각되었다. 그리고 나는 그들 앞에서 미묘한 위축감을 느꼈다.

우리네 평범한 월급쟁이들은 한 번쯤 나와 비슷한 경험들을 가지고 있을 것이다. 수백만 원을 호가하는 명품 백을 들고 있는 사람이나, TV에 자주 나올 정도로 사회적으로 성공한 사람들을 보며 '아, 나는 언제 저렇게 되지?' 부러워하고 또 스스로 위축되는 경험 말이다. 그뿐인가? 자존심이 강한 사람들은 자신이 느낀 부러움이나 위축감을 은폐하고자 "부모

잘 만나서 그런 거잖아!" 혹은 "정직한 방법으로 성공했겠어?"라며 애써 폄하하거나 부정하기도 할 것이다.

우리는 왜 돈이 많고 성공한 사람들 앞에서 위축되는 걸까? 정말 '샤넬백'과 '포르쉐' 때문에 위축되었던 것일까? '장동건'과 '소녀시대'가 TV에 나오는 유명한 사람이기 때문에 주눅이 든 것일까? 아니다. 우리는 샤넬 백을 메고 거리를 활보하는 사람들의 당당한 걸음걸이에 위축이 된 것이다. 포르쉐에서 내리는 사람들의 당당한 태도에 주눅이 든 것이다. TV에서 매일 시시껄렁한 소리나 하는 사람이라고 무시했던 연예인을 직접 보고 주눅이 드는 이유는 그가 TV 밖에서 너무나 당당하게 행동하기 때문이다. 나는 실제로 옥동자(개그맨 정종철)를 본 적이 있다. 그가 BMW에서 내릴 때 얼마나 당당해 보였는지 모른다.

여자들이 36개월 할부로라도 명품 백을 사려고 애를 쓰는 이유는 당당해지고 싶기 때문이다. 남자들이 월세방에 살지언정 외제차를 타려고 기를 쓰는 이유는 당당해지고 싶기 때문이다. 초라하고 위축된 자신의 삶을 은폐하느라 샤넬 백과 포르쉐로 상징되는 그 당당함을 돈을 주고서라도 사고 싶은 것이다. 사실 아닌가? 명품 가방을 들고 집을 나서는 날은 후줄근한 가방을 들고 집을 나서는 날보다 무엇인가 모르게 발걸음에 당당함이 묻어나지 않던가. 제주도에 놀러가서 외제차를 렌트라도 하면, 운전하는 자태에 무엇인가 당당함이 묻어나는 것은 부정할 수 없는 사실이다.

오해는 마시라. 명품 가방을 메고 다니고, 외제차를 타는 사람들을 폄하하거나 비하하려는 것은 아니니까. 우리네 삶에서 당당함을 돈으로 살 수만 있다면 그리고 그럴 형편이 된다면 누가 그것을 비난할 수 있을까? 늘 주눅들고 이리저리 눈치만 보고 사느니 차라리 돈을 모아 샤넬 백 메고, 포르쉐 타고 당당해지는 것이 훨씬 행복한 삶 아니겠나? 나는 그렇게 생각한다.

행복한 삶이란 결국 언제 어디서나 주인처럼 당당하게 행동하는 삶이니까.

그런 의미에서 성형수술을 하는 것도 비난하지 않는다. 성형수술을 해서 당당해질 수 있다면 충분히 의미 있다고 생각한다. 우리를 당당하게 해주는 아름다움도 부모에게 물려받은 유전자에 의해서 결정되는 것인데, 유전자 대신 의학의 도움으로 당당해지는 것이 무엇이 문제겠는가? 단지 좋은 외모의 유전자를 물려받은 사람은 돈을 아낀 셈이고 그렇지 못한 사람은 돈이 많이 들 뿐이다.

너무나 취약한 당당함

당당한 사람들의 공통점이 있다. 그들은 모두 성공한 사람들이라는 점이다. 성공이라는 것이 누군가에는 아름다운 외모일 수도 있고, 돈일 수도 있고, 명예일 수도 있고, 유명해진 이름값일 수도 있다. 무엇이라 규정하든 당당한 사람들은 모두 성공한 사람들이다. 하지만 조금 달리 생각해보자. 우

리가 성공했다고 생각하는 사람들의 성공이 정말 성공일까? 글쎄, 나는 잘 모르겠다. 적어도 내가 보기엔 소위 성공한 사람들의 성공은 진정한 성공이 아니라 그 역시 누군가의 성공을 흉내 낸 것일 뿐인 것 같다.

한때 잘나가던 연예인이 인기가 떨어지면 우울증에 걸리고 심지어 자살까지 하는 장면을 우리는 심심치 않게 접하지 않나? 실제로 직장을 다니면서 최연소로 임원이 되어 승승장구하던 사람이 갑작스런 퇴직 후에 삶의 의미를 잃어버리고 피폐하게 된 경우를 본 적이 있다. 인기가 있을 때의 당당함, 그리고 최연소로 임원이 되었을 때의 그 당당함은 어느 순간 연기처럼 사라질 수밖에 없다. 그럼 그들의 성공을 진정한 성공이라고 말할 수 있을까? 그것은 성공이 아니다. 인기가 떨어진 연예인도, 정리해고가 된 최연소 임원도 모두 누군가의 성공을 흉내 낸 것일 뿐이다.

포르쉐를 타는 사람의 당당함을 흉내 내고자 했던 사람이 고생 고생해서 마침내 포르쉐를 장만했다고 생각해보자. 그는 순간적으로 분명 당당해질 수 있을 것이다. 하지만 그 당당함은 근본적으로 취약할 수밖에 없다. 포르쉐의 할부금을 감당하지 못해 다시 팔아야 한다거나 아니면 옆집 사는 사람이 포르쉐보다 더 비싼 차를 몰고 다니는 것을 볼 때 다시 위축되고 주눅들 수밖에 없을 테니까.

장동건과 소녀시대의 당당함을 동경해 연예계에 입문한 사람이 있다고 해보자. 겨우겨우 그 자리까지 올라갈 수 있다면 분명 당당해질 수 있을 것이다. 하지만 그것도 잠시다. 대중들에게 받는 관심이 조금이라도 줄어들면 또다시 위축될 것이고 아니면 자신보다 더 인기 있는 연예인이 등장하면 어김없이 주눅이 들 테니까.

우리 역시 마찬가지다. 평범한 직장인에게 성공이란 더 많은 연봉을 받고, 승진하는 것 아니던가? 승진을 하고 조금 더 많은 연봉을 받게 되면 순간적으로 당당해지겠지만 직장에서 잘리거나 승진에 누락되면 한없이 위축되고 주눅이 들게 될 것이다. 루이비통 백만 사면 당당해질 수 있을 것 같지만 샤넬 백을 매고 있는 사람 앞에서는 위축되게 마련이다. 대기업에 취업만 하면 누구보다 당당해질 수 있을 것 같지만 포르쉐를 타고 다니는 사람 앞에서는 한없이 주눅이 들 수밖에 없다.

진정한 성공을 해서 당당해지는 것이 아니라 흉내 내기가 잠시 성공했을 때 순간적으로 당당해지는 것일 뿐이다. 그리고 이내 어떤 식으로든 그 흉내 내기가 무력화되었을 때 다시 묘한 패배감에 빠지고, 위축되고, 주눅이 드는 것이다. 우리가 찾는 당당함은 대개 이런 식이다. 굉장히 취약하다. 진정으로 당당해지기 위해서는 좀 더 근본적인 방법이 필요하다. 어떻게 하면 언제나, 누구 앞에서나 흔들리지 않고 당당해질 수 있을까?

내가 찾은 당당함의 3단계

사실 나도 당당해지기 위해 몸부림을 쳤다. 어디서든 위축되거나 주눅드는 것이 죽기보다 싫었다. 그런 내가 제일 먼저 했던 몸부림은 '옷'이었다. 옷을 잘 입고 집을 나서는 날이면 무엇인가 모르게 발걸음에 당당함이 묻어났다. 그래서 한때 옷 입는 것에 무던히도 신경을 쓰던 시절이 있었다. 옷을 사기 위해 부산에서 서울까지 왕복하는 것을 마다하지 않을 정도였으니까.

이것이 내가 찾은 당당함의 1단계였다. 하지만 얼마 가지 않아 한계를 느꼈다. 아무리 좋은 옷을 사 입어도 나는 끝끝내 당당해지지 못한다는 사실을 알게 되었다. 왜냐? 나는 뚱뚱했으니까. 아무리 비싸고 좋은 옷이라도 허벅지와 엉덩이 그리고 뱃살의 뚱뚱함을 커버하지 못하면 늘 주위의 거울에 쉴 새 없이 나를 비춰보아야만 했고, 누구를 만나도 위축되고 주눅이 들었다.

좀 더 근본적으로 당당해질 방법을 찾았다. 살을 빼자! 94킬로그램에서 최고 72킬로그램까지 살을 뺐다. 다행히 운동을 좋아하는 덕분에 먹는 것을 잘 조절해서 체중을 줄일 수 있었다. 결과는 대성공이었다. 대충 아무 옷이나 사 입어도 전보다 훨씬 맵시가 났다. 덕분에 가장 옷을 잘 입는 방법은 좋은 몸매를 만드는 것이라는 사실을 알게 되었다. 그때부터는 누구를 만나도 위축되고 주눅드는 법이 없었다. 늘 자신감이 넘쳤고 당당했다. 이것이 내가 찾은 당당함의 2단계였다.

하지만 그것도 오래 가지 못했다. 조금이라도 살이 찐 것 같으면 어김없이 위축된 감정이 나를 찾아들었다. 그뿐이 아니었다. 좋은 차를 타거나 TV에 나오는 화려한 연예인들을 볼 때면 알 수 없는 위축감이 찾아들곤 했다. 깨달았다. 이런 식으로는 안 된다는 것을. 근본적인 무엇인가를 놓치고 있음을 알게 되었다. 그리고 이런 질문을 하기 시작했다. '좋은 옷을 입지 않아도 당당해질 수는 없을까?' '뚱뚱해도 당당할 수 있는 방법은 없는 걸까?' '대기업에 취업하지 않으면 당당해질 수 없는 걸까?'

당연한 질문이었는지도 모른다. 나는 좋은 옷도 입어봤고, 꽤 괜찮은 몸매도 가져봤고, 대기업에 취업도 해봤으니까. 하지만 여전히 어느 시점에서 한없이 위축되었고 주눅이 들었다. 나는 멋진 몸매, 명품 가방, 외제차, 대기업이라는 후광을 빌리지 않고도 당당하게 스스로 빛나는 사람이 되고 싶었다. 그렇게 방법을 찾아 헤매다 누군가를 따라 하는 식으로는 결코 근본적으로 당당해질 수 없다는 사실을 알게 되었다. 근본적으로 당당한 사람이 되는 방법은 자기 자신이 되는 길 이외에는 없다. 어쩌면 진정한 성공이라는 것은 진정한 자기 자신이 되는 것인지도 모른다.

나는 내가 되기로 했다. 지금 나를 일반적인 시선으로 보면 백수건달이다. 제대로 된 직장이 있는 것도 아니고, 아침이면 허름한 트레이닝복을 입고 집을 나서는 날도 많다. 예전처럼 좋은 옷을 입으려고 노력하지 않는다. 멋진 몸매를 갖기 위해 고통스러운 공복감을 참지도 않는다. 오히려 홀로 집에 앉아 좋은 음악에 술을 한잔 한다. 그뿐인가? 면도가 하고 싶지 않으면 내리 일주일은 면도도 하지 않고 산다. 하지만 이것은 방종은 아니다. 직장을 나가는 대신 내가 좋아하는 글쓰기와 강연으로 밥벌이를 한다. 또 잘 차려입고 싶다는 생각이 드는 날에는 꽤 괜찮은 옷을 차려입고 집을 나서기도 한다. 몸이 너무 무거워진 것 같으면 저녁을 먹지 않고 운동을 하기도 한다. 다음 날 하고 싶은 일이 있다면 그 전날은 술을 마시지 않는다. 수염이 너무 길어 불편해지면 깔끔하게 면도를 한다. 나는 다른 사람의 성공을 흉내 내는 대신 그냥 온전한 내가 되기로 했다.

그래서 지금 나는 당당하다. 아주 행복하다. 누구의 눈치도 보지 않는 진짜 내가 되고 나서는 누구 앞에 서도 위축되거나 주눅이 드는 법이 없다. 다른 누가 아닌 바로 자신이 되는 것, 이것이 내가 찾은 당당함의 마지막 3단계다. 이제 비싼 외제차도, 명품 가방도 필요 없다. 유명해지지 않아도 상관없다. 물론 그런 것들이 있으면 좋을 것 같기는 하다. 나는 여전히 화려하고 주목받는 것을 좋아하니까. 하지만 그런 것들이 없다고 해서 위축되거나 주눅들지는 않는다. 그런 부차적인 것들이 나를 규정할 수 없다는 것을 아니까. 만약 나의 당당함이 자동차나 가방, 유명세 같은 부차적인 것들에 의해 좌우되는 허약한 것이라면 나라는 존재는 얼마나 초라한 것인가.

서칭 포 슈가맨

정말 주의 깊게 살피고 부러워해야 할 사람은 샤넬 백을 멘 사람도, 포르쉐를 타는 사람도, 유명한 연예인도 아니다. 개뿔도 없으면서도 당당한 사람들이다. 일반적인 시각에서 보면 아무것도 가진 것이 없는데도 묘하게 당당한 사람들이 있다. 우리는 대개 그런 사람들을 '또라이'나 괴짜 혹은 허세를 부리는 패배자라고 치부해버리는 경향이 있다. 물론 개뿔도 없으면서 당당한 사람 중에는 과대망상증에 걸린 부류의 사람도 없지는 않을 것이다. 하지만 세속적인 성공에 전혀 도달하지 못했음에도 불구하고 어떤 내적 갈등도 없이 당당한 사람들이 있다. 정말 당당한 사람들이다.

여러분에게 꼭 소개해주고 싶은 사람이 있다. 혹시 '서칭 포 슈가맨'이란 다큐멘터리를 본적이 있나? 그 영화의 주인공은 '로드리게스'라는 사람이다. 그는 미국 디트로이트에서 일하는 소위 '노가다'다. 심지어 그는 오물 청소도 마다하지 않는, 거의 노숙자와 별다르지 않은 초라하고 남루한 노동자다. 그런데 어느 날 평범한 삶조차도 살지 못하는 그에게 상상치도 못한 일대 사건이 벌어지게 된다.

로드리게스는 어느 날 갑자기 남아공까지 날아가 슈퍼스타급 대우를 받으며 수천 명의 관중이 가득 찬 콘서트장에서 공연을 하게 된다. 수많은 취재진에다 초호화 호텔까지, 슈퍼스타도 그런 슈퍼스타가 없다. 남아공 국민들 모두 열광적이다 못해 폭발적인 반응을 보이는 것이 아닌가? 도대체 무슨 일이 일어난 걸까? 몰래 카메라가 아니라면 대체 노숙자나 다름없는 막노동꾼에게 어떻게 이런 일이 일어날 수 있단 말인가?

이 황당하고도 놀라운 상황을 설명하기 위해서는 30년 전으로 거슬러 올라가야 한다. 30년 전 허름한 술집에서 노래를 하던 청년 로드리게스는 우연히 한 음반 제작자의 눈에 띄어 앨범을 내게 되었다. 당시 로드리게스의 노래를 직접 들은 음반회사 관계자들은 그가 밥 딜런(당시 가장 인기 있던 가수)보다 더 유명한 사람이 될 것을 의심하지 않았다. 한마디로 진흙 속에서 진주를 발견했다는 사실을 의심하지 않았던 것이다. 하지만 언제나 인생살이는 뜻대로 되지 않는 법이다. 팔려나간 앨범 수는 6장. 결과는 참혹했다. 그의 재능과 잠재력을 보고 한 차례 더 앨범을 냈지만 결과는 다르지 않았다. 그렇게 로드리게스는 단 두 장의 앨범을 내고 여느 무명 가수들처럼 소리 소문 없이 역사의 뒤안길로 사라져버렸다.

그런데 시대저항적 음악과 그의 천재성은 엉뚱한 곳에서 대박을 치게 된다. 1970년대, 당시 아주 보수적이고 인종차별이 심했던 남아공에서 로드리게스의 저항적이고 반항적인 음악이 대 유행을 하게 되면서 반항의 아이콘이 된 것이다. 그의 복사판 앨범은 불타나게 팔렸고, 그의 모습을 본뜬 문신을 한 사람이 부지기수였다. 미국의 로드리게스라는 사람이 지구 반대편 남아공에서 자신도 모르는 사이 슈퍼스타, 아니 전설이 되어버렸다. 하지만 인터넷도 없었던 사회 시스템으로 인해 로드리게스는 이런 상황을 전혀 알지도 못한 채 30년이 훌쩍 지나버린 것이다.

여기까지만 해도 아주 기적적인 이야기지만, 그 뒤 이야기가 더욱 놀랍다. 로드리게스의 골수 팬인 다큐멘터리 감독은 3년 동안 집요하게 사라진 비운의 천재 뮤지션을 찾아 헤맸다. 30년이 지난 그는 이미 우리가 알다시피 미국 디트로이트에서 고된 육체노동자의 삶을 살고 있었다. 두 장의 앨범이 미국에서는 실패했지만 남아공에서는 거의 한 시대를 대표하는 전설이 되었다는 사실을 알고 그는 잠시 놀랐지만 이내 덤덤해했다. 놀라운 사실은 그가 막노동을 하면서도 턱시도를 입고 다니는 것은 물론 심지어 시장에도 출마할 정도로 항상 당당했다는 것이다. 실제로 다큐멘터리 속 로드리게스는 옷은 허름하고 행색은 형편없지만 그의 발걸음은 어딘지 모르게 당당함과 여유로움이 묻어난다는 것을 알 수 있다.

더욱 놀라운 사실은 남아공에서의 몇 차례 공연으로 엄청난 수입을 거둔 뒤에도 여전히 육체노동자로 남아있다는 것이다. 수입은 친구들과 가족들에게 전부 나누어주고 말이다. 맞다. 로드리게스는 돈, 명예, 화려한 스포트라이트가 없어도 당당한 사람이다. 정말 근사하고 멋지지 않나? 이 정도 남자를 우리가 발견하게 되었다는 것은 정말 행운이다. 로드리게스라는 사람을 알지 못했다면 나는 정말 억울했을 것 같다. 이제 나에게 롤 모델 따위는 없다. 나는 오직 나의 길을 가는 사람이니까. 하지만 이제 앞으로 누가 내게 굳이 롤 모델을 한 명 대라고 한다면 기꺼이 로드리게스라고 답해주겠다.

이제 우리 주위를 살펴보자. 혹시 아직 알려지지 않은 로드리게스들이 있지 않을까? 다른 사람에게 인정받고, 사랑받고, 주목받아야만 당당해질 수 있는 그런 허약하기 짝이 없는 당당함 말고, 막노동을 하고 똥지게를 지고 다니면서도 유지할 수 있는 당당함, 너무 근사하지 않나? 시간이 되면 '서칭 포 슈가맨'이란 다큐멘터리를 꼭 찾아보시라. 그러면 우리가 그토록 원하는 당당함이 얼마나 얄팍하고 취약하고 심지어 천박하기까지 한 것인지 절절하게 알게 될 테니까. 그리고 진짜 당당함이란 무엇인지, 행복이란 무엇인지, 삶이란 무엇인지 다시 한 번 생각해보게 될 테니까. '강추'다.

성공해서 당당한 것은 개나 소나 다 한다

세속적인 성공에 도달해서 당당해지는 것은 개나 소나 다 한다. 대기업에 취업을 하거나 아니면 당장 내일 복권에 당첨되면 분명 한없이 당당해질 것이다. 걸음걸이는 거침이 없을 것이고 어깨는 쭉 펴질 것이다. 하지만 그런 당당함은 아주 취약한 것이다. 사실 아무 의미도 없다.

굳이 회사 이름이 보이는 카드키를 목에 걸고 사람들을 만나는 대기업 직원, 소개팅에서 여자를 만날 때 굳이 테이블 위에 BMW 로고가 박힌 차 키를 올려놓는 남자, 한여름 과도하게 달라붙는 옷을 입는 몸매 좋은 사람은 부러움의 대상일 수 없다. 솔직히 말하자면 그들은 모두 위로를 받아야 할 사람이다. 그만큼 허약하고 빈약한 자존감을 가진 사람이라는 걸 드러내고 있는 셈이니까. 그들은 사실 두려운 것이다.

대기업 직원이 아니면 무시당할지도 모른다는 두려움, BMW를 빼면 소개팅에서 '빼찌'를 먹을지도 모른다는 두려움, 섹시한 외모 말고는 아무런 매력이 없다는 사실을 들키지 않을까 하는 두려움에 늘 전전긍긍하는 사람들이다. 오히려 그들이 우리보다 더 이리저리 눈치를 보는 사람들인지 모른다. 역설적이게도 당당해 보이지만 사실은 항상 세상을 두려워하는, 그들이야말로 정말 위로받아야 할 대상이다. 주위에 그런 사람들이 있다면 "많이 힘드시겠어요."라며 진심어린 위로의 말을 한 마디씩 건네주시라.

흉내 내기 식의 세속적인 성공으로 얻어지는 당당함은 진짜 당당함이 아니다. 어떤 상황에서도 당당할 수 있다면 그것이 바로 진짜 성공인지도 모른다. 앞서 소개한 《임제어록》에 '무위진인'(無位眞人)이란 표현이 나온다. '어떤 자리도 없는 참다운 사람'이란 뜻이다. 자신이 어떤 사람과 있든, 어떤 위치에 있든 상관없이 당당한 사람이 '무위진인'이다. 임제가 지금 다시 살아온다면 우리에게 그리 말할지도 모른다. 사람들을 만날 때 카드키를 벗고도 당당한 사람이 되라고, 지하철을 타고 다녀도 소개팅에서 당당한 사람이 되라고, 통통한 뱃살을 신경 쓰지 말고 거리를 당당하게 활보할 수 있는 사람이 되라고 말이다.

진정으로 당당해지는 3단계의 방향을 찬찬히 다시 보자. 옷에서 몸으로, 몸에서 내면으로 향한다. 진정한 당당함이란 결국 외부에서 점점 내 안으로 들어오는 것이다. 진정한 당당함의 궁극은 자기 자신이 되는 것이다. 우리의 감정에 충실하고 내 안의 경계에 충실해질 때 우리는 누구 앞에서도 당당해질 수 있다. 우리가 원하는 것을 어떤 장소, 어떤 사람 앞에서도 거침없이 요구하고 행동할 수 있을 때 당당해지는 것이다. "세상은 혼자 사는 것이 아니잖아요."라는 말은 하지 말자. 더불어 산다는 것이 남의 눈치 보고 다른 사람의 시선에 갇혀 산다는 것을 의미하지는 않으니까. 또 "말은 쉽지. 그렇게 사는 사람이 몇이나 돼요?"라는 말도 하지 말자. 다른 사람도 다 그렇게 산다는 것을 핑계로 본인이 극복하지 못한 문제를 퉁치려고 하는 것은 성숙지 못한 태도다.

원숭이처럼 다른 사람 흉내 내기 식이 아닌, 진정한 자신의 모습을 찾아가자. 그냥 물 흐르듯이 자연스러운 자신이 되자. 그래서 임제의 말처럼 '무위진인'이 되자. 시간과 공간을 넘어 임제와 로드리게스가 만나는 장면을 볼 수 있다면 얼마나 흥분될까? 임제가 말한 무위진인이 바로 미국 디트로이트에 살고 있는 로드리게스일 테니까 말이다. 다른 사람을 흉내 낼 수밖에 없다면 샤넬 백을 든 사람이나 벤츠를 타는 사람, 연예인 대신 무위진인이나 로드리게스를 흉내 내는 것은 어떨까?

어떤 자리에 있든, 누구 앞에서든 당당한 사람이 되면 조금 더 쉽게 행복한 밥벌이를 할 수 있을지 모른다. 아니 무위진인의 경지에 이를 수만 있다면 어떤 밥벌이를 하건 그것이 이미 행복한 밥벌이가 되어 있을지도 모른다. 로드리게스가 막노동을 하면서도 항상 행복하고 당당했듯이 말이다.

마지막으로 이 말을 꼭 하고 싶다. "땡큐, 로드리게스!"

09

무소의 뿔처럼
혼자서 가라

멘토의 배신

"아니 어떻게 이럴 수가 있어!?" K의 이직 소식을 듣고 너무 놀라서 내뱉은 말이었다. K는 내가 직장생활을 하면서 멘토라고 믿었던 사람이다. 그는 항상 직장은 직업이 될 수 없으며, 돈보다 삶을 잘 살아내는 것이 중요하다고, 자신답게 살 수 없으면 미련 없이 직장을 떠나라고 말했던 사람이었다. 나는 그를 믿었다. 아니 그의 이야기를 믿었다. 그런데, 그가 L기업으로 이직을 했다는 것이 아닌가? L은 업계에서 가장 보수적이고 업무량이 많기로 소문난 곳이었다. K는 평소 "L기업은 회사도 아니다. 돈을 수억 원을 줘도 거기서 일할 생각은 없다."고 입버릇처럼 말했다. 그런 그가 L기업으로 이직 했다니, 내가 당황한 것은 당연한 일이었다.

먼저 배신감이 들었다. "돈보다 삶이 우선이야!" "직장은 행복을 담보하지 않아!" "나는 이제 내가 원하는 일을 할 거야!" 많은 시간을 함께하면서 그가 내게 해주었던 이야기들이다. 하지만 조금 더 많은 연봉과 조금 더 높은 직급을 보장받고 이직하는 그를 보면서 그의 조언들이 모두 거짓이었음을, 자신이 평범한 월급쟁이들과는 무엇인가 다른 소신과 가치관을 가지고 있는 것처럼 가장한 허세였음을 때늦게 알게 되었다. 결국 그가 원했던 것은 삶이 아니라 돈이었던 것이다. 나의 배신감을 뒤로 하고 그는 자신이 그렇게도 경멸하던 회사로 옮겨갔다.

나의 감정은 배신감에서 멈추지 않았다. 그의 표리부동함은 이내 불안감으로 내게 밀려들어왔다. 적나라하게 말하자면 "아, 나 혼자 독박 쓰는 거 아니야?"라는 불안이 엄습해왔다. 나는 행복한 밥벌이를 위해 일찍 퇴근하기도 했고, 눈치 보지 않고 연차를 쓰기도 했고, 때로는 불합리한 문제에 대해 상사에게 대들기도 했다. 어찌 보면 무모해 보일 수도 있는 행동을 할 수 있었던 것도 K의 이야기를 믿었던 부분이 컸음을 그제야 알게 되었다.

직장이라는 거센 물살을 거슬러 올라갈 때 믿었던 멘토가 느닷없이 더 높은 직급과 연봉만을 바라보고 말도 안 되는 이직을 해버린 것이다. 알았

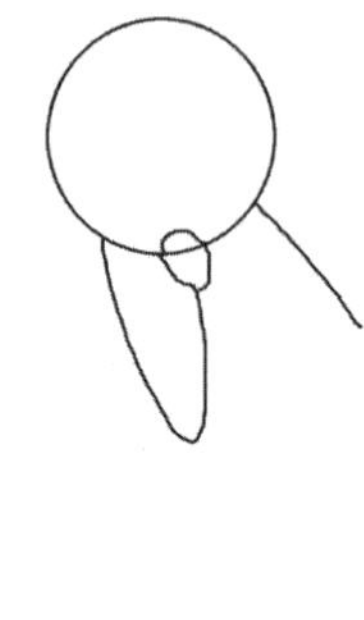

다. 내가 느낀 불안함의 정체를. 나는 멘토를 믿었던 것이 아니라 의지하고 있었던 것이다. 그저 그를 믿었던 것뿐이라면 나의 감정은 배신감에서 멈추었어야 했다. 그 역시 그저 그런 평범한 월급쟁이일 뿐임을 다시 한 번 확인하는 것으로 끝났어야 했다. 하지만 나는 그때 분명 "나만 '지웃'되는 거 아니야!"라는 두려움과 불안감을 동반한 멘붕에 시달렸다. 그만큼 의지하고 있었던 것이다. 부정할 수 없는 사실이었다. 믿음이 붕괴될 때 오는 감정은 배신감이지 결코 불안감이나 두려움은 아니니까 말이다.

사실 이런 감정은 나만 느꼈던 것은 아닐 것이다. 한때 웃음 전도사라 불렸던 최윤희 씨를 기억하나? 어느 날 들려온 그녀의 자살 소식은 충격적이었다. 삶의 고통을 이기지 못하고 극단적인 선택을 했다고 했다. 구체적인 이야기는 거론하지 말자. 그녀의 죽음 역시 자신이 늘 말해왔던 행복을 얻기 위한 선택이었을 수도 있으니까. 그럼에도 불구하고 분명한 것은 그녀의 죽음을 접한 많은 사람들이 "아니, 매일 행복에 대해서 말하던 사람이 어떻게 자살을 할 수가 있어?"라며 배신감을 느꼈다는 사실이다.

아프고 괴로운 삶의 고통 속에서 그녀의 책과 강연을 통해 희망을 얻었던 사람들은 그녀의 자살 소식을 접하고 어떤 기분이었을까? 아마도 내가 멘토의 배신을 보며 느꼈던 불안감과 두려움과 같지 않았을까? 그들 역시 "그래, 우리는 다 속았던 거야, 역시 삶의 고통을 극복하고 행복해지는 것은 애초에 가능한 것이 아니었어."라며 앞으로 어찌 살아야 할지 불안하고 두려워지지 않았을까? 그리고 이제 누구에게 의지하며 삶을 버텨내야 할지 몰라 멘붕에 빠졌을 것이다.

행복전도사 최윤희 씨의 죽음을 보며 절망하고 불안감에 휩싸였던 사람들은 그녀에게 너무 많이 의지했던 사람들일 것이다. 내가 K에게 의지했던 것처럼. "힘든 세상, 누군가에게 힘을 얻고 의지하는 것은 당연한 것 아닌가? 무엇이 문제인가?"라는 생각을 하는 사람도 있을 수 있다. 이해한다. 우리는 다들 생각보다 유약한 존재들이고, 여전히 성장 중인 사람들이니까. 하지만 이쯤에서 조금 잔인한 이야기를 해야겠다. 우리는 그 누구에게도 의지해서는 안 된다. 우리 스스로의 힘으로 서야 한다. 누군가에게 의지하기 시작할 때 더욱 유약해지니까.

멘토는 없다. 아니 없어야 한다

멘토는 없어야 한다. 우리는 대체로 너무 쉽게 누군가에게 의지하려는 경향이 있다. 비단 어느 개인에 국한된 것은 아니다. 2013년 '안철수 현상'에서 나는 한국인의 집단적 나약함을 보았다. 안철수는 그때까지 단 한 번도 정치를 한 적이 없고, 그 어떤 검증도 받은 적이 없음에도 불구하고 갑작스럽게 전 국민의 엄청난 지지를 받았다. 그러니 '안철수 현상'이라는 표현까지 나온 것일 테다. 나는 이 '안철수 현상'에서 두 가지 사실을 보았다.

우선 첫 번째는 현실 정치에 염증을 느낀 국민들의 변화에 대한 열망이었다. 그 뜨거운 열망과 동시에 보았던 것은 우리의 의존성이었다. 삶의 문제를 손쉽게 해결해줄 구도자를 원하는 것 같은 집단적 의존성. 물론 대의민주주의라는 한계, 당시 정치권의 여러 가지 현실적인 문제 때문에 어쩔 수 없는 부분이 있다고는 하지만, '우리를 구원해줄 멘토를 너무 쉽게 찾으려 하는 것은 아닐까?' 하는 의구심이 강하게 들었다. 안철수가 성공한 경영자이고 훌륭한 인품을 지닌 사람이기는 하지만 그것만으로 단숨에 유력한 대선주자로 등극할 만큼의 엄청난 지지율을 설명하기에는 무리가 있었으니까.

이런 식으로는 안 된다. 멘토 혹은 구원자. 그 이름을 무엇으로 하건 누구에게도 의지해서는 안 된다. 왜냐? 누군가에게 의지할 때 너무 취약해지기 때문이다. 나는 직장에서 멘붕에 빠진 적이 별로 없었다. 하지만 K의 이직 이후에는 한동안 멘붕에 빠졌다. 당연하다. 그에게 기대고 서 있었는데 그가 갑자기 빠져버리니 홀로 서 있을 수가 없었던 것이다. 이처럼 누군가에게 의지한다는 것은 위험한 것이다. 직장을 그만두는 것도, 행복한 밥벌이를 찾는 것도 누군가를 믿고 의지해서 하는 행동이어서는 안 된다. 내가 직장을 그만두라고 해서 그만두고, 내가 행복한 밥벌이를 찾으라고 해서 찾으면 어떻게 되겠나? 어느 날 내가 돈을 더 많이 주는 직장으로 취업해 버리고 행복한 밥벌이를 내팽개쳐버리면 여러분은 어떻게 되겠나? 아마 나처럼 멘붕에 빠질 수밖에 없을 것이다.

아무도 믿지 말라는 이야기가 아니다. 오히려 우리는 연대하고 힘을 합쳐 함께 살아가야 한다. 하지만 다른 사람이 하기 때문에 나도 한다는 식으로는 안 된다. 동료가 직장을 그만두기 때문에 나도 직장을 그만두는 것은 안 된다. 다른 사람이 행복한 밥벌이를 찾으니까 나도 찾는다는 식은 안 된다. 서울시청 촛불 시위를 수천 명이 하기 때문에 나도 한다는 식은 안 된다. 모든 사람이 직장을 그만두는 것이 미친 짓이라고 해도 내가 그만두겠다는 결정을 해야 한다. 세상 모든 사람이 행복한 밥벌이는 없다고 부정해도 내가 그것을 찾아가야 한다. 서울시청에 단 한 명도 촛불을 들고 있는 사람이 없어도 내가 결정해서 촛불을 들어야 한다. 그렇게 생각하는 사람들이 연대하고 힘을 합쳐야 정말 건강하고 행복한 공동체가 될 수 있다. 진정으로 함께 살아간다는 것은 그런 주체적인 개인들이 어울려 산다는 것을 의미하는 것이다.

멘토의 논리는 종교의 논리와 같다. 우리가 약해졌을 때 그것들은 강하게 들어온다. 언제 멘토를 찾나? 너무 막막하고 불안해서 혼자 아무것도 할 수 없을 때 아닌가? 나 역시 그랬다. 직장에서 너무 막막하고 불안하고 두려웠을 때 누군가 나타나 "이렇게 하면 된다!"라고 말해줄 사람이 있었으면 좋겠다고 생각했다. 또 실제로 그런 사람을 무던히 찾아다니기도 했다.

우리가 언제 종교에 빠져드나? 평소 교회를 다니는 사람을 예수쟁이라고 비하하던 친척이 한 명 있었다. 그 친척은 불행한 사고로 자식을 잃고 그 아픔을 감당할 수 없어 교회에 다니기 시작했다. 자식을 잃은 뒤에 찾아오는 막막함, 절망감이 그를 나약하게 만들어버린 것이다. 그래서 그는 '이렇게 살면 된다!'는 구원자를 찾아 교회로 간 것이다. 잊지 말자. 고통과 아픔을 감당할 수 없어 막막하고 불안할 때 어떤 절대자를 찾게 된다는 사실을. 그 절대자의 이름은 멘토든 신이든 얼마든지 바뀔 수 있다.

멘토를 없애지 못한다면 우리는 언제 터질지 모르는 시한폭탄을 갖고 있는 것과 같다. 우리가 믿고 의지했던 사람이 사실은 우리가 생각했던 그런 사람이 아닐 때 혹은 그가 했던 말들이 다 거짓말일 때 멘붕이라는 폭탄은 어김없이 터지게 마련이다. 예외는 없다. 멘토의 배신으로 멘붕에 빠졌던 나처럼, 행복 전도사 최윤희 씨의 죽음으로 멘붕에 빠졌던 사람들처럼. 누군가를 믿고 의지하면서 행복한 밥벌이를 찾지 말자. 나의 이야기도 너무 믿지 마시라. 나 역시 K처럼 언제 배신할지도 모르니까. 차라리 이렇게 생각하시라. '당신이 배신하건 말건 나는 굳건히 나의 행복한 밥벌이를 찾아가겠다.'고.

무소의 뿔처럼 혼자서 가라

"무소의 뿔처럼 혼자서 가라." 싯다르타가 죽기 직전 제자들에게 했던 이야기다. 누구보다 깊은 깨달음을 얻었던 싯다르타는 왜 마지막 유언으로 이 말을 선택한 것일까? 무소는 코뿔소를 말한다. 다른 동물들과 달리 코뿔소는 뿔이 하나다. 그러니 "무소의 뿔처럼 혼자서 가라."는 말은 결국 자신만의 길을 홀로 묵묵히 가라는 뜻일 게다. 이제 이해가 된다. 훌륭한 스승을 모시는 제자들은 그 스승의 그늘에 매몰되는 경우가 흔하다는 사실을 어찌 싯다르타가 몰랐을까. 그래서 그는 자신의 죽음 뒤에 제자들이 멘붕이 되는 것을 막고 제자들이 모두 스스로의 스승이 되기를 바랐기에 그런 유언을 했던 것은 아닐까?

이것은 행복한 밥벌이를 찾아가려는 우리에게도 그대로 적용된다. 우리가 자기계발서를 찾고, 다른 사람의 성공 스토리에 그토록 관심을 보이는 이유가 무엇인가? 타인에게 의지하고 싶다는 나약함의 발로가 아닌가? '행복한 밥벌이를 찾고 싶지만 일단 다른 사람이 하는 것을 보고 하겠다.'는 식이다. 이런 식으로는 행복한 밥벌이를 찾을 수 없다. 행복한 밥벌이는 오직 나니까 할 수 있는 일이다. 그러니 선례를 따라 움직이려는 태도로는 절대 도달할 수 없다. 누군가 행복한 밥벌이를 찾았다면 그건 그 사람이니까 찾을 수 있었던 것일 뿐이다.

나는 구본형이라는 자기계발 작가를 알고 있다. 그는 감성적이고 진술한 글쓰기로 자기계발 시장에서 나름 차별화에 성공했다. 나는 지금 유행하고 있는 '힐링'의 시초가 그였다고 본다. 하지만 본질적으로 '힐링'은 우리에게 아무런 도움도 안 된다. '다 괜찮아질 거야, 괜찮아. 힘내!'라는 따뜻한 위로와 격려는 잠시 우리를 일으켜 세울지도 모른다. 하지만 힐링으로 일어선 사람들은 힐링을 해주는 사람들에게 기대고 서 있는 것이다. 위로와 격려를 해줄 사람이 없다면 근본적으로 홀로 서 있을 수 없는 상태가 된 것이다. 그런 의미에서 구본형은 아픔을 직면하게 해서 홀로 서게 해주는 대신 따뜻한 위로의 말로 그에게 계속 기대게 만들었다. 그의 의도와 상관없이 말이다.

삶의 진정한 가르침 때문이었는지 아니면 자신이 듣고 싶은 이야기를 감성적으로 해주어서였는지 모르겠지만 구본형을 아는 많은 사람들은 그를 '싸부'라고 불렀다. 언젠가 그 모임에 참석한 적이 있다. 그를 사부라고 부르는 사람들은 직장 문제, 가정 문제뿐만 아니라 모든 문제를 그에게 털어놓고 답을 구하고 있었다. 마치 조금 느슨한 종교단체 같다는 느낌마저 들었다. 그런데 그런 내 예감이 틀리지 않았음을 알 수 있는 계기가 있었다.

그 작가가 세상을 떠나던 날이었다. 그를 평생 스승으로 모셨다던 한 직장인은 병원 한 귀퉁이에 주저앉아 이렇게 말했다고 한다. "이렇게 허무하게 가실 거면 앞으로 어떻게 살아야 하는지라도 가르쳐주고 가시지……."

어떻게 살아야 할지 알려줄 수 있는 사람이 어디 있나? 있다면 그건 신 아니겠나? 그러니 그 모임에서 종교의 냄새를 맡은 것은 혼자만의 착각은 아니었던 셈이다. 그는 자신의 나약함을 극복하는 대신 작가에게 너무 많이 의지를 했던 것이다. 그러니 작가의 죽음에 멘붕이 올 수밖에. 어쩌면 그는 작가의 죽음이 슬펐던 것이 아니라 더 이상 의지할 대상이 없어진 자신이 슬퍼 보였던 것일지도 모른다.

사실 구본형 씨가 듣기 좋은 위로와 격려만을 한 것은 아니다. 때로는 아프지만 필요한 이야기를 해주기도 했다. 하지만 그건 아주 미약했다. 비즈니스맨을 타깃으로 했던 그였기에 어쩌면 당연한 귀결이었는지도 모른다. 상품을 파는 사람은 결국 소비자의 구미를 적극적으로 맞춰줄 수밖에 없으니까. 홀로 서는 것은 아픈 일이다. 아무리 좋은 표현력을 가졌다고 해도 아프지 않게 말해줄 수 있는 일이 아니다. 유약하고 나약한 사람들은 들어야 할 이야기보다 듣고 싶은 이야기에 천착하게 마련이니까. 아픈 이야기는 아픈 이야기일 수밖에 없다. 결국 구본형 씨의 배려는 인간들에 대한 배려가 아니라 소비자의 구미를 맞추기 위한 상품으로서의 배려를 넘어서지 못했던 셈이다.

인정하자. 멘토를 찾고 영혼의 스승을 찾는 것은 우리가 나약하기 때문이다. 똑같은 사람인데 내 앞길을 알려줄 수 있는 멘토나 영혼의 스승이 어디 있을까. 각자의 인생에서 각자가 주인이 되는 것이다. 강건하게, 누구에게도 의지하지 않고 삶을 개척해 나간다면 멘토는 필요없다. 싯다르타의 유언처럼 우리도 '무소의 뿔처럼 혼자서 가야' 한다. 다른 사람이 무슨 상관이란 말인가? 우리 인생은 오직 우리니까 살 수 있는 것인데 말이다.

마지막으로 나에게 배신감과 멘붕을 안겨줬던 멘토의 이야기로 다시 돌아가보자. 멘토의 배신은 전혀 중요하지 않다. 중요한 것은 "직장은 직업이 될 수 없고, 직장은 그저 수단일 뿐이다." "돈보다 행복이 더 중요하다."는 그의 조언은 정말 옳은 이야기들이었다는 점이다. 그가 말한 대로 사는 것이 행복한 삶이라는 것은 지금도 부정할 수 없다. 다만 K는 자신이 했던 이야기를 마지막까지 지켜낼 만한 그릇이 아니었을 뿐이다.

여기서 우리는 역설적인 희망을 볼 수 있다. 어쩌면 우리를 멘붕에 빠뜨린 멘토의 배신은 우리의 희망이 될지도 모른다. 멘토가 좌절했던 그 지점에서 포기하거나 좌절하지 않고 그 옳은 이야기들을 마지막까지 관철해낸다면 우리는 이미 그 멘토를 넘어서는 것이 아닌가? 그때가 되면 우리는 더 이상 멘토를 찾지 않을 것이다. 오히려 경계해야 할 상황은 우리가 누군가에게 교주 같은 멘토가 되는 상황일 것이다.

우리 모두 누군가의 멘토가 되자. 그리고 그 멘티들에게 이렇게 말해주자. "나를 믿지 마라. 아무도 믿지 말고, 오직 너 자신을 믿어라. 그렇게 무소의 뿔처럼 혼자서 가라."고. 더 이상 멘토를 찾지 말고 차라리 유행가 가사처럼 우리가 '멘토인 듯 멘토 아닌, 멘토 같은' 사람이 되자.

10

우리는 자유를 누릴
준비가 되었나

자유를 찾아서

철수는 중학생이다. 부모가 여행을 좋아하는 덕에 철수는 어린 시절부터 많은 여행을 다녔다. 철수는 부모와 함께 여행을 가는 것이 좋다. 너무 편하니까. 국내여행을 가든 해외여행을 가든 철수의 부모는 어디서 숙박할 것인지, 어디를 관광할 것인지, 식사는 어디서 할 것인지 미리 다 준비해둔다. 철수는 생전 처음 가보는 곳이지만 부모의 손을 잡고 여행을 할 때면 신경 쓸 것도 걱정할 것도 없다. 부모와 함께 여행을 했던 기억은 철수에게 진정으로 행복한 추억이 되었다.

시간은 흘렀고 철수는 고등학생이 되었다. 이제 머리가 굵어진 철수는 부모와 함께하는 여행이 마뜩치 않다. 내가 가고 싶은 곳보다 부모가 가고 싶은 곳을 먼저 가는 것도 싫고, 내가 먹고 싶은 것이 아니라 부모가 먹고 싶은 메뉴를 미리 정해놓은 것도 너무 싫다. 철수는 언젠가는 모든 것을 자유롭게, 마음대로 할 수 있는 여행을 가리라 다짐했다. 드디어 때가 왔다. 철수는 수능을 치고 난 이후 처음으로 혼자 여행을 가보기로 결정했다. 더 이상 부모에게 속박된 여행이 아니라 혼자 자유로운 여행을 할 수 있다는 설렘에 밤잠까지 설쳤을 정도다.

새벽녘에 길을 나섰다. 하지만 출발부터 난관에 봉착했다. 버스를 타야 하는지 기차를 타야 하는지 모르겠다. 겨우 도착한 목적지에서도 갖가지 문제들이 계속 발생한다. 숙박은 어디서 할 것인지, 밥은 어디서 먹어야 하는지 어느 것 하나 쉬운 것이 없다. 그뿐인가? 가져온 돈은 어찌 그리 빨리 줄어드는지 벌써 조바심이 난다. 이제는 여행을 하고 있는 것인지 고민과 걱정뿐인 고행을 하고 있는 것인지 헷갈릴 지경이다. 철수는 이제 혼란스럽다. 부모와 여행을 가는 것이 자유로운 여행이었는지 아니면 지금 혼자 여행을 가는 것이 자유로운 여행인지 말이다.

철수의 여행 이야기를 통해 자유라는 것을 진지하게 고민해보자. 우리가 행복한 밥벌이를 찾으려고 하는 것은 자유롭고 싶기 때문이다. 크고 작은 구속들이 우리를 옥죄고 있는 직장에서는 근본적인 자유가 없다. 직장을 잠시 벗어나도 상황은 달라지지 않는다. 출장을 가도 자유롭지 못하다. 사장이나 상사에게 하루가 멀다 하고 출장보고를 해야 하니까. 그뿐인가? 직장에서는 복장, 언행 그 어느 것도 마음대로 할 수 없다.

나는 직장을 다니면서 이런 생각이 들었다. 우리가 과연 자유라는 것을 깊게 숙고해보기는 한 것일까? 자유를 누릴 준비는 되었을까?

내가 만나본 직장인들은 자유라는 것을 깊게 숙고해본 적도 없고, 자유를 누릴 준비도 되어 있지 않은 경우가 대부분이었다. 항상 자유롭게 살고 싶다고 입버릇처럼 말하면서, 진지하게 고민하고 숙고해본 적도 없다는 사실이 정말 안타깝게 느껴졌다.

더 늦기 전에 자유에 대해 제대로, 찐하게 한번 고민하고 숙고해보자.

먼저 철수의 입장이 되어보자. 어떤 여행이 자유로운 여행이라고 생각하나? 부모와 함께 가는 여행? 아니면 홀로 떠난 여행? 자유에 대한 이야기는 이 질문에 답하는 것으로 시작하는 것이 좋을 것 같다.

두 가지 자유로움

우선 자유라는 단어의 뜻부터 알아보자. 자유는 '외부적인 구속이나 무엇에 얽매이지 아니하고 자기 마음대로 할 수 있는 상태'를 의미한다. 그런 면에서 부모와 함께 떠난 여행은 충분히 자유롭다고 말할 수 있다. 아무것도 신경 쓸 필요 없이 마음대로 할 수 있으니까. 돈 걱정도 할 필요 없고, 어디서 숙박을 해야 할지도 신경 쓸 필요 없고, 낯선 여행지에서 일어날 돌발상황도 전혀 걱정할 것 없다. 전부 부모가 해결해줄 테니까. 정말 '외부적인 구속이나 무엇에 얽매이지 않는' 자유로운 여행인 것 같다.

반면 홀로 떠난 여행은 거의 고행에 가깝다. 전부 혼자 책임져야 하니까. 여행 경비가 다 떨어져도 돈을 더 달라고 할 부모도 없고, 숙박은 어디서 해야 할지, 또 낯선 곳에서 이상한 사람이 말을 걸면 해결해줄 사람도 없다. 여행 중 발생하는 모든 돌발상황을 혼자 감당하고 극복해야 한다. 처음 홀로 여행을 떠나본 사람은 안다. 이런 고행이 자유라면 차라리 자유로운 여행을 하고 싶지 않을 지경이라는 사실을. 그렇다면 홀로 떠난 여행은 정말 자유롭지 못한 것인가?

얼핏 부모와 함께 가는 여행이 자유로운 여행이고, 홀로 떠난 여행은 전혀 자유롭지 못한 여행이라고 느낄지도 모르겠다. 하지만 무엇인가 찜찜하다. 철이 들면서 부모와 함께 가는 여행은 여행이 아니라 의무처럼 느껴져 답답하고 때로는 짜증스럽게 여겨지기도 했다. 게다가 언젠가부터 홀로 혹은 친구와 떠나는 여행을 꿈꾸었다. 이미 직감적으로 다 알고 있는 것이다. 부모와 함께 떠나는 여행이 전혀 자유롭지 않다는 사실을.

진정으로 자유롭기 위해서는 두 가지 구속 중 하나를 선택해야만 한다. 돈 문제, 숙박 문제, 낯선 여행지의 두려움 같은 구속을 선택할 것인지 아니면 부모라는 존재가 주는 구속을 선택할 것인지. 이제 우리는 역설적이게도 현실적인 조건하에서 진정한 자유란 결국 어떤 종류의 구속을 선택하느냐에 달려있다는 놀라운 사실을 발견하게 된다. 결국 부모의 구속을 선택하는 사람도, 홀로 떠난 여행에서 발생하는 구속을 선택하는 사람도 결국은 모두 자유로운 삶을 살고 싶어 하는 것이다.

그렇다면 두 부류가 모두 자유로울 수 있을까? 결론부터 말하고 가자. 아니다. 부모의 구속을 선택하는 사람은 자유로울 수 없다. 외부적인 구속 없이 자기 마음대로 할 수 있는 것이 자유라면, 우리가 선택해야 할 구속은 극복 가능한 것이어야 한다. 생각해보자.

부모가 주는 구속과 홀로 떠난 여행이 주는 구속 중 어떤 것이 극복 가능한가? 부모와 함께하는 여행에서는 부모가 주는 구속을 결코 극복할 수 없다. 부모가 주는 편안함, 안일함을 선택한 대가로 언제나 부모의 눈치를 볼 수밖에 없으니까. 반면 돈 문제, 숙박 문제는 비교적 쉽게 극복이 가능하다. 일을 해서 돈을 벌면 되고, 예약 등을 하면 숙박 문제도 충분히 해결할 수 있다. 말하자면 부모의 구속은 근본적인 구속이고 돈, 숙박 같은 문제는 피상적인 구속인 셈이다.

자유를 위해 감당해야 할 것

근본적인 구속을 피하고 극복 가능한 피상적인 구속을 선택할 때 진정으로 자유로울 수 있다. 이렇게 말해도 좋겠다. 언제까지나 부모에게 의탁해서 여행을 가고 싶어 하는 사람은 아직 어른이 되지 못했거나 영원히 어른이 되고 싶어 하지 않는 사람이라고 말이다. 얼마 전에 혼자 자유롭게 유럽 여행을 다녀왔다고 말하는 사람을 만난 적이 있다. 속으로 한참을 웃었다. 부유한 부모를 둔 덕에 아무런 일도 하지 않는 그녀가 혼자 자유롭게 여행을 했다니 말이다.

그녀는 물리적으로만 부모와 함께 여행을 가지 않았을 뿐이지 내면은 부모와 함께 여행을 다닌 것과 전혀 다르지 않다. 부모가 준 돈으로 여행을 다닌 것이니 편한 여행을 했을 뿐 전혀 자유로운 여행을 했던 것은 아니다.

그녀는 부모의 극심한 반대로 정말 좋아했던 남자와 이별을 했다고 슬퍼한 적이 있다. 그녀는 알고 있을까? 부모의 돈으로 여행을 간 대가로 사랑하는 사람과 이별할 수밖에 없었다는 사실을. 그녀는 마치 옛날 귀부인들처럼 몸은 편안하지만 자유가 박탈된 생활을 하는 것일 뿐이다.

혹시 우리도 편안함, 안일함을 위해 근본적인 구속을 선택하고 있는 것은 아닐까? 직장에서 월급은 받고 싶지만 자유롭지 못하다고 짜증을 내고 있는 것은 아닐까? 부모 돈으로 자유롭게 여행을 하고 싶지만 자신이 좋아하는 사람과 결혼할 수 없다고 짜증을 내고 있는 그녀처럼 말이다. 직장이 주는 근본적인 구속을 선택한 대가로 피상적인 자유를 얻었지만 그 자유는 전혀 근본적이고 본질적이지 못하다. 그래서 우리는 직장에서 늘 답답함을 느낄 수밖에 없는 것이다.

근본적이고 본질적인 자유는 철회 불가능성에 있다. 언제든 철회 가능한 자유는 이미 자유가 아니지 않나? 생각해보자. 직장이 우리에게 준 자유는 무엇인가? 월급, 휴일, 소속감 같은 것들 아닌가? 그것을 우리가 통제할 수 있나? 사장이 이제 그만 직장에서 나가라고 하면 하루아침에 물거품처럼 사라질 얄팍한 자유 아닌가? 직장에서 자유롭지 못하다고 한탄하거나 짜증 낼 필요 없다.

진정한 자유는 때로 우리를 막막하게 하고, 불안하게 하고, 두렵게도 만드는 현실적인 구속들을 기꺼이 선택함에 있다. 누구에게도 의탁하지 않고 내 삶은 내가 책임진다는 의지가 있어야만 진정한 자유가 가능하다. 이제 다시 물어보자. 우리는 정말 자유를 누릴 준비가 되었을까? 어떤 구속을 자발적으로 선택할 준비가 되었나? 당장의 편안함과 안락함을 위해 근본적인 구속을 선택하지는 않았나? 진정으로 자유롭고 싶다면 직장이 주는 근본적인 구속 대신 우리가 성숙하고 성장하면 극복할 수 있는 피상적인 구속을 자발적으로 선택해야 한다.

자유를 위해서 고단함을 감당해야 한다

진정한 자유를 절절하게 노래했던 김수영 시인의 '푸른 하늘을'이라는 시가 이제야 이해된다.

푸른 하늘을 제압하는
노고지리가 자유로웠다고
부러워하던
어느 시인의 말은 수정되어야 한다.

자유를 위해서
비상하여 본 일이 있는

사람이라면 알지.
노고지리가
무엇을 보고
노래하는가를
어째서 자유에는 피 냄새가 섞여 있는가를
혁명은 왜 고독한 것인가를.

혁명은
왜 고독해야 하는 것인가를.

　김수영의 이 시는 자유의 이미지를 적나라하고 선명하게 보여준다. 그는 자유가 단순히 우리 편한 대로 사는 것이라는 유아론적인 생각에 일침을 놓는다. 김수영은 자유는 피상적인 구속을 선택하고 그로 인해 발생하는

고단함을 기꺼이 감당할 때 얻을 수 있는 것이란 사실을 짧은 시로 말하고자 했다. 그러니 자유에는 피 냄새가 섞여 있을 수밖에 없고, 또 그 자유를 얻기 위한 혁명은 고독할 수밖에 없는 것이다. 그의 이야기는 옳다. 피를 흘리는 극단적인 선택을 할 필요야 없지만 적어도 자신의 삶에 존재하는 실존적인 고단함을 감당하지 못한다면 자유는 없다.

우리네 직장인들도 마찬가지다. 자유롭고 싶다면 결국에는 직장을 떠날 수 있는 고독한 혁명을 감행할 수 있어야 한다. 그리고 그 고독한 혁명을 하다 보면 정말 피 냄새가 날 만큼 고단할지도 모른다. 직장을 떠나 홀로 밥벌이를 하는 것은 녹록한 일이 아니다. 차라리 예전의 직장으로 돌아가고 싶을 정도의 고단함을 느낄지도 모른다. 그뿐인가? 직장을 그만두고 나면 한없이 고독하고 외로워질지도 모른다. 딱히 이유는 모르겠지만 왠지 예전 같지 않게 쌀쌀맞게 구는 애인과 배우자를 보면서 그들이 사랑했던 것은 '내'가 아니라 안정적으로 돈을 버는 '그'였다는 사실을 알게 될지도 모른다. 소주 한잔 하자는 이야기에 늘 급한 일이 있어서 미안하다고 말하는 둘도 없는 친구를 보며 그는 사실 친구가 아니라 그저 필요에 의해서 만난 직장 동료일 뿐이었다는 사실을 알게 될지도 모른다. 이 모든 과정이 어찌 고단하고 외롭고 고독하지 않을 수 있을까?

어쩌면 나가라고 할 때까지 그곳에서 꾸역꾸역 버티는 것이 현명한 방법인지도 모르겠다. 하지만 진짜 자유를 위해 감당해야 할 그 고단함을 가능한 한 피하고 있는 그들은 진정으로 행복한 삶을 살 수 없다. 행복한 밥벌이도 못하고 조금 부유한 노예로 머물 수밖에 없다. 좋은 옷 입고, 좋은 음식 먹고, 좋은 곳에서 잠을 자지만 결국 자유롭게 할 수 있는 것은 아무 것도 없는 중세 시대 귀부인은 결국 본질적으로 노예와 다를 바가 없다.

우리는 진정한 자유를 누릴 준비가 되었을까? 만약 아니라면 조금 더 성장하고 성숙하자. 성숙하고 성장하기 위해 가장 필요한 덕목은 단연 용기다. 일단 혼자서 배낭 하나 메고 여행을 갔다 올 수만 있다면 지금보다 훨씬 성숙하고 성장할 수 있다. 그럼 홀로 떠나는 여행은 어떻게 갈 수 있나? 처음 한 번의 용기가 필요하다. 그 선순환 속에 들어갈 수만 있다면 점점 더 피상적인 구속들을 잘 통제할 수 있을 것이다. 그때 비로소 우리는 점점 더 자유를 만끽할 수 있을 것이다. 처음 홀로 여행을 갔을 때 온갖 걱정들 때문에 여행을 즐기지 못했지만 몇 번 혼자 여행을 하다 보면 걱정은 점점 없어지고 오히려 자유를 만끽하게 되는 것처럼 말이다.

11

행복한 밥벌이로 부자가 될 수 있다

행복한 밥벌이? 하고 싶다, 그런데 돈은?

얼마 전 《저 오늘 회사 그만둡니다》를 읽으면서 정말 통쾌한 느낌이 들었다. 내가 하고 싶었던 것을 대신 해주었기 때문이다. 지금은 블로그에 행복한 밥벌이에 대해 글을 올리고 있다. 하지만 개인적으로 크게 공감이 가진 않는다. 왜냐면 경제적 문제는 해결하지 못하고 마냥 행복에 대해 이야기하고 있어서다. 길을 가는 누구라도 붙잡고 "행복하길 원하냐?"라고 물으면 모두 그렇다고 할 것이다. 행복하려면 "비교하지 마세요. 돈으로부터 자유로워지세요."라고 했을 때 수긍하고 따라줄 사람이 있을까 싶다. 모두가 수긍해야 완벽한 답이라는 뜻은 아니다. 하지만 공감이 되어야 한다고 생각한다. 그렇지 않다면 '현실감각 없는' 메아리밖에 되지 않을 것 같다. 행복하고 싶다. 근데 경제적인 것을 배제하고 말할 수도 없다. 어떻게 할 것인가? 정말…… 어떻게?

위 글은 내가 쓴 《저 오늘 회사 그만둡니다》라는 책을 읽은 한 독자의 이야기다. 디스 당했다. 졸지에 나의 이야기가 '현실감각 없는' 순진한 이야기가 되어버렸다. 불쾌한 마음은 잠시 뒤로 하고 A/S부터 해주어야겠다는 생각이 들었다. 현실감각이 없다는 이야기에 동의하고 싶지는 않지만 이 독자의 의구심이 아주 '현실감각 있는' 이야기라는 데에는 크게 동의하기 때문이다.

맞다. 누군들 행복한 삶을 살고 싶지 않고, 행복한 밥벌이를 하고 싶지 않을까? 하지만 그놈의 돈이 우리의 발목을 잡기 때문인 것은 결코 부정할 수 없는 사실이니까.

돈, 그래 돈이다. 우리에게는 돈이 없다. 외벌이를 하고 있고 먹여 살려야 할 식구가 있다면 지금의 안정적인 직장을 유지하는 것이 최선이라고 생각하지 않을 도리가 없다. 행복한 밥벌이를 하더라도 먹고살 만큼의 부는 있어야 한다. 아니, 내심 행복한 밥벌이를 하면서 부자가 되기를 바라는지도 모른다. 어쩌면 부자가 하는 일이 바로 행복한 밥벌이라고 생각하는 것인지도 모른다. 이제 우리가 그렇게도 바라는 '부'에 대해 조금 깊게 한번 생각해보자.

경제적 부 VS 실질적인 부

우리가 '부'에 대해 오해하고 있는 부분이 있다. '경제적인 부'만이 진짜 부라고 생각하는 것이 오해의 시작이다. 사실 부는 엄밀하게 말하자면 '경제적인 부'와 '실질적인 부'로 나누어진다. 이 부분을 바로잡을 필요가 있다. 우선 '경제적인 부'란 무엇일까? 자신이 처분할 수 있는 경제적 자원의 양이 바로 경제적인 부다. 쉽게 말해 돈으로 바꾸어 쓸 수 있는 모든 자원을 말하는 것이다. 주식, 예금, 아파트, 땅, TV, 냉장고 등등이 모두 경제적인 부인 셈이다. 우리는 오직 이런 것들만 부라고 생각한다. 하지만 부에는 '실질적인 부'도 있다.

'실질적인 부'는 무엇일까? 이것은 먹고살기 위해 필요한 돈을 버는 데 사용되는 시간 이외에 우리가 사용할 수 있는 시간을 말한다. 쉽게 말해 내 마음대로 사용할 수 있는 시간이 바로 '실질적인 부'라는 말이다. 거칠게 말하자면 실질적인 부는 바로 시간이다.

여러분은 어떤 부가 더 갖고 싶은가? 대체로 '경제적인 부'를 갖고 싶을 것이다. 하지만 진정으로 행복하게 살기 위해서는 '실질적인 부'를 진정한 부라고 생각하는 인식의 전환이 필요하다. 생각해보라. 100억, 1,000억이 있으면 뭐 할 건가? 그것을 사용할 시간이 없으면 아무런 의미도 없는 것을. 결국 우리가 부자가 되길 원하는 것은 이놈저놈 만져서 더러운 종잇조각을 잔뜩 짊어지기 위해서가 아니라 '돈'이라는 종잇조각으로 행복해지기 위해서 아니었던가.

'실질적인 부'가 우리를 진정으로 행복하게 해주는 부라는 사실을 받아들이면 놀라운 인식의 전환에 도달할 수밖에 없다. 우리는 한 번도 가져본 적이 없는 10억, 100억을 가진 사람이 부유한 사람임을 결코 의심하지 않는다. 하지만 '실질적인 부'가 진정한 부라는 인식의 전환을 할 수 있다면 10억을 벌든, 100억을 벌든 그 돈을 버느라 자신의 삶을 향유할 시간이 없는 사람은 가난한 사람이 된다. 그리고 한 달에 200만 원을 벌더라도 향유할 수 있는 시간이 많은 사람은 부유한 사람이 되는 것이다. 놀라운 일이다. 부에 대한 정의만 제대로 하면 100억을 버는 사람보다 200만 원을 버는 사람이 더 부유한 사람이 되니까.

단순한 말장난이 아니다. 나는 한 달에 수천만 원을 버는 펀드 매니저를 알고 있다. 그는 억대 연봉을 받는 사람이다. 하지만 그 친구를 만날 때

마다 드는 느낌은 안쓰러움이다. 얼굴은 언제나 잿빛이고 맥주 한 잔을 마시는 날에도 늘 스마트폰으로 끊임없이 무엇인가를 초조하게 살피고 있으니까. 반면 교사라는 안정적인 직장을 그만두고 자신이 원하는 일을 찾아 NGO에서 활동하는 사람은 급여는 형편없고, 미래마저 불안하지만 그녀의 얼굴에서는 빛이 난다. 자신이 하고 싶은 일에 자신의 시간을 쓰고 있기 때문이다.

과연 누가 더 부유한 사람인가? '경제적 부'라는 관점에서는 펀드 매니저일 것이고, '실질적 부'라는 관점에서는 NGO활동가일 것이다. 다시 묻자. 누가 과연 더 행복할까? '행복은 주관적이다.'라는 하나마나한 소리 대신 정직하게 말해보자. 단연 NGO활동가가 더 행복한 삶을 살고 있는 것이다. 부가 행복을 위해 필요한 것이라는 데 이견을 제기하는 사람은 없을 것이다. 그렇다면 결국 우리에게 진정으로 의미 있는 부는 마음껏 사용할 수 있는 시간의 개념인 '실질적 부'일 것이다.

우리는 부자가 될 수 있을까?

나는 부자가 되고 싶다. 그리고 아마 많은 사람들이 부자가 되고 싶을 것이다. 그렇다면 진짜 부자는 누구인가? 이건희? 정몽구? 그들은 부자인가? 글쎄 나는 그들이 부자인지 잘 모르겠다. 그들이 과연 얼마나 자신의 삶을 향유하는 데 시간을 쓰는지 잘 모르는 까닭이다.

그래, 백번 양보해서 천문학적인 돈이 있으니 얼마든지 자신이 원하는 곳에 원하는 만큼의 시간을 쓸 수 있다고 가정하자. 그럼 그들은 분명 부자가 맞다. 또 부유한 부모를 만나거나 로또에 당첨이 되어서 더 이상 먹고 사는 데 필요한 비용을 벌지 않아도 된다면, 그래서 자신의 시간을 얼마든지 원하는 곳에 사용할 수 있다면 그들 역시 '실질적인 부'를 가진 부자라고 할 수 있을 것이다.

하지만 억대 연봉의 펀드 매니저는 어떤가? 남부럽지 않은 대기업을 다니는 직장인은 어떤가? 한 달 매출만 수천만 원인 음식점 사장은 어떤가? 그들 역시 부자라고 할 수 있을까? 안타깝게도 그들은 아니다. 그들은 돈을 많이 벌지는 모르겠으나 그 돈을 벌기 위해 자신의 삶의 거의 대부분을 하고 싶지 않은 일에 고스란히 헌납하고 있다면 그들은 모두 가난하기 짝이 없는 사람이다.

우리는 부자가 될 수 있을까? 점검 들어가보자.

일단 생활에 필요한 비용을 벌지 않아도 될 만큼 부유한 부모가 있나? 그것도 아니면 내일 당장 로또를 사면 당첨될 수 있을까? 그것도 아니라면 지금부터라도 '쌔가 빠지게' 열심히 일하면 이건희와 정몽구처럼 부자가 될 수 있을까? 불가능하다고 할 만큼 낮은 확률일 것이다.

냉정할 정도로 현실적으로 보자. 우리네 직장인들이 노력해서 얻을 수 있는 최대의 '경제적인 부'는 펀드 매니저, 대기업 직원, 대박난 음식점 사장의 그것 정도일 수밖에 없다. 우리의 시간을 온전히 다 내어주고 일을 해야만 억대 연봉이나 그와 비슷한 수준의 '경제적 부'를 얻을 수 있다. 심지어 그것도 운이 좋을 때 이야기다. 비관주의가 아니라 엄연한 현실이다.

객관적으로 말하자면 지금 우리가 발 딛고 있는 시대에는 '경제적 부'를 얻는 게임을 해서는 결코 '실질적인 부'를 얻을 수 없다는 이야기다. 부자 아버지도 없고, 로또에도 당첨되지 못할 것이고, 아무리 열심히 일해본들 재벌이 되지도 못할 테니까 말이다. 가진 것이라곤 몸뚱이뿐인 우리가 '경제적인 부'를 얻으려고 하면 할수록 '실질적'으로는 점점 더 가난해질 수밖에 없다. 이것이 지금 우리가 처한 곤궁의 본질이다.

부자가 되자!

하지만 희망은 있다. 가진 것은 없지만 우리 역시 부자가 될 희망은 있다. 그것은 '실질적인 부'를 늘려가는 것이다. 생활에 필요한 비용을 최소한으로 한정하고, 그만큼의 수입을 달성한 이후에 돈을 더 벌려고 하지 말고 시간을 온전히 향유할 수 있을 때 우리는 '실질적'인 부자가 될 수 있다. 직접적으로 말하자면 소비를 줄여서 삶에 필요한 비용을 줄일 수 있다면 보다 빨리 부자가 될 수 있다는 말이다. 이 방법으로 우리는 이건희보다 부자가 될 수 있다. 그가 하루에 1시간 동안 온전히 자신의 시간을 누린다고 가정하면, 적게 쓰고 적게 일하면서 하루에 4시간을 온전히 누릴 수 있게 될 경우 '경제적인 부'와 관계없이 우리가 이건희보다 실질적으로 더 부유한 삶을 살게 되는 것 아닌가?

여기에 행복한 밥벌이가 중요한 이유가 있다. '실질적인 부'란 내 마음대로 사용할 수 있는, 즉 '가처분 시간'을 의미하는 것 아닌가? 이 말은 결국 생활에 필요한 비용을 벌기 위해 원하지 않는 일을 하면서 어쩔 수 없이 사용해야 하는 시간이 존재한다는 의미이기도 하다. '실질적인 부'를 쌓기 위해서는 역설적이게도 하고 싶지 않은 일을 하며 시간을 보내야 한다는 말이다. 하지만 이 문제는 행복한 밥벌이를 찾고 그것으로 생활에 필요한 비용을 충당하게 되면 말끔하게 해결된다.

행복한 밥벌이를 하게 되면 생활에 필요한 비용을 벌기 위한 시간 역시 '실질적인 부'에 편입된다. 행복한 밥벌이 자체가 이미 내가 원하는 일이니까. 그리고 행복한 밥벌이를 하면서 번 돈으로 다시 내 마음대로 나머지 시간을 가처분할 수 있으니, 이쯤 되면 진정한 부자라고 해도 좋을 것이다. 철학 책에 나오는 허무맹랑한 궤변이 아니다. 멀리 갈 것도 없이 내가 정말 그리 살고 있으니까 말이다.

'경제적인 부'라는 측면에서 보았을 때 나는 예전 대기업을 다닐 때와 비교하면 형편없이 가난하다. 돈이라고 해봐야 책을 써서 버는 인세, 가끔 강연을 하면서 받는 강연료가 전부다. 이건 이건희까지 갈 필요도 없이, 예전 직장 동료들과 비교해도 형편없이 가난한 것이다. 하지만 '실질적인 부'라는 관점에서 보면 단언하건대 나는 그 어떤 재벌보다 부자라고 자부한다. 나는 하루에 4시간 정도 글을 쓴다. 이게 내 일이다. 누가 시켜서 하는 것이 아니라 나는 글을 쓸 때 정말 행복하고 즐겁다. 그리고 가끔 강연을 하는 것도 마찬가지다.

나는 지금 이렇게 행복한 밥벌이를 하고 있다. 내게는 생활에 필요한 비용을 버는 시간도 내 마음대로 할 수 있는 가처분 시간에 해당한다. 이것만으로도 나는 충분히 '실질적'인 부자다.

그뿐인가? 평일에 아들, 딸과 축구를 하기도 하고, 영화를 보기도 하고, 함께 산책을 하며 아이스크림을 먹기도 한다. 세상에 이렇게 살 수 있는 부자가 얼마나 있을까? 이름만 대면 다 아는 재벌들이 이렇게 살까? 억대 연봉을 받는 직장인이 이렇게 살까?

나는 분명하게 말할 수 있다. 나는 누구보다 부자라고. 마음만 부자라느니 하는 그런 헛소리를 하는 것이 아니라 나는 진짜 부자다. '실질적인 부'를 누구보다 많이 가진 부자. 하루를 온전히 내가 원하는 일들로 채우고 나에게 주어진 시간을 내가 원하는 만큼 쓸 수 있는 내가 부자가 아니라면 대체 누가 부자란 말인가?

이런 이야기마저 현실감각 없는 이야기로 치부한다면 나는 더 이상 할 이야기가 없다. 행복은 돈의 양이 아니라 시간의 양에 있다는 것을 깨닫지 못하는 사람에게 더 이상 무슨 이야기를 할 수 있을까?

돈 때문에 행복한 밥벌이 앞에서 주저하고 있다면, 스스로에게 진지하게 물어보자. 진짜 원하는 것이 '경제적인 부'인지 '실질적인 부'인지. 그리고 도대체 왜 돈을 벌려고 하는지.

PART 5

내면 개혁 행동
강령

01

두 가지 위험한 도전

위험한 도전

위험한 도전을 하는 직장인이 있을까? 늘 안정을 추구하고 안일함에 젖어 사는 직장인들이 도전이라는 것을 할 수나 있을까? 하지만 직장인들 중 몇몇은 아주 위험한 도전을 하곤 한다.

직장에서의 위험한 도전이란 무엇일까?

천성이 삐딱한 탓이었을 것이다. 나는 직장에서 열심히 일을 하고 있다가도 팀장이나 상사가 자리에 와서 앉거나 감시하는 것 같은 기분이 들면 오히려 커피를 마시러 나가거나 일부러 일을 안 하는 척했다. 평소 뺀질거리다 상사나 사장이 볼 때만 일하는 척하는 사람들이 싫었다. 그래서 나는 그런 인간들과 다른 사람이라고 말하고 싶었던 것이다.

하지만 이것은 심각하게 위험한 도전이다. 단순히 일을 하고 안 하고의 문제가 아니다. 직장생활을 하다 보면 상사나 사장들은 안다. 그 사람이 일을 잘하는지 아닌지. 그래서 사장이나 상사가 직원들의 업무를 감시하는 것은 성과를 더 잘 내게 하기 위해서라기보다는 압박감이나 긴장감을 주기 위해서인 경우가 대부분이다. 그리고 사장이나 상사의 내밀한 심리에는 '내가 있을 때는 당연히 내 눈치를 봐야지!'라는 권위의식 같은 알팍한 우월감이 작동하기도 한다.

그러니 상사나 사장이 보고 있을 때만 일을 하지 않는 척하는 것이 얼마나 무모한 짓인가? 이는 곧 인사권을 쥐고 있는 사람들에게 암묵적인 반항을 하는 것 아닌가? 자칫 고생은 고생대로 하면서 상사나 사장으로부터 인색한 평가를 받기에 딱 좋은 행동 아닌가? 하지만 곰곰이 생각해보아야 한다. 이것이 정말 얻을 것은 없고, 잃을 것만 있는 무모한 도전인 걸까? 성급하게 답을 하기 전에 또 다른 위험한 도전에 대해서 이야기해보자.

더 위험한 도전

'더 위험한 도전'이란 이런 것이다. 평소에는 눈치 보면서 '탱자탱자' 놀다가 상사나 사장이 볼 때만 일을 하는 것이다. 의아스러울 수도 있겠다. 이게 무슨 '더 위험한 도전'인지 말이다. 도전이 아니라 얄미울 정도로 합리적인 행동 아닌가?

하지만 이것은 분명 '더 위험한 도전'이다. '더 위험한 도전'에 대한 이야기를 더 진행하기 전에 앞서 못다 한 '위험한 도전' 이야기부터 마무리 짓자.

'위험한 도전'을 통해 잃을 수 있는 것은 사장이나 상사의 칭찬과 인정 혹은 승진이다. 성과를 아무리 잘 내는 직원도 상사가 볼 때는 보란 듯이 뺀질거리며 일을 안 하는 척하면 괘씸죄에 걸리기 딱 좋다. '어, 요놈 봐라~. 내가 지금 눈앞에 있는데도 신경도 안 쓴다 이거지?'라고 생각하지 않을 상사나 사장은 드무니까. 그러니 '위험한 도전'은 여러 가지 불이익을 동반할지도 모른다.

하지만 얻을 것도 있다. 유치하긴 하지만 상사나 사장이 볼 때만 일을 하지 않는 사람은 이렇게 생각하는 것이다. "나는 너희가 볼 때만 일하는 노예 같은 사람이 아니야!" 그렇다. '위험한 도전'은 사실 상사와 사장이 아니라 내면화된 자신의 노예의식에 도전장을 내민 것이다. 말하자면 스스로의 주인됨을 확인하고 자신의 존엄을 지키고자 하는 강력한 도전인 셈이다. 그러니 이렇게 보아도 좋다. '위험한 도전'이 의미 있다고 생각하는 사람은 타인의 칭찬이나 인정, 승진보다 자신의 존엄이 무엇보다 더 중요하다고 생각하는 사람인 셈이다.

이제 사장이나 상사가 볼 때에만 일하는 것이 왜 '더 위험한 도전'인지에 대해서 말해보자.

'더 위험한 도전'은 직업을 유지하기 위한 도전이다. 눈치를 살피다가 상사나 사장이 볼 때에만 일하는 척하는 것에 성공했다고 가정해보자. 당연히 상사나 사장의 칭찬이나 인정을 받을 것이다. 어쩌면 남들보다 승진도 더 빠를지 모르겠다. 하지만 그는 내면화된 노예의식을 여전히 극복할 수 없을 것이다. 이견이 있을 수 없다. 언제까지나 상사와 사장의 눈치를 보아야 하는 사람이 어찌 스스로 주인이 될 수 있을까.

이제 알겠다. 합리적이고 당연한 것이라 여기는 것이 왜 '더 위험한 도전'이 될 수밖에 없는지. 우리는 상사나 사장이 있을 때는 일이 없어도 일하는 척이라도 하는 것을 합리적이고 당연한 행동이라고 여긴다. 심지어 예의라고까지 말하는 직장인들도 많다. 심각한 상태다. 그저 먹고살기 위해 눈치 보는 것을 예의바른 행동이라고까지 왜곡하기 시작했으니. 앞서 두 가지 위험한 도전은 사실 '내면화된 노예의식을 극복할 것이냐, 아니면 먹고살기 위해 기꺼이 노예가 될 것이냐?'라는 질문 앞에서 실존적 선택을 하는 과정이다.

먹고살기 위해서 눈치를 보는 것을 예의바른 행동이라고 왜곡하는 어처구니없는 일은 대체 왜 발생하는 것일까? 그 비밀은 직장에서 우리를 움직이게 하는 동력인 상벌 체제에 있다. 강신주는 자신의 저서 《장자, 차이를 횡단하는 즐거운 모험》에서 이렇게 말했다.

상에 대한 욕망은 선을 실천하려는 의지로, 그리고 벌에 대한 공포는 악에 대한 죄의식으로 내면화된다. 니체가 지적했던 것처럼 이런 내면화의 과정이 완성되면서 우리는 죄의식을 가진 도덕적 주체로 탄생하게 된다. 마침내 이런 방식으로 특정 공동체의 규칙을 선과 악이라는 초월적 가치로 수용하게 되면, "우리는 삶을 살고 있지 않으며 단지 삶과 유사한 어떤 것을 영위하게" 되는 존재로 전락하고 만다. 바로 여기에 노예에게나 어울릴 만한 우울함 혹은 슬픔의 정념들이 발생하게 된다.

결국 상사, 사장이 볼 때만 일을 하려는 '더 위험한 도전'은 상을 갈구하고 벌을 피하고자 하는 얄팍한 처세술이다. 이런 상황이 지속되면 어떻게 될까? 강신주의 말처럼 사장, 상사의 칭찬, 인정, 승진이라는 상을 받고자 했던 의지는 이내 상을 받고자 했던 일련의 행동이 선한 행동이라고 믿게 된다. 그런 내면화 과정이 오래 지속되면 이제 직장이라는 특정 공동체에서 상을 받고 벌을 피하기 위해 했던 암묵적 규칙을 예의나 도덕처럼 삶에서도 항상 지켜야만 하는 초월적 가치로 받아들이게 되는 것이다.

우리네 직장의 모습을 보면 결코 틀리지 않은 말이다. 대리, 과장 때는 눈치껏 상사가 볼 때만 일하는 '더 위험한 도전'을 하지만 시간이 더 지나 부장, 이사가 되면 그것은 더 이상 '더 위험한 도전'조차 아닌 것이 된다. 부장이나 이사는 이제 누가 보지 않더라도 근면하게 일하는 노예가 되어 있을 테니까. 강신주의 말처럼 부장이나 이사는 '삶을 살고 있지 않으며 단지 삶과 유사한 어떤 것을 영위하는' 존재가 되어버린 것은 아닐까? 그러니 부장이나 이사들은 '눈치를 보는 것이 예의바른 행동'이라고 말할 수밖에 없는 것이다. 자신들이 믿고 있는 가치가 절대 선이고 반드시 지켜야 할 행동규범이라는 걸 결코 의심하지 않으니까.

인생을 장기적인 관점으로 보면 상사나 사장이 보고 있을 때 일하지 않는 것이 '위험한 도전'이라면, 상사나 사장이 보고 있을 때만 일하는 것은 분명 '더 위험한 도전'이다. 우리의 인생을 건강하고 행복하게 살기 위해서 정작 필요한 것은 타인의 칭찬이나 인정 혹은 직장에서의 승진이 아니다. 행복한 밥벌이를 꿈꾸는 우리에게 정말 중요한 것은 너무 깊게, 너무 선명하게 각인된, 내면화된 노예의식을 끊어내는 일이다.

우리는 지금 어떤 도전을 하고 있나?

사실 앞서 말한 두 가지 부류는 양극단이다. 현실에서는 평소 열심히 일하다가 상사나 사장이 보고 있을 때만 일을 전혀 하지 않는 척하는 사람도 없고, 평소에는 전혀 일을 하지 않다가 상사나 사장이 볼 때만 일을 하는 사람도 없다. 현실에서 우리는 대체로 양극단 어디쯤에 존재한다. 그런데 '위험한 도전'과 '더 위험한 도전' 중에 우리는 어느 쪽에 더 가까이 서 있을까?

냉정하게 지금 우리 위치를 되돌아볼 필요가 있다. 여러분의 위치가 바로 내면화된 노예의식의 깊이와 정도이다. "나는 누가 보든 말든 내 일을 하는 것뿐이야."라는 이야기는 필요 없다. 프로젝트를 마무리하고 일찍 퇴근을 하려고 하다가 임원실에서 나오는 팀장의 불편한 심기를 살피고 있다면 우리는 여전히 노예의식에 사로잡힌 월급쟁이일 뿐이니까. 이제 제발 그것을 두고 배려나 예의라는 변명은 하지 말자. 너무 궁색하고 초라하니까. 그것은 그냥 노예가 주인의 눈치를 보는 것, 그 이상도 이하도 아니다.

우리는 '위험한 도전'과 '더 위험한 도전' 중 어떤 도전이 더 위험하다고 생각하고 있을까? 이 질문도 매우 중요하다. 이 질문을 통해 우리가 직장에서 어떤 가치에 더 무게를 두고 있는지 적나라하게 알 수 있다. '나는 주인으로 살고 싶다.' '나는 나의 존엄보다 더 중요한 것은 없다고 생각한다.'라는 입바른 소리는 다 필요 없다. 최선을 다해 열심히 일하다가 이제 좀 쉬려고 자리에서 일어나려는 찰나 사장이 들어오는 것을 보고 슬며시 자리에 다시 앉고 있는 자신을 발견한다면 이미 이야기는 끝난 것이다.

상사나 사장이 보고 있을 때 일하지 않는 척하라는 이야기를 하려는 것이 아니다. 오히려 그 반대다. 상사나 사장이 볼 때 일하는 것을 더 추천한다. 그래야 된다. 그렇지 않으면 더 많은 일에 내몰리게 될 테니까. 그러니 일을 적게 하려면 평소 일을 많이 하는 척이라도 해야 한다. 하지만 상사나 사장이 볼 때 일하는 척하는 것이 '더 위험한 도전'이어서는 안 된다. 상사, 사장이 볼 때 일하는 척은 하지만 그것이 그들의 눈치를 보는 것이 되어서는 안 된다. 상사, 사장보다 더 강한 존재가 되어서 상사, 사장을 통제하는 하나의 수단이 되어야 한다. 쉽게 말해 상사나 사장의 눈치를 보는 것이 아니라 일찍 퇴근하기 위해 혹은 내일 연차를 쓰기 위해, 행복한 밥벌이를 준비하기 위한 것이었으면 좋겠다.

하지만 역설적이게도 그 정도로 강해지기 위해, 뿌리 깊은 노예의식을 극복하기 위해 '나는 네가 볼 때만은 일하지 않겠어!'라는 어깃장을 놓는 행동을 몇 번 정도 할 수 있는 배짱이 필요하다. 그 몇 번의 '위험한 도전' 조차 없다면 우리는 언제나 '더 위험한 도전'을 하느라 상사와 사장의 눈치만 보는 근면한 노예에서 벗어나지 못할 테니까 말이다. 행복한 밥벌이를 위해서는 노예의식을 극복해야만 하고 그러기 위해서는 유치하기는 하지만 몇 번의 어깃장의 경험이 필요할 것이다.

어쩌면 우리가 직장이라는 방에 갇힌 채 문을 안쪽으로만 당기려고 하는 이유가 바로 내면화된 노예의식 때문인지도 모른다. '위험한 도전'이라는 몇 번의 어깃장으로 우리를 가두고 있는 그 방문을 슬며시 바깥쪽으로 밀어보는 생각의 전환을 맞이하게 될지도 모를 일이다. 밑져야 본전까지는 아니겠지만 충분히 한 번은 해볼 만한 일 아니겠는가?

이렇게 정리하면 좋을 것 같다. '위험한 도전'이라는 몇 번의 경험만 있다면 '더 위험한 도전'은 더 이상 위험한 도전이 아니게 될 것이라고. 절대 잊지 말자. 행복한 밥벌이를 위해서는 저주처럼 따라 붙은 내면화된 노예의식을 뿌리째 뽑지 않으면 안 된다는 사실.

02

우리에게 아직 정점은
오지 않았다

내가 왕년에……

"내가 왕년에 어디 다녔는지 알아?"

"무슨 말씀이세요? 납품 단가표 다시 작성해서 달라니까 무슨 말씀이세요?"

"황 대리, 지금 본부장 누구야? 김 전무지? 김 전무가 내 동기야, 이거 왜이래?"

"그래서 뭐 어쩌라고요? 납품 단가가 하나도 안 맞아서 단가표 다시 작성해달라는데 지금 본부장님 이야기가 왜 나와요?"

직장을 다니면서 협력업체 직원과 업무적 실랑이를 한 적이 있다. 내용인 즉 자신이 예전에 좋은 회사를 다녔고, 지금 본부장과 친분이 있으니 대충 넘어가자는 이야기였다. 그런 이야기는 대체로 '내가 왕년에~'로 시작하기 마련이다. 예전 직장에 어느 정도 만족하고 있었던 사람은 과거 직장생활의 향수를 잊지 못한다. 한때 잘나갔던 과거의 영광스러운 순간에 계속 머무르고 싶어 하는 것이다. 앞의 어느 협력업체 직원처럼 말이다.

이것을 대기업에서 명예퇴직을 하고 협력업체로 이직한 어느 중년 직원의 넋두리로 받아들여서는 안 된다. 바로 지금 우리의 이야기이기도 하니까. 인간은 불행한 삶을 살고 있다고 생각하면 그 속에서 좋은 점들을 필사적으로 찾게 마련이다. 없다면 날조라도 하게 된다. 그게 인간이다.

술만 마시면 무던히도 아이를 때리는 아버지가 있다고 하자. 너무 유약하고 어려서 그 삶을 어쩔 수 없이 받아들일 수밖에 없는 아이는 자신의 그 불행한 삶을 받아들이기 위해 어린이날 짜장면을 사주었던 자상한 아버지의 모습을 애써 생각해낼 수밖에 없을 것이다. '그래, 아빠가 술을 마시면 때리긴 하지만 가끔 짜장면도 사주셨잖아.'라고 되뇌면서 말이다. 서글프게도 불행한 자신의 삶을 전면적으로 바꿀 용기나 능력이 없는 사람들이 그 삶에서 탈출하는 유일한 방법은 자신의 불행한 삶을 은폐하고 왜곡하는 것뿐이다.

직장 역시 마찬가지다. 답답하고 괴롭고 우리를 우울하게 만드는 직장에서 도저히 벗어날 수 없을 것처럼 느낄 때, 우리 역시 직장의 좋은 점을 애써 찾거나 없다면 날조라도 할 수밖에 없다. 이것은 불행의 전주곡이다. 왜곡과 날조가 완성되면 심각한 문제가 발생된다. 불행했던 자신의 과거 향수에 젖어서 살게 되기 때문이다. '내가 왕년에 말이야'라고 시작하면서.

'가끔 과거를 추억하는 것이 무엇이 문제인가?'라고 되묻고 싶은 사람도 있을 것이다. 맞다. 어쩌면 정말 행복했던 과거를 추억하면서 사는 것은 행복한 일일지도 모른다. 아름다웠고 찬란했던 첫사랑의 기억으로 평생을 사는 사람은 행복한 사람이다. 어린 시절 부모와 함께 행복했던 추억은 지금 힘든 삶을 살아가는 우리에게 큰 힘이 된다.

하지만 사실은 불행했던 과거지만 그것을 왜곡하고 은폐해서 마치 행복한 순간이었던 것처럼 여기게 된 경우는 어떨까? 왜곡과 은폐로 점철된 불행한 과거의 향수에 젖어 사는 인생보다 서글프고 허무한 인생도 없지 않을까? 지금 힘든 삶을 위로받고 싶어 행복한 추억을 떠올리지만 막상 그 추억이 날조된 것이라면 우리는 '그래 인생에 행복 따위는 원래 없는 거야!'라고 말하는 냉소주의자나 허무주의자가 될지도 모를 일이다.

술만 마시면 아버지에게 맞았던 그 아이가 성인이 되었다고 해보자. 그가 지금 고된 삶에 위로를 받고 싶어 왜곡, 날조했던 행복한 기억을 떠올리게 된다면 그의 심정은 어떨까? 잠시는 아버지가 짜장면을 사주었던 기억 덕분에 행복하겠지만 이내 묘한 씁쓸함을 느끼지 않을 수가 없을 것이다.

더 중요한 것이 있다. 정말 행복했던 기억은 오늘을 살 수 있게 해주는 힘이 되지만, 날조된 행복의 기억은 우리를 영원히 과거에 머무르게 한다는 사실이다. 어린 시절 정말 행복했던 추억은 '그래 다시 그런 행복한 순간이 또 올 수 있을 거야!'라며 오늘을 잘살 수 있는 힘을 주지만, 날조된 행복한 기억은 '그래도 그때가 참 좋았었는데……'라며 도피처로 기능하게 되는 경우가 흔하다. 우리에게 행복한 기억이 중요한 이유는 퇴행적으로 과거에 살기 위함이 아니라 고된 현실에 좌절하지 않고 바로 오늘을 살 수 있게 해주기 때문임을 잊지 말자.

직장을 정점으로 여기는 사람

평범한 직장인들 중 직장을 인생의 정점이라고 생각하는 경우는 드물지 않다. 중요한 것은 '내가 다니는 직장이 최고야!'라고 여기는 사람만이 직장을 정점으로 생각하는 것은 아니라는 사실이다. 직장에 매몰되어 더 나은 삶을 희망하지 않게 된 사람도 '이 정도면 잘사는 것 아냐?'라며 암묵적으로 직장을 인생의 정점으로 생각한다. 지금 자신이 정점에 있다고 생각하는 사람은 더 나은 삶을 꿈꾸지 않아도 되니까.

하지만 잊어서는 안 된다. 우리가 무의식중에 직장을 우리 인생의 정점이라고 여기게 된 이유는 우리가 애써 찾거나 날조, 왜곡한 좋은 점들 때문이라는 사실을 말이다. 이유야 어찌 되었건 직장이 우리네 인생의 정점이라고 생각하는 순간 행복한 밥벌이는 없다. 자신의 의지이거나 아니면 떠밀리듯 직장을 나서게 되어도 마찬가지다.

예를 들어보자. 대기업이나 규모가 있는 직장을 다니다가 명예퇴직을 하게 된 사람들은 대체로 협력업체나 그 업계의 규모가 작은 직장으로 이직하게 된다. 물론 배운 게 도둑질이라고, 하던 일을 계속하는 것이 합리적인 판단이라고 여겼을 수도 있다. 하지만 또 다른 이유가 있다.

그들의 내밀한 심리는 자신이 날조하고 왜곡한 과거의 향수를 그리워한

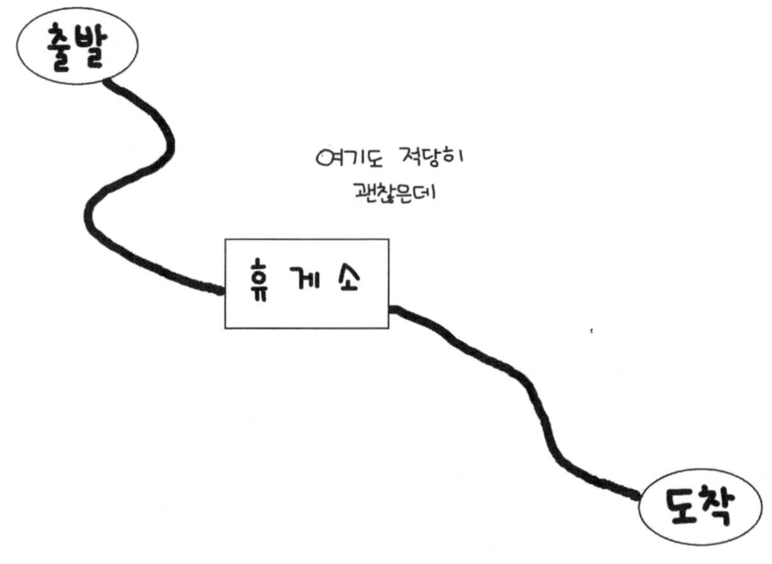

다. 이직한 직장은 근무환경도, 급여도, 사회적 지위도 예전에 비할 바가 못 된다. 하지만 협력업체나 동종업계로 이직을 하게 되면 자신이 과거 규모가 큰 기업에서 일했다는 사실 덕분에 마지막 자부심만은 지킬 수 있을 것이다. "이건 이렇게 처리해야지, 대기업에서는 다 그렇게 해."라고 말하면서.

이해 못할 것도 없다. 그 날조된 영광의 과거마저 없다면 어찌 지금의 초라함을 견딜 수 있을까?

우리는 알게 모르게 지금 다니는 직장이 우리 인생의 정점이라고 생각하고 있는 것은 아닐까? '그래 나한테 이 정도 직장이면 감지덕지지'라는 식의 자기비하든 아니면 '욕 좀 먹으면 어때, 지금 같은 불황에 이 정도 돈을 주는 직장이 또 어디 있어?'라는 직장의 장점에 대한 날조든 말이다.

직장은 우리 인생의 정점이 아니다

직장생활을 빼놓고 우리의 삶을 가만히 되돌아보자. 우리 인생에서 정말 찬란하게 꽃을 피웠다고 생각하는 시점이 언제였나? 단 한 번은 그런 순간이 있었을 것이다.

지금은 평범한 월급쟁이인 고등학교 동창에게 물은 적이 있다.

"넌 인생의 정점이 언제였냐? 화려하게 꽃핀 적이 언제였냐?" 술 한잔을 기울이고 잠시 회상에 젖은 친구는 이내 답을 되돌렸다. "기억나냐? 나 축제 때 춤췄던 거? 그때 완전 난리 났는데⋯⋯. 옆 여고에서 내 삐삐 번호 물어보고 난리도 아니었잖냐?"

미안하게도 기억이 안 났다. 하지만 그 자신만은 그 정점을 선명하게 기억하고 있다.

돌아보면 누구에게나 한 번의 정점은 있었을 것이다. 누군가에게는 고등학교 축제에서 화려하게 스포트라이트를 받은 기억일 것이고, 누군가에게는 낯선 사람으로부터 갑작스러운 사랑 고백을 받은 기억일 것이고, 또 누군가에는 선생에게 칭찬을 들었던 소박한 기억일지도 모르겠다.

그렇다. 우리네 인생의 정점은 언제나 조연으로 살아오던 우리가 당당하게 주인공으로 살게 되는 황홀한 경험이다. 그런 의미에서 직장은 우리네 인생의 정점이 될 수도 없고, 되어서도 안 된다. 객관적으로 말해보자. 직장에서 우리가 단 한 번이라도 주인공인 적이 있었던가? 신입사원은 거의 엑스트라 수준이고, 직원들은 끽해봐야 단역일 뿐이다. 그나마 임원이라도 되어야 조연 정도라고 할 수 있지 않을까?

'인생의 주인공은 마음먹기 나름이야.'라는 말도 안 되는 헛소리는 이제 무시하자. 그것이 바로 우리네 인생을 왜곡하고 날조해서 불행하게 만드는 시작점이니까. '어떻게 모든 사람이 주인공이 될 수 있어?'라는 패배주의적 헛소리도 이제 무시하자. 타인의 불행을 안주 삼아 자신의 불행한 삶을 합리화하는 가장 흔한 수법이니까. 인생의 정점은 자신이 주인공으로 살았던 경험이다. 주인공이 되었던 경험은 아주 드물 수도 있고, 주인공으로 산다는 것은 생각보다 고된 것일 수도 있다. 하지만 주인공이 되는 경험이 바로 인생의 정점이 되는 순간이라는 사실 자체를 부정하지는 말자.

직장에서 시키는 일만 눈치 보면서 해야 하는 우리가 어찌 주인공일 수 있을까. 차라리 예전 축제에서 화려하게 꽃피웠던 기억을 자신의 정점이라 생각하는 내 친구는 그나마 사정이 나은 편이다. 직장에서 서글프게 잘려나간 사람들이 자의 반 타의 반 더 열악한 직장으로 옮겨가서는 답답하고 불행했던 과거 직장의 삶이 자신의 정점이었노라 회고하는 것은 정말 어떻게 위로해주어야 할지 모를 정도로 불행한 일이다. 우리가 늘 떠밀리듯 밥벌이를 할 수밖에 없는 이유와 그 밥벌이를 과감하게 놓아버리고 새로운 삶을 모색하지 못하는 이유는 사실 같을지도 모른다. 지금의 직장이 우리 인생의 정점이라고 생각하고 있기 때문은 아닐까?

지금의 밥벌이가 본인 인생의 정점이라고 생각하는 사람은 수단과 방법을 가리지 않고 지금의 밥벌이를 수성하기에 여념이 없을 것이다. 하지만 우리는 다 알지 않나? 직장의 밥벌이는 언제까지나 우리가 수성할 수 있는 난공불락의 성이 아니라는 사실을. 거대하고 안전해 보이지만 결국은 모래성일 뿐이라는 사실을. 잊지 말자. 직장을 우리 인생의 정점이라고 받아들이는 순간 행복한 밥벌이는 없다는 사실을.

우리에게 정점은 아직 오지 않았다

나는 "내가 왕년에 말이야~"로 시작하는 이야기가 듣기 싫다. 현재의 초라함을 과거의 향수로 커버하려는 패배적이고 자조적인 모습이 보기 싫다. 더구나 그 과거라는 것이 스스로 왜곡하고 날조한 것이라면 그들이 안쓰럽게 느껴지기까지 한다. 대체 어찌해야 하나? 행복한 밥벌이를 위한 표어가 하나 필요한 시점이다. '우리에게 정점은 아직 오지 않았다.' 우리 이 표어를 가슴속 깊이 아로새기자.

직장에서 화려한 경력을 만들고 주인공이 되는 경험을 한 사람도 있을 수 있다. 왜 없겠나? 그런 사람들이 더 위험하다. '우리에게 아직 정점은 오지 않았다.'는 표어가 없다면 직장에서 잠시 느꼈던, 그 주인공이 된 듯한 황홀한 경험에 매몰되지 않을 도리가 없을 테니까 말이다.

환갑을 훌쩍 넘긴 피아니스트 백건우 씨가 근사해 보이는 까닭은 그가 이룬 수많은 성취 때문이 아니다. 환갑이 넘은 나이에도 불구하고 여전히 자신의 정점은 아직 오지 않았다고 믿고 있기 때문이다. 그러니 하루에 5~6시간의 고된 연습을 아직도 거르지 않는 것일 테다. 오래전 어느 인터뷰에서 했던 그의 이야기가 여전히 나의 마음에 남아 있다. "피아노는 하면

할수록 새롭다. 내 삶이 끝나는 날까지 해도 모자랄 것 같으니 얼마나 행복한가." 그는 진심으로 믿고 있는 것이다. 오늘보다 내일이 더 나아지고 더 행복해질 수 있다는 것을.

행복한 밥벌이를 위해 과거의 향수에 젖지 말자. 아직 정점은 오직 않았다. 죽을 때까지 정점은 여전히 오지 않았다고 생각하자. 늘 더 성장하고, 더 성숙하고, 더 황홀한 경험을 할 수 있고, 더 행복해질 수 있을 것이라 생각하자. 그 믿음이 없다면 머지않은 미래에 "왕년에 내가 말이야~"로 말문을 여는 초라한 자신을 발견하게 될지도 모른다.

이제 얼핏 답이 보인다. 아직 정점은 오직 않았다고 스스로를 설득할 수 있다면 답답하고 불행한 삶을 뒤집어엎을 용기와 그에 걸맞은 능력이 생기지 않을까?

'지금 어느 자리에 있건 아직 정점은 오지 않았다'는 근본적인 인식의 전환을 할 수 있다면 행복한 밥벌이도 그리 먼 이야기만은 아닐 것이다. 그리고 그때 우리를 가두고 있는 그 굳건한 내면의 문 역시 스르륵 밀어볼 수도 있으리라 나는 믿는다.

03

우리의 퇴사를 반대하는 그 어떤 존재와도 결별하자

스스로 증명하기 전까지는 아무도 믿어주지 않는다

"직장 그만두려고 해요."

"뭐? 그럼 뭐 해먹고 살라고?"

"글 쓰고 강연하려고요."

"글은 아무나 쓰나? 네까짓 게 무슨 글을 쓴단 말이고, 그냥 댕기던 직장이나 댕기라."

아버지에게 처음으로 직장을 그만두겠노라고 말하던 날이었다. 예상대로였다. 아버지는 헛바람 들지 말고 다니던 직장이나 계속 다니라고 했다. 여러분이 행복한 밥벌이를 찾고 그 길을 가기로 마음먹었다면 나와 비슷한 상황을 수도 없이 겪었거나 겪을 것이다. 우리를 정말 행복하게 해주는 직업은 대체로 안정적이지 않을 테니까. 그러니 주위 사람들은 우리가 행복한 밥벌이를 할 수 있을 것이란 사실을 결코 믿어주지 않을 것이다.

아무런 합리적인 근거 없이도 우리를 진심으로 믿고 응원해주는 사람이 단 한 명이라도 있다면 그것은 엄청난 행운이다. 나조차 앞이 안 보여 낙담하고 좌절하고 있을 때 '네가 틀린 것이 아니야, 조금만 더 가면 될 거야, 힘내!'라는 진심어린 격려와 응원이 얼마나 큰 힘이 되는지 경험해보지 않은 사람은 알 길이 없다.

하지만 현실에서는 그런 소중한 사람이 거의 없다고 해도 좋을 정도로 드물다. 키워준 부모조차 우리의 꿈을 폄하하고, 사랑하는 연인이나 배우자는 꿈을 응원해주기는커녕 지금의 안정적인 삶에 흠집이 생길까 봐 애초에 그 꿈을 부정하게 만들려고 애를 쓰는 것이 적나라한 현실이다. 정말 소중한 사람이라고 생각했던 사람에게 꿈을 부정당하게 되면 얼마나 야속하고 서운한지 모른다. 다른 사람은 다 비난하고 비웃어도 엄마만은, 남편만은, 아내만은, 애인만은 나를 이해해주었으면 하는 그 기대가 산산이 무너질 때 느껴지는 그 서글픔을 어찌 말로 표현할 수 있을까?

우리, 조금 더 강해지자. 우리를 믿어주지 않는 사람들을 원망하고 서운한 감정을 가질 필요 없다. 자신이 살아온 삶에 근거해서 판단하는 것일 테니까. 어쩌면 진정으로 우리를 걱정하는 것인지도 모른다. 다만 그들이 지혜롭지 못한 것일 뿐. 서운해 하거나 원망하는 대신 진리 하나를 가슴 깊이 새기자. '스스로 증명하기 전에는 아무도 믿어주지 않는다.'

행복한 밥벌이의 당위성과 타당성을 주위 사람들에게 반드시 납득시킬 필요는 없다. 어쩌면 그런 설득 자체가 시간낭비일지 모른다. 자신이 살아온 삶이 무조건 정답이라고 생각하는 사람에게는 그 어떤 합리적인 설득도 소용이 없을 테니까. 그럼에도 불구하고 누군가를 일단 설득하기로 마음먹었다면 이것만은 기억하자. 근거 없는 논리로 설득할 수 있는 대상은 오직 자신뿐이라는 사실을.

행복한 밥벌이를 찾아가는 길은, 그것이 어떤 것이든 일정 정도의 증명을 해내야만 한다. 증명이란 것이 대단하고 거창할 필요는 없다. 가수가 되고 싶은 사람은 작은 오디션에서 합격을 하는 것일 수도 있고, 영화감독이 되고 싶은 사람은 소규모 단편 영화제에서 입상하는 것일 수도 있다. 작가를 지망하는 사람은 자신을 닮은 책 한 권 정도는 출간할 수 있어야 한다. 그 정도 근거는 있어야 주변 사람들을 겨우 조금이라도 움직일 수 있을 것이다. 또 한편으로는 자기 확신을 가지는 데도 도움이 된다.

'너라서 안 된다'에서 '너라서 된 거다.'로 바뀐다

모두 다 안 된다고 생각했던 일을 하나씩 증명해나가다 보면 어느 사이 주위 사람들의 생각도 조금씩 바뀌어 있는 경험을 하게 된다.

"황 대리는 좋겠다."
"네? 뭐가요?"
"책도 나오고, 어제 보니까 TV에도 나오데?"
"아, 네……."
"이제 직장 때려치워도 먹고살 걱정은 없겠네."

글을 쓰고, 강연을 하는 것으로 밥을 먹고살기로 마음먹고 난 이후 어찌 어찌하다가 첫 책을 내게 되었고, TV에서 강연을 하게 되었다. 대단한 성과는 아니지만 이 두 가지 사건을 계기로 나는 재미있는 경험을 하게 되었다. 처음 내가 글을 쓰고, 강연을 하고 살고 싶다고 말했을 때 비웃고, 무시했던 사람들의 태도가 부러움으로 바뀌었다. 많은 직장 동료들이 내게 관심을 보이기 시작했다. 동료들의 긍정적인 피드백이 나의 자신감을 높이는 데도 한몫을 했다는 것 역시 부정할 수 없는 사실이다.

나는 행복한 밥벌이를 터무니없는 일이라고 치부하는 사람들을 설득할 필요가 없다고 생각하는 부류다. 그저 자신의 길을 묵묵히 걸어가면서 크고 작은 성과들을 내게 되면 자연스럽게 태도가 바뀌게 될 테니까. 심지어 그들은 '너라서 안 된다.'에서 얼마 지나지 않아 '너라서 된 거다.'라고 말하기도 할 것이다.

세상이 그리 호락호락하지 않다며 나의 꿈을 비웃던 동료가 한 명 있었다. 그가 하루는 내게 자못 진지하게 물었다. "대단하다. 나도 뭔가 해보고 싶은데, 잘 안 되네." 그런 그에게 나는 "그럼 뭐든 한번 시작해봐."라고 답해주었다. 다시 그는 말했다. "그건 너니까 된 거지." 그가 되돌린 답을 듣고 나는 그가 행복한 밥벌이를 할 가능성이 전혀 없다는 사실을 알게 되었다.

방관자는 절대 행복한 밥벌이를 찾을 수 없다. 방관자는 새로운 시도를 하는 사람을 비웃는다. 그리고 누군가 새로운 시도로 몇 가지 성취를 이루면 '그건 그라서 할 수 있었다.'라고 간단하게 치부해버린다. 그 말 속에는 자신은 어떤 새로운 시도도 할 수 없을 것이라는 심각한 자기불신이 깔려 있다. 그러니 행복한 밥벌이를 할 수 없는 것은 너무나 당연하다. 자기를 불신하는 사람이 어찌 새로운 삶을 살아낼 시도를 할 수 있겠나.

우리의 행복한 밥벌이를 반대하는 그 어떤 존재와도 결별하자

행복한 밥벌이로 가는 길을 응원해주고 격려해주는 사람이 있다면 정말 좋겠지만 그건 미리 포기하자. 주위에 그런 지혜로운 사람이 있을 확률은 그다지 높지 않다. 흔들리고 약해질 때 기껏 한다는 이야기가 '거봐, 내가 안 된다고 했잖아.'일 테니까.

차라리 우리의 행복한 밥벌이를 저주하는 사람들로 가득하다고 보는 편이 더 낫다. 그 저주가 진짜 무서운 이유는 언제나 우정과 사랑이라는 형식으로 다가오기 때문이다. "나 아무래도 그림을 다시 그려야 할까 봐."라는 이야기에 '친구'는 언제나 "이건 내가 친구로서 이야기하는 건데, 그냥 직장 다녀, 먹고살아야지."라고 말한다. "엄마, 나 음악을 하고 싶어요."라는 이야기에 '엄마'는 언제나 "그냥 직장 다녀. 다 너 잘되라고 하는 이야기야."라고 말한다.

우리는 퇴사를 반대하는 그 어떤 존재와도 결별해야 한다. 친구, 연인 심지어 배우자나 부모까지 그 누구도 예외가 될 수 없다. 오히려 우리의 삶 깊숙이 들어와 있는 사람일수록 먼저 결별해야 하는 것인지도 모른다. 그들의 한 마디는 아무 상관없는 사람들의 백 마디, 천 마디보다 우리 삶에 더 큰 영향을 미칠 테니까. 물론 그 어떤 사람의 비난과 회유, 협박에도 절대 흔들리지 않을 정도로 강건하고 성숙한 사람이라면 그들과 결별할 필요는 없다. 그저 자신의 길을 걸어가면 그뿐이니까.

안다. 소중한 사람들과 결별하는 것이 얼마나 어렵고 아픈 일인지. 하지만 우리의 행복한 밥벌이를 부정하는 사람을 진짜 친구라고 할 수 있을까? 행복하기 위해서 노력하는 것을 비난하는 사람을 연인이라 할 수 있을까? 도저히 견딜 수 없어 직장을 그만두려는 것을 끝끝내 이기적인 행동이라고 말하는 사람을 가족, 남편, 아내라고 말할 수 있을까? 진지한 고민 끝에 내린 삶의 결정을 부정하고 비난하는 사람은 우리의 친구도, 연인도, 배우자도, 가족도 아니다. 그들은 단지 자신의 삶의 방식을 우리에게 폭력적으로 강요하는 사람들일 뿐이다. 거기에는 아무런 우정도 사랑도 없다.

나는 행복한 밥벌이를 위해 직장을 그만두려고 마음먹고는 한동안 부모와 연락을 하지 않았다. 그들이 나의 결심을 부정해버리면 여지없이 무너져

내려버릴 것 같았다. 그들의 기대를 맞춰주지 못하는 아들이라서 참 죄송했다. 항상 사고만 치던 못난 아들이 대기업에 들어갔다고 좋아했던 그네들의 표정이 자꾸만 생각나서 더 죄송했다.

다행히도 지금은 그네들과 연락도 하고 잘 지낸다. 이제는 다른 누군가가 나의 길을 비난하고 부정해도 전혀 흔들리지 않고 그것을 웃으며 받아넘길 수 있게 되었기 때문이다.

행복한 밥벌이를 찾는 과정을 제대로 소화해내면 주위의 인간관계도 깔끔하게 정리가 된다. 누가 정말 나를 사랑하고, 누가 정말 나를 소중하게 대해주는 사람이었는지 분명하게 알 수 있다. 우리가 행복한 밥벌이를 찾으려고 하는 것은 결국 우리의 삶을 행복하게 살려는 발버둥 아니었나? 그러니 우리를 진심으로 사랑해주고 그래서 마지막까지 우리와 함께 갈 소중한 사람들은 결국 우리를 지지해줄 수밖에 없을 것이다. 그러니 마지막까지 우리의 퇴사를 반대하는 사람과는 빨리 결별하는 것이 좋다.

퇴사의 영원한 적, 배우자

과감한 결별이 때로는 아주 심각한 문제를 불러일으킬 수도 있다. 그중에서도 가장 결별하기 힘든 배우자의 경우를 이야기해보자. 사실 우리네 월급쟁이가 행복한 밥벌이를 찾아갈 때 가장 걸리는 사람이 아내 혹은 남편이다. 친구야 안 보면 그뿐이고, 부모야 이미 명절에만 보는 사이이니까.

불행히도 작은 도전마저 마뜩치 않게 생각하거나 반대하는 사람이 바로 우리의 배우자인 경우가 대부분이다. 만약 그렇다면 그 배우자와는 결별하는 것이 좋다. 물론 결별의 정도는 다 다를 수 있다. 홀로 떠나는 짧은 여행일 수도 있고, 잠시의 별거가 될 수도 있고, 아니면 이혼이 될지도 모르겠다. 여러 가지 복잡하고 아픈 문제가 많다는 것, 정말 잘 알고 있다. 두 아이를 둔 가장으로서 어찌 그런 것들을 모르겠나? 그럼에도 불구하고 분명한 것은 결별하는 것이 좋다는 사실이다. 결코 이기적이거나 무책임한 이야기가 아니다. 누군가를 위해 원치 않는 희생을 하며 산다는 것은 본인에게도 불행한 일이지만 배우자, 그리고 자녀들에게도 아주 불행한 일이다. 원치 않는 희생을 한 사람은 어떤 식으로든 보상을 받으려고 하게 마련이고 그 수혜자들은 어쩔 수 없는 부채감을 가지고 살아야 될 테니까.

이쯤에서 노파심으로 말해야 할 것이 있다. 행복한 밥벌이가 무책임한 것이 되어서는 안 된다는 점이다. 가족들의 기본적인 생계를 내팽개치고 하는 일은 행복한 밥벌이가 될 수 없다. 그런 책임감에도 불구하고 배우자가 퇴사를 반대한다면 이제 남은 선택지는 결별밖에 없다. 그것은 무책임한 선택도 극단적인 선택도 아니다. 지금은 대충 퉁치고 배우자의 이야기에 맞추어 살 수도 있다. 그것도 나쁜 선택은 아니다. 하지만 그렇게 대충 덮어두었던 문제는 머지않은 미래에 삶의 곳곳에서 반드시 터져나올 수밖에 없다.

당연하지 않나? 지금이야 '그래도 가족이니까 아내니까 남편이니까'라고 덮어둘 수 있지만 벌이가 시원치 않을 때 알게 모르게 싸늘해지는 배우자를 보며 여지없이 깨닫게 될 수밖에 없다. 아내 혹은 남편에게 나는 그저 안정적으로 돈을 벌어주는 존재 그 이상도 그 이하도 아니었다는 그 불편한 진실을. 중년이 훌쩍 넘어 '나는 사랑받지도 사랑하지도 못하는 사람과 평생을 살았구나.'라는 아찔하기까지 한 진실에 직면하는 것은 너무 서글픈 일이다.

물론 이런 극단적인 상황을 피하기 위한 방안이 전혀 없는 것은 아니다. 경력을 전환할 때 발생할 수 있는 부부 간의 여러 가지 문제를 극복하는 비결을 이미 말해주었던 사람이 있다. 세계적인 경영 컨설턴트 '찰스 핸디'다.

그는 "성공적인 결혼생활의 비결은 인생의 사이클이 바뀜에 따라 결혼 패턴을 적절히 바꾸어주는 것이다."라고 말했다. 말하자면 직업을 바꾸거나 경력을 전환할 때 부부간에 사전에 잘 조율해서 결혼생활의 패턴을 조정하면 성공적인 결혼생활을 할 수 있다는 이야기다.

하지만 나는 찰스 핸디의 이야기에 전적으로 동의할 수는 없다. 중요한 문제를 간과하고 있기 때문이다. 누구에게나 삶의 패턴을 바꾸는 일은 쉽지 않은 일이다. 아니 고통스러운 일이라고 표현하는 것이 더 적절하겠다. 직업을 바꾸어 경제적 궁핍함을 감당하며 사는 것은 쉬운 일이 아니다. 돈이 없을 수 있다는 것을 상정하는 것과 실제 돈이 없어 궁핍한 생활을 하는 것은 전혀 다른 차원의 문제다. 아무리 사전에 잘 상의해도 일정 기간 동안 생활비에 쪼들리다 보면 서로에 대한 짜증과 원망이 스멀스멀 올라오는 것이 우리의 일반적인 모습이니까 말이다.

분명히 해야 할 것이 있다. 배우자의 선택으로 인해 바뀐 인생 사이클의 크고 작은 고통을 감내할 수 있는 사람은 오직 진심으로 그 배우자를 사랑하는 사람뿐이다. 그러니 애초에 사랑해서 결혼한 것이 아니라거나 혹은 사랑해서 결혼했지만 여러 가지 이유로 지금은 사랑이 식고 그 자리에 오직 돈이 들어차게 된 부부 관계라면 찰스 핸디의 조언은 이미 의미가 없다. 그 어떤 상의나 조절로도 원만하게 인생 사이클을 바꿀 수 없을 테니까. 그런 관계는 그만 결별하는 것이 좋다. 서로에게 모두.

아프고 힘들 수 있다. 누군가와 결별하는 것은. 너무 익숙했던 그래서 편했던 삶에 근본적인 변화를 맞이해야 할 수도 있으니까 말이다. 그래서 앞서 말했던 것이다. 행복한 밥벌이는 전쟁이라고. 하지만 피하지 말자. 어떤 식으로든 피하는 것은 안 된다. 인생이라는 게 묘해서 피하려고 했던 것은 더 집요하게 우리를 따라다닌다. 사실 묘할 것도 없다. 우리가 피하고 싶은 것은 우리 내면에만 있는 것이고, 우리가 어디로 가든 우리의 내면과 함께 갈 수밖에 없다. 그러니 피하려고 했던 것을 다시 직면할 수밖에 없는 것이다. 피할 수 없다면 당당하게 맞서자. 용기를 내고 삶에 직면하자. 그렇게 우리의 행복한 밥벌이를 반대하는 그 어떤 존재와도 결별하자. 그것이 무책임한 것이 아니라 오히려 성숙한 삶의 자세다.

04

남 덕 볼 생각 없다

우리를 짜증나게 하는 그놈의 협동, 인화, 단결

"본인 일 다했다고 먼저 퇴근하면 되나?"

"네?"

"직장은 함께 일하는 곳이야! 서로 화합을 하고 잘 지내야지."

"네, 그렇죠……."

사장이나 상사가 과중한 업무를 부과할 때 쓰는 고정 레퍼토리가 하나 있다. "직장은 함께 일하는 곳이니 서로 잘 어울려서 일해야 해!"가 그것이다. 시나리오는 대충 이런 식이다. [매출이 올라서 일이 많아졌다.] → [직원을 더 고용하고 싶지는 않다.] → [일단 과중한 업무를 만만한 소수에게 시킨다.] → [만만한 소수는 매일 야근에 주말도 없다.] → [사장이나 상사는 은근슬쩍 옆 동료들에게 말한다. "우리 회사 사훈이 협동, 인화, 단결 아닌가?

동료가 고생하면 같이 도와줘야지."]

과중한 업무적 부담은 대개 이런 식으로 완성된 것이다.

이쯤 되면 웬만한 월급쟁이들은 말려들지 않을 도리가 없다. 동료는 '째빠지게' 일하고 있는데 혼자 일찍 퇴근하는 날이면 졸지에 조직의 협동, 화합, 단결을 저해하는 '기본도 안 된' 이기적이고 무책임한 직원이 될 판이니까. 나는 가끔 의심이 들었다.

'왜 직장마다 사훈에 협동, 인화, 단결은 빠지지 않는 걸까?'

좋은 의도일 수도 있겠지만 내가 보기에는 협동, 인화, 단결이라는 가치가 직원들에게 내면화되면 훨씬 더 효율적이고 쉽게 직원들을 부려먹을 수 있기 때문인 것 같다. 자신이 옳다고 믿는 가치에 반하는 행동을 하는 것은 누구나 꺼림칙할 테니까. 어떤 가치의 내면화가 무서운 이유가 여기에 있다.

직장에서 협동, 인화, 단결이라는 가치가 선의로 사용되는 경우는 드물다. 조악하고 열악한 시스템과 명확하지 못한 업무 구분으로 인해 발생하는 업

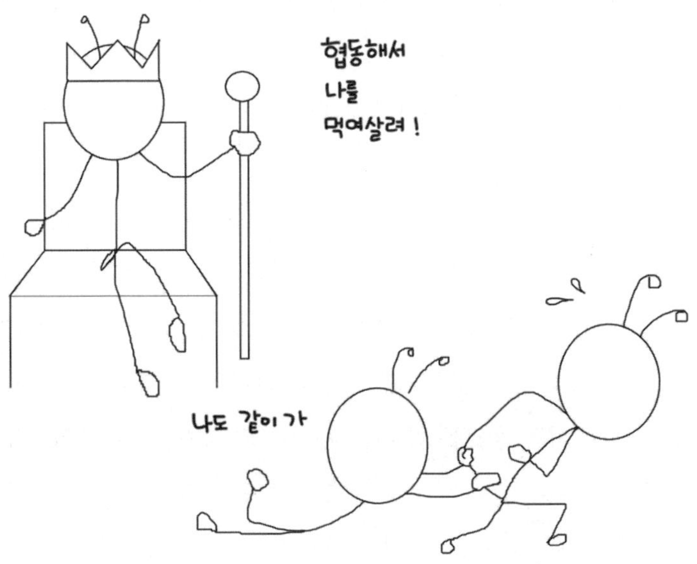

무 공백을 적은 비용으로 손쉽게 메우려는 기만적인 도구로 사용된다. 업무 공백은 대개 '내 일'도 '남 일'도 아닌 '애매한 일'로 남겨진다. 누구에게도 시키기 곤란한 그런 애매한 일을 시킬 때 사장과 상사가 바탕에 까는 이야기가 '서로 화합하고 협동해야지.'다. 이제 무비판적으로 받아들였던 협동, 인화, 단결이라는 가치를 전면적으로 다시 점검해야 한다.

남 덕 볼 생각 없다

어떻게 하면 우리에게 내면화된 협동, 인화, 단결이라는 가치를 재점검하고 나아가 그것들을 극복할 수 있을까? 우선 답을 하기 전에 우리의 상태부터 먼저 점검해보자. 상사나 동료가 "직장인이라면 당연히 동료들과 협동하고 인화단결해야지."라고 말할 때 우리는 무슨 생각을 하고 있었을까? '그래 훌륭한 말이야, 옳은 이야기니까 따라야지.'라고 생각하는 사람은 드물 것이다. 대개 '아, 지금 동료들을 안 도와주면 나중에 나도 도움을 못 받을 수 있겠구나.'라고 생각한다. 정직하게 말하자면, 우리가 동료를 도와주고 회식에도 빠지는 않는 이유는 남 덕을 보고 싶어서다. 이해는 된다. 당장 내일 어찌 될지 모르는 게 직장생활이니 미리 보험을 든다는 그 심정, 이해 못할 것도 없다.

'남 덕을 좀 보는 게 어떤가?' 혹은 '남 덕 보는 것도 능력이다.'라고 생각하는 사람도 있을 수 있다. 일정 부분 동의한다. 하지만 매사가 이런 식이면 곤란하다. 행복한 밥벌이는 기본적으로 '내 밥벌이는 내가 한다.'는 태도가 전제되어야 가능하다. '다급할 때는 도움을 받아야 해.' 하며 소극적으로 남의 덕을 볼 생각이든, '동료를 이용해 출세를 해야겠어.' 하며 적극적으로 남의 덕을 볼 생각이든 간에 남 덕을 보고자 하는 태도로는 협동, 인화, 단결이라는 기만적 레토릭에서 벗어나기 어렵다.

'직장 다니면서 남 덕 볼 생각은 하지 말자!'라는 이 표어는 아주 중요하다. 우리가 당당해지지 못하고 늘 눈치를 보며 사는 이유는 남 덕을 볼 생각이 있기 때문이다. 전날 과음 탓에 오늘은 술 냄새도 맡기 싫지만 팀장이 "오늘 술 한잔 하지?"라고 하면 애써 밝은 표정을 지으며 "좋죠!"라고 말하는 것이 우리네 모습이다. 팀장이 좋아서, 함께 술을 마시고 싶어서 그런 것인가? 아니다. 팀장 덕 볼 생각이 있어서 그런 것이다. 팀장에게 잘 보여서 인사평가를 잘 받고 싶은 것도, 괜히 찍혀서 불이익을 당하고 싶지 않은 것도 팀장 덕을 볼 생각이다.

직장은 함께 일하는 곳이니 때로는 동료들에 대한 배려가 필요하다. 하지만 남 덕 볼 생각으로 강요된 배려여서는 안 된다. 계산적 배려는 이미 배려가 아니다. 할 수도 있고 안 할 수도 있는 상황에서 자발적으로 누군가를 배려할 때 그것이 진정한 배려 아닌가?

깡패에게 돈을 빼앗기기 전에 자발적으로 돈을 주면서 우리는 기만적 착각에 빠지게 된다. 힘이 없어서 초라하게 돈을 빼앗긴 것이 아니라 힘든 사람을 자발적으로 도왔다고 말이다. 강요된 배려는 이런 심리적 메커니즘과 크게 다르지 않다.

나는 이제 다른 사람에게 무언가를 얻기 위한 계산적 배려는 하지 않는다. 내가 할 일은 내가 하면 되고, 못하면 할 수 없다고 생각한다. 내가 가진 능력보다 더 많이 이루며 보상받고 싶은 생각도 전혀 없다. 여러분도 그렇게 하면 된다. 해야 할 일은 하고, 과도한 업무는 당당하게 거부하면 된다. 남 덕 볼 생각만 없으면 못할 것도 없다.

'남 덕 볼 생각 없다.'는 삶의 표어만 지키고 살면 중요한 사람, 당당한 사람이 될 수 있다. 생각해보자. 많은 직장인이 '있으나 마나 한 사람, 잘하는 것 하나 없는 사람'이 되는 이유도, 늘 이리저리 눈치를 보며 살 수밖에 없는 이유도, 남 덕 볼 생각이 있기 때문 아니던가? 어떤 식으로든 남 덕 볼 생각을 하고 사니 중요한 사람도, 당당한 사람도 될 수 없는 것이다.

이제 수많은 우리네 직장의 사훈에 협동, 인화, 단결이 빠지지 않는 이유를 알 것도 같다. 기만적이고 허망한 개념 안에서 사장의 기만과 월급쟁이의 비겁함이 절묘하게 대타협할 수 있기 때문은 아닐까?

복잡하게 생각하지 말자. 일찍 퇴근하려는 우리에게 팀장이 "직장은 함께 일하는 곳이야! 서로 화합하고 잘 지내야지."라고 말하면 이제 뻔뻔할 정도로 당당하게 답해주자. "지당하신 말씀입니다. 화합은 내일 출근해서 꼭 하겠습니다."라고. 어려울 것도 없다. 내가 할 일은 내가 하고, 내가 가진 것 이상으로 인정받으려 하지 않으면 된다. 스스로에게 그리고 타인에게 당당해질 수 있는 방법은 남 덕 볼 생각을 하지 않는 것이다.

결국 홀로 가야 한다

고등학교 때 싸움을 잘하는 친구가 두 명 있었다. 다행히 둘은 무척이나 친했다. 둘이 친하지 않았다면 대형사고가 몇 번은 났을 것이다. 한 번은 둘이서 시내에 놀러나갔다가 다른 학교 학생들과 시비가 붙었다. 무려 열 명 가까이 되는 다른 학교 학생들과 단 두 명이서 싸운 것이다. 그날의 싸움은 우리 학교의 전설이 되었다.

문득 그런 생각이 들었다. 험난하고 거친 세상에서 누군가와 함께 살아간다는 것은 그런 것 아닐까? 소중한 친구 둘이 서로 등을 맞대고 거친 세상과 당당하게 싸워나가는 것 말이다. 하지만 우리는 과연 그럴 수 있을까? 마음 맞는 친구와 단 둘이서 열 명이 넘는 사람과 당당하게 싸울 수 있을까? 쉽지 않을 것이다. 그렇다면 앞의 두 친구는 어찌 열 명이 넘는 상대와 당당하게 싸울 수 있었을까? 답은, 두 사람이 모두 각자 혼자 있는 상황에서 시비가 붙었어도 열 명과 능히 싸울 수 있는 친구였다는 사실에 있다. 그들은 함께여서도 좋았지만 혼자서도 싸울 수 있는 친구였기 때문에 무모한 싸움에서도 당당하게 맞설 수 있었던 것이다.

사람은 타인과 함께 살아가야 하는 사회적 동물이지만 그와 동시에 결국 혼자 걸어갈 수밖에 없는 고독한 동물이다. 아니, 타인과 함께 제대로 잘살아 낼 수 있는 사람은 혼자서도 묵묵히 살아갈 수 있는 사람이라고 표현하는 것이 더 정확하겠다. 두 친구의 이야기가 세월이 꽤 지났음에도 불구하고 아직도 기억되는 이유가 있다. 타인에게 의존적인 사람은 타인과 함께 살 수도 없음을 잊지 않게 해주기 때문이다. 의존적인 사람이 타인과 함께 하는 이유는 오직 그들에게 도움을 받기 위해서니까.

역설적이지만 누군가와 함께 살아가기 위해서는 혼자 살아갈 수 있음이 전제되어야 한다. 거친 세상과 홀로 맞장을 뜰 수 있다고 생각하는 사람만이 누군가와 제대로 함께 살아갈 수 있다. 세상이 다 바뀌면 나도 바뀔 수 있지만 내가 먼저 바뀌는 위험은 감수할 수 없다는 사람은 아무것도 할 수 없다. 그런 비겁함으로는 지겨운 삶에서 행복한 삶으로의 발칙한 전복은 애초에 꿈꿀 수 없다.

10:1로도 싸울 수 있는 사람만이 10:2로도 싸울 수 있는 법이다. 결국 홀로 걸어가야 한다. 때로는 두렵고, 외롭겠지만 그래도 가야 한다. 월급쟁이 마인드가 뭔가? 1이 아니라 10의 편에 있으려고 하는 것 아닌가. 홀로 열 명 앞에서는 찍소리도 못하지만, 열 명 중 하나로서 한 명 앞에서는 한없이 우쭐해지고 당당해지는 것이 우리네의 초라한 모습 아닌가.

남 덕 볼 생각하지 말고 당당해지자. 묵묵히 혼자 걸어가자. 세상은 혼자 사는 것이 아니라는 비겁한 유혹에 넘어가지 말자. 세상과 함께 살아야 한다면 누군가에게 도움을 받기 위해서가 아니라 누군가에게 도움을 주기 위해서여야 한다. 어떤 일을 하건 어떤 직업을 갖건, 그것이 행복한 밥벌이가 되기 위해서는 당당하게 혼자 걸어갈 수 있는 담대함과 의연함이 있어야 한다. 이제 우리를 짜증나게 하는 협동, 인화, 단결은 신경 쓰지 말자. 대신 담대하게 의연하게 홀로 우리의 길을 묵묵히 걸어가자. 남 덕 볼 생각 없이.

05

잠정적 백수생활
해보기

처음 복싱 스파링을 하던 날

한창 복싱에 재미를 붙일 때였다. 혼자 거울을 보며 연습을 하기도 했고, 열심히 샌드백을 두들기기도 했다. 시간이 조금 지나니 자세도 안정이 되었고 나름 자신감도 붙었다. 코치는 이제 스파링을 할 때가 되었다고 했다. 긴장 반 설렘 반으로 마우스피스, 헤드기어, 글러브 등 안전장비를 착용하고 링 위에 올랐다. 나름 자신이 있었다. 어색한 눈빛 교환과 함께 상대와 마주 섰다. '땡~' 공이 울렸다. 자세를 잡고 상대를 천천히 응시했다.

그 순간, 상대가 갑자기 내게 돌진해 들어오면서 웃지도 못할 코미디가 벌어졌다. 혼자 거울 보고 연습할 때의 멋진 자세는 온데간데없었다. 눈은 이미 질끈 감아버렸고, 팔은 펀치를 치는 것이 아니라 수영을 하는 것처럼 허공에 허우적거리고 있을 뿐이었다. 아, 이보다 더 창피할 수가 있을까? 나름 운동 좀 한다고 생각했는데 망신, 망신 그런 개망신이 없었다. 나보다 수련을 오래 한 상대는 처음 스파링을 하는 상대에게 갑작스런 공격을 하면

147

당황할 것이란 것을 이미 알고 있었던 것이다. 제대로 된 펀치 한 번 내보지 못하고 흠씬 두들겨 맞은 채 나의 첫 복싱 스파링은 그렇게 끝이 났다.

직장을 떠나 행복한 밥벌이를 찾으려고 하는 사람에게는, 나의 이 창피한 경험이 아주 유용하다.

내면을 개혁할 수 있는 많은 방법들은 이미 말했다. 직장을 그만두고 행복한 밥벌이로 가기 위해 고민하고 숙고해봐야 할 것들을 이야기했다. 하지만 그런 것들을 생각한다고 정말 내면을 개혁할 수 있을까? 직장을 그만두고 행복한 밥벌이를 찾을 수 있을까? 경험상 조금 힘들 것 같다. 물론 이제껏 했던 이야기들이 모두 부질없는 이야기란 소리가 아니다. 여유를 가지고 조금 더 들어보시라.

내면을 개혁한다는 것은 '그래 이런 부분들은 내가 잘못 생각하는 거니까, 신경 쓸 필요 없어.'라는 것들을 체화하는 것이다. 여기서 핵심은 체화다. '이렇게 살아야겠구나!'라는 생각만으로는 체화되지 않는다. 글을 읽는

과정은 결국 머릿속으로 생각하는 것에 지나지 않는다. 마치 거울을 보며 혼자 복싱 연습을 하고 있는 것과 다름없다. 물론 혼자서 연습하는 과정은 반드시 필요하다. 항상 제일 중요한 것은 기본기니까. 내면을 개혁할 수 있는 구체적인 방법들을 꾸준히 읽어나가는 것이 바로 기본기인 셈이다.

예를 들어보자. '당장 돈이 안 되는 일도 아주 소중한 일이다.'라는 사실을 머릿속으로 받아들이는 것과 실제 그것이 체화되는 것은 전혀 다른 차원의 문제다. 머릿속으로는 당장 돈이 안 되는 일도 중요한 일이라는 것을 알지만 막상 직장을 그만두게 되면 전혀 다른 상황에 직면할 수밖에 없다. 머릿속으로는 괜찮다고 생각하지만 자신감은 점점 줄어들고, 마음이 조급해지면서 심리적으로 점점 위축될 테니까. 마치 다 안다고 생각했던 기술들을 첫 스파링에서 하나도 쓰지 못하고 허우적거렸던 나처럼 말이다.

실전은 항상 다르다

언제나 실전은 다르다. 우리가 생각했던 대로 일어나는 법이 결코 없다. 많은 변수와 돌발상황에 언제나 주저하고 당황할 수밖에 없다. 복싱 스파링도 마찬가지고 행복한 밥벌이를 찾아가려는 우리의 삶 역시 마찬가지다. 직장을 그만두고 직면해야 할 문제들을 '아는 것'과 직접 '겪어내는 것'은 현저히 다르다.

복싱을 정말 잘하려면 어찌해야 하나? 백날 머릿속으로 생각하고 혼자 하는 연습만으로는 결코 잘할 수 없다. 혼자 익혔던 여러 가지 기술들을 실전에서 써먹을 수 있게 다양한 상대와 많은 스파링을 해봐야 한다. 실전은 아니지만 실전을 상정한 스파링을 될수록 많이 해보아야 한다. 그래서 프로 복싱 선수들이 중요한 시합이 잡히면 적지 않은 돈을 들여서 다양한 스파링 파트너를 찾는 것이다.

복싱만이 아니다. 연애도 결국 마찬가지 아닌가? 연애에 관한 책만 들입다 본다고 연애를 잘할 수 있는 것은 아니다. 책에서는 여자가 혼자 있고 싶다고 하면 마지막까지 '같이 있자'고 해야 한다고 말한다. 하지만 현실의 여자친구는 남자친구 몰래 혼자 화장실에 가서 화장을 고치고 싶어 하는 것인지도 모른다. 그럴 때 자꾸만 같이 있자고 하는 남자가 얼마나 답답하겠나?

복싱도 연애도 우리의 삶도 마찬가지다. 삶을 잘 살아낼 수 있는 이론이 존재한다고 가정해보자. 그 이론이 아무리 방대하고 정교하다 하더라도 실제 삶 속에서 벌어지는 모든 상황을 통제할 수는 없다. 행복한 밥벌이 역시 마찬가지다. 이론을 아무리 열심히 공부해도 각자의 삶 속에서 펼쳐지는 다양한 실존적 문제들을 결코 다 통제할 수 없다. 그렇다면 이제 어찌해야 하는가? 답은 이미 말했다. 이제껏 옳다고 익혔던 것들을 가지고 많은 스파링을 해봐야 한다.

행복한 밥벌이라는 스파링

우리의 실전은 정말 직장을 그만두고 행복한 밥벌이를 하며 삶을 사는 것이다. 하지만 머릿속으로만 준비를 한 선수가 무턱대고 링에 올라가면 결과는 불을 보듯 뻔하다. 인간 샌드백이 되어 비 오는 날 먼지 나듯이 흠씬 두들겨 맞다가 결국 넉다운이 될 것이다. 우리 역시 이론적으로만 무장한 채 직장을 그만두었다가는 이리저리 당황하기만 하다가 멘붕에 빠져 버릴지도 모른다. 이제 답은 나왔다. 직장을 그만두기 전에 이론과 실전의 괴리를 최대한 좁혀야 한다. 우리네 직장인에게 스파링은 무엇일까? 그것은 잠정적인 행복한 밥벌이다. 직장을 다니면서 시간을 내어 행복한 밥벌이를 하는 생활을 최대한 많이 경험해보아야 한다. 장사를 하건, 창업을 하건, 이직을 하건 행복한 밥벌이를 위해서는 직장을 그만두어야 한다. 그 상황에 대비해 미리 백수생활을 경험해보아야 한다. 구체적이고 정확하게 말하자면 연차나 휴가를 내서 우리가 살고 싶은 삶의 형태를 미리 살아보아야 한다는 의미다.

조금 더 구체적으로 말해보자. 화가가 되고 싶은 사람은 직장을 다니면서 화가가 되는 삶을 미리 살아보아야 한다. 그 과정에서 화가의 삶이 정말 내게 잘 어울리는지 아닌지 검증도 할 수 있고, 화가의 삶이 실제로 어떤 것인지 어렴풋이나마 알 수 있다. 좋은 점이 무엇인지, 불편한 점은 무엇인지 알 수 있게 된다는 말이다. 창업을 하고 싶은 사람들은 마음 맞는 친구들과 함께 최대한 그에 근접한 삶의 형태를 미리 살아보아야 한다. 그러면 알게 된다. 자신이 창업에 잘 맞는 사람인지 혹은 그렇지 않은지.

연애 책 100권 읽은 사람보다 한 번이지만 뜨거운 사랑을 직접 경험해본 사람이 연애에 대해서 더 잘 알게 된다. 삶은 결국 경험을 해야만 극복되는 지점들이 엄연히 존재한다. 행복한 밥벌이 역시 마찬가지다. 아무리 이론적으로 완벽하게 정리가 되었다 해도 실제적인 삶의 경험으로 겪어내야만 극복 가능한 지점이 있다.

나는 직장을 그만두고 나서도 심각한 삶의 회의, 진로의 고민 등 혼란스러운 멘붕에 빠지지 않았다. 그 이유는 직장을 다니면서 휴가도 내고 연차도 내면서 지금 살고 있는 삶을 틈틈이 살아보았던 덕분이다. 혼자 도서관에 가서 하루 종일 글만 써보기도 했고, 연차를 내고 하루 동안 강연을 하는 삶을 살아보기도 했다. 그 과정에서 행복한 밥벌이를 하기 위해 내가 감당해야 할 부분들 그리고 내게 어울리지 않는 부분들을 충분히 알게 되었다.

물론 모든 상황과 돌발변수들을 다 겪어보았던 것은 아니다. 기껏해봐야 한 달에 한 번 혹은 두 달에 한 번의 휴가로 수많은 문제와 돌발상황을 모두 경험하는 것은 애초에 불가능하다. 하지만 분명한 것은 직장을 다니면서 틈틈이 했던 경험들이 실제로 행복한 밥벌이를 하는 과정에서 아주 큰 도움이 되었다는 사실이다.

여러분의 행복한 밥벌이가 무엇인지 아직도 몇 가지 직업 중에 헷갈리고 있다면 일단 생각만 하고 있는 그 삶을 미리 한번 살아보시라. 현실적으로 불가능하다는 변명 대신 연차를 내고 휴가를 내시라. 거창하지 않아도 좋다. 요리사가 되고 싶다면 지인들을 초대해 요리를 한번 대접해보는 것도 좋고, 전업주부가 되고 싶다면 하루 종일 집안일을 해보는 것도 좋다. 또 귀농을 하고 싶다면 시골로 가서 농사를 지으며 전원생활을 하는 그 삶을 일정 기간 살아보시라. 그런 경험은 행복한 밥벌이를 찾는 과정으로도 의미가 있지만 그 자체로도 아주 즐겁고 소중한 경험이 될 테니까 말이다.

직장을 그만두고 아무것도 안 하는 삶을 당분간 살아보고 싶은 사람은 정말 아무것도 하지 않는 백수생활을 해보는 것도 좋다. 그렇게 최대한 위험 부담을 줄이면서 이론과 현실의 괴리를 좁혀나가야 한다.

스파링, 두려워하지 말고 최대한 많이 해보자.

06

사장에게 악몽 같은 존재가 되자

매슬로우의 욕구 5단계

매슬로우(Abraham Harold Maslow, 1908~1970)는 미국의 산업심리학자였다. 그는 인간의 욕구를 다섯 가지로 구분했다. '생리적 욕구, 안전에 대한 욕구, 사회적 욕구, 존중의 욕구, 자아실현의 욕구'다. 하나씩 간단하게 설명해보자. 우선 '생리적 욕구'는 생존에 직접 영향을 미치는 것들이다. 예를 들면 음식, 물, 섹스, 수면, 호흡 등이다. '안정에 대한 욕구'는 전쟁, 자연재해, 실업 같은 혼란이나 이에 대한 두려움 등을 기피하고자 하는 욕구다. '사회적 욕구'는 타인에게 인정받고 싶고 타인과 공감하고 싶다는 욕구다. 가정이나 직장 같은 조직에 귀속되고자 하는 욕구가 여기에 해당된다. '존중의 욕구'는 타인에게 존중받고 존경받고자 하는 욕구다. 마지막으로 '자아실현의 욕구'는 개인의 타고난 능력 혹은 성장 잠재력을 실행하려는 욕구라고 할 수 있다.

매슬로우의 이야기에서 주목해야 할 점은 "다섯 가지의 욕구는 위계적으로 조직되어 있고 하위 단계의 욕구 충족이 상위 계층의 욕구 발현을 위한 조건이 된다."고 주장한 부분이다. 즉 인간은 하위 단계의 욕구가 만족되지 않을 경우 상위 단계의 욕구를 만족시킬 수도, 그럴 의지도 보일 수 없다는 것이다. 일견 맞는 이야기 같다. 나이 지긋한 어른들이 항상 하는 이야기가 뭔가? "배곯는데 꿈은 무슨 얼어죽을 꿈이야!" 아닌가. '일단 먹고사는 것이 가장 중요하다.'고 생각하는 사람들은 매슬로우를 알고 있든 모르고 있든 그 주장을 받아들이며 살아가고 있었던 셈이다.

그런데 매슬로우의 말은 정말 옳은 것일까? 아니다. 그는 틀렸다. 몇 가지 사례만 들어도 단박에 알 수 있다. 안중근 의사가 도시락 폭탄을 들고 이토 히로부미를 저격한 것을 매슬로우는 어떻게 설명할 수 있을까? 기본적인 '생리적 욕구'조차 박탈당할 것이 자명해 보이는 위험천만한 짓을 한 안중근 의사를 매슬로우는 설명할 수 없을 것이다. 안중근 의사는 아주 위대한 사람이라 우리와 애초에 다른 사람이라고 생각하는 사람도 있을 것이다. 그렇다면 내 친구의 이야기를 해보자. 지체부자유자 부모를 둔 친구가 있다. 그는 창업을 하기 위해 멀쩡히 다니던 대기업을 그만두었다. '안정에 대한 욕구'는 물론 자칫하면 '생리적 욕구'마저도 위협받을 수 있는 미련하고 어리석은 짓을 왜 한 것일까?

타인의 삶을 보면서 감탄하고 감동을 받을 때가 언제인가? 스스로의 존엄이나 신념을 지키기 위해 기꺼이 배고픔이나 삶의 여러 가지 불편함을 감당하는 사람들을 볼 때 아닌가? 안중근 의사는 자신의 신념을 위해 '생리적 욕구'를 포기했다. 내 친구는 자신의 존엄을 지키고 자신이 원하는 삶을 살기 위해 '안전의 욕구'를 자발적으로 버린 셈이다. 말하자면 그들은 생리적 욕구나 안전에 대한 욕구가 전혀 충족되지 않았지만 '자아실현의 욕구'를 만족시키려고 노력한 것이다. 그러니 하위 욕구는 상위 욕구 발현을 위한 조건이 된다는 매슬로우의 이야기는 명백히 그른 주장이다. 그래서였는지 매슬로우는 말년에 그의 이론을 일부 수정하기도 했다.

매슬로우를 거부하자

나는 매슬로우의 이야기가 불쾌했다. 그의 이론은 인간이라는 존재 자체를 폄하하고 무시한 것이기 때문이다. 이론적이고 학술적인 용어를 사용하고 있지만 그 주장의 본질을 직관적으로 말하면 이런 것이다. "인간은 다 똑같아. 먹고사는 것이 해결이 안 되면 아무것도 생각할 수 없는 존재들이야!" 묻자. 우리가 정말 그런 존재들인가? 먹고사는 것이 해결되지 않고, 안전하지 않고, 그 어떤 소속감도 없고, 누구에게도 존중받지 못한다면 우리는 우리의 잠재력을 긍정하며 자아실현을 결코 할 수 없는 존재인가? 이보다 더 무례한 이야기가 또 어디 있을까?

매슬로우의 5단계를 곰곰이 돌아보면서 불행했던 인간의 굴곡진 역사가 모두 그 속에 녹아있는 것일지도 모른다는 생각을 했다. 일단 먹고사는 것이 가장 중요하다는 '생리적 욕구'와 구별 짓기를 통해서 사람들에게 존경받고 인정받고 싶다는 '존중의 욕구'가 결합해 지금의 천박하고 폭력적인 자본주의가 도래한 것인지도 모른다. 이 두 가지 욕구는 자본주의가 전 방위로 퍼져나가는 데 아주 주요한 동력이 된 것만은 분명하다. 빈민들은 먹고 살기 위해 잔인할 정도로 악착같이 경쟁적인 자본주의에 매달렸고, 부유한 사람들은 더 비싼 상품으로 자신을 치장함으로써 얼마나 존중받고 존경받을 만한 사람인지 확인받기 위해 자본주의에 집착했으니까.

그뿐인가? '일단 안전한 삶이 최고야.'라는 '안전의 욕구'와 '나는 여기에 소속된 사람이야.'라는 식의 '사회적 욕구'가 결합해 히틀러로 표상되는 끔찍한 전체주의가 완성되었다고 보는 것은 나만의 비약일까?

히틀러는 박정희나 전두환처럼 기존 질서를 폭력적인 방식으로 부정하는 쿠데타로 정권을 잡은 사람이 아니다. 놀랍게도 우리가 미치광이라고 생각하는 히틀러는 정당한 투표를 통해 압도적인 국민의 지지로 탄생한 지도자다. 왜 독일 대중들은 히틀러를 지지했을까?

당시 독일은 경제 대공황으로 몸살을 앓고 있었다. 히틀러는 갖가지 정책을 통해 대중들의 '안전에 대한 욕구'를 충족시켜주었다. 그뿐인가? 폭력적이고 잔인한 전체주의의 완성은 결국 '사회적 욕구' 때문이었다. 유대인을 공동의 적으로 규정함으로써 독일 국민(정확히는 게르만족)들이 '나는 독일에 소속된 사람이야.'라는 아주 강한 연대감, 소속감을 갖게 된 것이다. 나는 제정신이 아니었던 히틀러 전체주의의 저변에는 결국 인간의 이기적인 '안정의 욕구'와 사회적 욕구'가 있었다고 본다.

우리, 매슬로우의 이야기를 인정하지 말자. 애써 부정하자. "먹고살고, 안전하고, 어딘가에 소속되고, 존경받는 것이 제일 중요해."라는 매슬로우의 이야기를 인정하고 받아들이게 되면 우리는 지금의 병적인 자본주의를 극복할 수 없다. 게다가 그의 이야기를 무비판적으로 받아들이게 되었을 때 우리 역시 끔찍했던 전체주의의 망령에 사로잡히지 않는다고 누가 보장할 수 있을까?

매슬로우의 이야기에 따르면 가장 상위 단계에 있는 '자아실현의 욕구'는 거의 불가능할 정도로 도달하기 힘들고, 드문 것처럼 느껴진다. 그런데 정말 그런가? 아니다. 우리는 조금 배가 고파도, 삶이 조금 불안정해져도, 어디에 소속되어 있지 않아도, 누군가에게 존경받지 못해도 자아실현의 욕구를 충족할 수 있다. 자아실현이 별건가? 있는 그대로의 삶을 긍정하고 행복한 오늘을 살아가는 것이 바로 자아실현 아닌가?

매슬로우의 이야기를 모조리 부정할 수는 없다. 생존하지 못한다면 우리에게 자아실현을 할 기회는 애초에 주어지지도 않을 테니까. 하지만 아주 비판적으로 바라보아야 한다. 매슬로우의 주장처럼 순차적으로 욕망의 단계를 밟아 올라갈 필요는 없다. 각자 성향에 따라 어느 지점에서 자아실현의 욕망으로 바로 점프해도 된다. 생리적 욕구만 해결된다면 바로 자아실현의 욕구로 점프를 해도 되고, 아니면 안전의 욕구만 충족되면 자아실현의 욕구를 실현해도 좋다. 반드시 그 층위를 따라서 가야 하는 것은 아니다. 그건 그의 생각일 뿐이다.

매슬로우를 따르면 자아실현은 없다

다시 우리의 밥벌이에 대해 이야기해보자. 매슬로우는 욕구 단계설 이론을 왜 만들었을까? 매슬로우가 뭐 하던 사람인지 기억나는가? 산업심리학자였다. 산업심리학이란 산업활동에서의 인간적 요인을 연구하는 학문이다. 그럴듯하게 들리지만 사실 산업심리학은 '어떻게 하면 노동자들을 더 효율적으로 관리할 것인가?'를 연구하는 학문이다. 더 노골적으로 말하자면 어떻게 하면 돈은 적게 들이고 더 많은 일을 시킬까 연구하는 학문인 셈이다. 인간을 효율의 도구로 보는 학문이 바로 산업심리학의 정체다.

이제 알겠다. 매슬로우가 왜 이 이론을 정립했는지. 매슬로우의 이론은 상당한 논리적 약점에도 불구하고 현실적 활용가치는 아주 높다. 안중근 의사나 혹은 불확실한 미래에도 불구하고 직장을 그만두는 사람이 현실에서는 아주 드문 것이 사실이니까. 영민한 사장들은 매슬로우의 이론을 이용해 직장이라는 조직을 만든 것이 분명하다. 멀리 갈 것 없이 지금 우리가 다니고 있는 직장을 한번 살펴보자. 연차가 올라가면서 연봉도 서서히 올라간다. 그렇게 어느 시점이 되면 '생리적 욕구'와 '안전에 대한 욕구'가 충족된다. 그리고 상위 욕구를 원할 때쯤 직급이 올라가게 되고 점점 더 많은 권한을 가지게 되면서 '사회적 욕구'와 '존중의 욕구'까지 충족하게 된다. 직장이라는 조직은 매슬로우의 욕구의 층위를 점차적으로 만족시킬 수 있는 체계를 거의 완벽하게 갖추고 있는 셈이다.

'직장을 다니면서 기본적인 욕구들을 순차적으로 충족할 수 있다면 그것으로 충분히 좋은 것 아닌가?'라는 의문이 드는 것은 당연한 일이다. 하지만 결정적인 문제 하나가 여전히 남는다. 직장에서는 마지막 단계의 욕구, '자아실현의 욕구'는 끝내 이룰 수가 없다는 사실이다. 직장에 대해 진지하게 고민해봤던 사람들은 안다. 그곳에서는 근본적으로 자신의 삶을 긍정할 수 없다는 것을. 그 이유는 역설적이게도 매슬로우의 이론을 충실히 잘 따랐기 때문이다. 처음에는 돈을 주고, 다음에는 소속감을 주고, 존경마저 주는 조직 구조를 갖추었지만 정작 그곳에 '나'는 없다.

직급이 올라가면서 얻게 되는 마지막이 '존경'이다. 하지만 아침이면 고개를 숙여 인사를 하고, 그의 이야기를 경청하는 것 같지만 진심으로 상사를 존경하는 직원이 얼마나 있을까? 거의 없다고 해도 좋을 정도로 드물다. 뒤에서 욕이나 안 하면 다행이다.

순차적으로 욕구를 만족시켜주는 합리적인 조직을 만드느라 진실과 진심은 없어져 버렸다. 진실과 진심이 없는 공간에서 자신의 삶을 긍정할 수 있을까? 그런 곳에서 진정한 자아실현을 할 수 있을까?

매슬로우 때문에 매슬로우적인 인간이 된다

이런 생각도 든다. 매슬로우의 이론 때문에 혹시 우리가 매슬로우적인 인간이 되어버린 것은 아닐까? 조안 B. 시울라의 《일의 발견》에 이런 대목이 있다.

　매슬로우와 달리 맥클랜드는 모든 사람들이 자신이 열거한 욕구들을 갖고 있다고 생각지 않았다. 그러나 그는 훈련을 통해 사람들 내부에 있는 이러한 욕구들을 장려할 수 있다고 믿었다. 이것은 다소 색다른 욕구 개념이다. 만약 어떤 사람이 권력이나 성취에 대한 욕구를 가지고 있지 않다면, 왜 그것을 계발해야만 하는가? 맥클랜드의 이론은 사람들이 갖고 있지 않고 원하지도 않으며, 어쩌면 그것이 없는 상태에서 더 행복할지도 모르는 욕구들을 만들어내기 위해 훈련하는 것에 대해 의문을 제기한다. (중략) 결국 사람들이 필요로 하는 것을 결정하거나 그것에 대한 욕구를 창출하고, 욕구 충족을 위해 그들이 무엇을 해야 하는지를 규정하는 것은 타인에 대한 권력을 주장하는 한 가지 방법이 된다.

　아주 의미 있는 대목이다. 어쩌면 우리는 매슬로우 때문에 매슬로우적인 인간이 되어버린 것인지도 모른다. '생리적 욕구'나 '안전의 욕구'를 만족시키지 못하면 자아실현의 욕구는 결코 만족시킬 수 없다고 훈련받았기 때문에 '생리적 욕구'와 '안전의 요구'에 집착하는 사람이 된 것인지도 모른다. 어쩌면 사장은 직원들을 더 잘 써먹기 위해서 '생리적 욕구'와 '안전에 대한 욕구' '사회적 욕구' '존중의 욕구'를 끊임없이 창출하고 그 욕구를 충족시키기 위해서 더 많은 일을 해야 한다고 규정해버린 것은 아닐까? 그리고 우리는 그 규정을 너무 쉽게 받아들여 버린 것은 아닐까?

　직장에서는 순차적으로 욕구를 만족할 수 있다고 해도 '자아실현의 욕구'만은 절대 이룰 수가 없다. '자아를 실현한다.'는 의미는 '스스로 주인이 된다.'는 이야기와 거의 같다. 그런데 직원이 각자 스스로 주인이 되어버리면 사장은 자신의 권력을 주장할 수 없게 된다. 또 사장이 원하는 대로 통제할 수 없다. 자신의 의견을 당당하게 이야기하는 직원은 언제나 사장에

겐 골칫거리일 뿐이다.

결국 사장의 필요에 따라 하위 층위 욕구를 창출하고, 그들이 원하는 방식으로 그 욕구를 충족시켜줄 수 있을지 모르지만 최상위 층위의 '자아실현의 욕구'만은 충족시켜줄 수 없는 것이다.

사장에게 악몽 같은 존재가 되자

행복한 밥벌이를 하고자 하는 사람은 사장에게 악몽과 같은 존재가 되어야 한다. 그렇다면 사장에게 악몽 같은 사람은 누구인가? 매슬로우의 순차적 욕구의 층위를 따르지 않는 사람이다. 사장은 일을 안 하는 사람을 결코 두려워하지 않는다. 더 많은 돈을 주겠다고 회유하거나 아니면 돈을 주지 않겠다고 협박하면 아무 말 없이 더 열심히 일할 테니까. 하지만 "저번 달에도 월급 받았는데 이번 달 월급은 건너뜁시다."라고 당당하게 말하는 직원은 두렵다. 멍청한 사장이야 돈 안 받겠다고 하면 좋아라 하겠지만 영민한 사장은 직감적으로 안다. 그 어떤 방법으로도 이미 그를 통제할 수 없다는 것을.

돈, 소속감, 명예에 집착하지 않고 오직 자신만의 우선순위를 가지고 일하는 사람은 분명 사장에게 악몽 같은 존재다. 모든 직원이 그렇게 자신만의 우선순위를 가지고 당당하게 직장생활을 한다고 해보자. 어떤 일이 벌어질까? 사장은 '퇴근을 더 일찍 시켜야 하나?' '근무환경을 더 좋게 해주어야 하나?' '급여를 더 올려줘야 하나?', '휴가를 더 많이 줘야 하나?'라는 생각에 골치가 아플 것이다. 직원이 없으면 직장은 돌아가지 않는다는 사실을 사장은 누구보다 잘 알고 있기 때문이다.

물론 사장에게 악몽 같은 존재가 되어야 하는 이유는 일찍 퇴근을 하기 위해서도, 더 좋은 컴퓨터를 쓰기 위해서도, 급여를 더 많이 받기 위해서도, 휴가를 더 많이 받기 위해서도 아니다. 때가 되었을 때, 수많은 유혹에도 불구하고 과감하게 직장을 나서기 위해서다. 사장에게 악몽 같은 존재가 되는 것은 일석이조다. 직장을 더 '널널하게' 다닐 수 있고, 행복한 밥벌이를 찾아 의연히 떠날 수도 있으니까. 이쯤 되면 어느 영화제목처럼 '이보다 더 좋을 수는 없다.'

사장이 "오늘은 야근 좀 하지?"라고 말하면 쿨하게 답해주자. "오늘은 아내와 연극 보러 가기로 한 날이라서요."라고. 사장이 "주말에 출근해서 급한 일 좀 마무리하지?"라고 말하면 답해주자. "주말에는 아이들과 캠핑을 가기로 해서요."라고. 그리고 "월급 올려줄 테니 일을 좀 더 해."라고 말하면 답해주자. "지금 월급도 충분해요."라고.

07

인생은 다 우연이고 재수다. 그러니 인생 앞에서 겸손하자

재수 있는 놈은 되고 재수 없는 놈은 안 되는 거지 뭐

"선생님이 이렇게 세계적인 화가가 된 비결은 무엇입니까?"
"재수 있는 놈은 되고 재수 없는 놈은 안 되는 거지 뭐."

성공의 비결을 묻는 어느 인터뷰 질문에 세계적인 천재 예술가 백남준이 한 대답이다. 아, 이보다 더 통쾌할 수 있을까? 나는 그 인터뷰를 읽고 혼자서 미친놈처럼 얼마나 웃었는지 모른다. 나름 성공했다는 사람들의 이야기를 보면 그 스토리들이 어찌 그리 다 비슷한지 모르겠다. '어린 시절 힘들었지만 죽도록 노력해서 여기까지 왔다.' 이런 부류는 대개 자신의 성공이 스스로 너무나 대견해서 어쩔 줄 몰라 하는 사람들이다. 그런데 백남준은 "재수 있는 놈은 되고 재수 없는 놈은 안 되는 거지 뭐."라는 짧은 한마디로 자신의 성공을 대견해 하는 이들에게 "운 좋아서 그 자리에 앉아 있는 주제에 헛소리들 하고 있네!"라며 한방 먹인 꼴이다.

맞다. 백남준의 말처럼 인생에서 일어나는 거의 대부분의 일들은 사실 다 '재수'다. 누군가는 허무하다 생각할 수도 있다. 행복한 밥벌이 역시 마찬가지다. 좋아하는 일을 하며 밥을 먹고살 수 있는 행복한 밥벌이를 하는 것도 '재수'의 영향을 받지 않을 수 없다. 행복한 밥벌이를 하는 방법은 사실 심플하다. 좋아하고 잘하는 일을 오래 노력하면 된다. 하지만 우리네 현실에서 그게 잘 되던가? 좋아하는 일, 잘하는 일, 노력하는 것도 모두 '재수'다.

하나씩 따져보자. 좋아하는 일을 하는 것도 재수다. 우리는 대부분 자신이 좋아하는 일을 잘 모른다. 왜? 해본 게 없으니까. 재수가 좋아 부잣집에 태어난 사람은 어린 시절부터 피아노도 쳐보고, 영화도 보고, 책도 마음껏 읽을 수 있다. 반면 찢어질 듯 가난한 집에서 태어난 아이는 다양한 경험은 고사하고 돈을 벌기 위해 신문 배달을 해야 할지도 모른다. 그러니 부잣집 아이가 자신이 좋아하는 일을 찾을 확률도 높다.

재능도 마찬가지다. 재능은 타고나는 것이고, 타고난다는 말은 부모나 조상으로부터 물려받는다는 의미다. 부모를 골라서 태어나는 인간은 단 한 명도 없다. 그러니 그 시대에 각광받을 수 있는 재능을 물려줄 부모를 만난다는 것은 이미 굉장한 행운이다. 하지만 마지막 의구심이 남는다. 재능은 그렇다 치고, 본인이 치열하게 하는 노력은 운이 아니지 않은가?

노력 역시 재수다

엄밀한 의미에서 노력도 재수라고 봐야 한다. 노력은 크게 두 가지다. 싫어하는 일을 열심히 하는 것과 좋아하는 일을 열심히 하는 것.

우선 싫어하는 일을 열심히 하는 경우를 얘기해보자. 죽기보다 싫은 일을 참으며 몇십 년씩 노력하는 초인적인 인내력을 가진 인간은 드물다. 그런데, 억지 노력으로 한 분야에서 일가를 이룬 사람도 있다. 이런 초인적인 인내력도 사실은 재능이다. 만약 그런 인내력이 타고나는 재능이 아니라면 어린 시절부터 거의 '실미도' 수준의 가혹한 훈련을 시키는 부모나 선생을 '운 좋게'(?) 만난, 선택받은 소수일 것이다. 우리처럼 평범한 사람들이 엄청난 인내력으로 하기 싫은 일을 참으며 한 분야에서 성공하는 것은 거의 불가능에 가깝다.

좋아하는 일에 빠져 자연스럽게 하는 노력은 말할 필요도 없이 엄청난 재수다. 고통스러운 노력이 아니라 자연스러운 몰입이기 때문에 열심히 하지 않을 수가 없다. 게다가 운 좋게 자신이 좋아하는 일을 일찍 찾게 되면 노력은 자연스럽게 따라올 수밖에 없다. '객관적으로' 생각해보면 '운 좋게' 자신에게 잘 맞는 일을, '운 좋게' 일찍 찾았기에 질리지 않고, 지치지 않고 노력할 수 있었던 것이다. 박태환과 김연아의 노력을 폄하하거나 부정할 생각은 없지만 그들이 엄청나게 운이 좋은 경우였던 것만은 부정할 수 없다. 어쩌면 우리가 어떤 일에도 열심히 노력을 하지 못하는 이유가 재수없게도 좋아하는 일을 찾지 못했기 때문일지도 모른다.

박태환이 세계적인 수영선수가 된 것은 재능이 있고 피나는 노력을 했기 때문만은 아니다. 비교적 어린 나이에 수많은 스포츠 중 수영이라는 종목을 정말 운 좋게 접할 수 있었기 때문이었다. 그가 만약 어린 시절 물 근처에 한 번도 가보지 못했다면, 그리고 수영이 아니라 골프나 테니스를 했다면 지금의 영광을 누리지 못했을지 모른다. 또한 그가 좋은 시대, 좋은 환경에서 태어났기 때문에 성공했다는 사실 역시 부정할 수 없다. 만약 그가 50~60년 전에 태어났다면 전쟁통에 피난을 다니느라 물은 구경도 못하고 30대가 되었을 수도 있다. 기껏해봐야 타고난 재능 덕에 동네에서 수영깨나 하는 '동네 형' 정도. 즉 엄청나게 많은 재수의 조합이 맞아떨어져 박태환이라는 형식이 완성된 것일 뿐이다.

조금 더 냉정하게 말해보자. 노력을 할 수 있는 환경 역시 운이다. 찢어지게 가난한 사람이 자신의 꿈을 위해, 자아실현을 위해 사치스러운 '노력'을 할 수 있으리라 생각하나? 나는 전태일을 기억한다. 그는 더 나은 삶을 위해 제대로 된 공부를 해보고자 하는 소박한 욕심을 가진 에너지 넘치는 청년이었다. 하지만 그 소박한 욕심조차 찢어질 듯한 가난 앞에 무릎을 꿇을 수밖에 없었다. 그리고 그는 어쩔 수 없이 재봉사가 되었다. 심지어 그나마도 바닥부터 시작해서 엄청난 노력이라는 것을 한 다음에야 겨우 얻게 된 것이었다.

전태일은 훌륭한 사람이며, 엄청난 에너지를 가진 사람임에 틀림없다. 하지만 그는 자신이 원하는 삶을 살기 위해 제대로 된 노력조차 해볼 수 없는 부조리한 사회와 현실 앞에서 좌절했다. 그리고 한국의 기형적 산업화로 인한 사회적 부조리에 정면으로 맞서느라 아름답지만 처참한 마지막을 맞이했다. 그는 불행했던 시대에, 불행했던 환경에, 불행했던 장소에 놓였을 뿐이었다. 즉 그는 운이 없었던 것이다. 그러니 그 누구도 노력은 온전히 개인의 몫이라고 단정적으로 말할 수 없다.

그래도 의심이 된다면 성공한 사람들의 삶을 찬찬히 되짚어봐라. 다들 운 좋게 기회를 접하게 된 계기가 반드시 있다. 성공한 사람들이 운에 대해 노골적으로 이야기하지 않는 것은 대견한 성공의 아우라(오라, aura)에 손상을 입히기 싫어서일 뿐이다. 하지만 그들의 성공은 아주 많은 부분이 운에 달려있다. 멀리 갈 것도 없이 한국의 재벌 2~3세들이 거의 예외없이 거대한 기업의 총수가 되는 것이 정말 그 자리에 올라갈 만큼 총명하고 걸맞은 역량이 있기 때문인 걸까?

우연을 인정하는 것이 허무주의는 아니다

'운'이나 '재수'라는 표현이 조금 거칠게 느껴진다면, '우연'이라는 단어로 바꿔 말해보자. 사실 인생에서 일어나는 대부분의 일은 우연의 조합으로 발생한다. 여기서 중요한 점은 우연은 인간이 어찌할 수 없다는 것이다. 나는 무신론자지만, 만약 세상에 어떤 절대자가 존재한다면 우연은 아마 그의 영역일 것이다. 우연은 말 그대로 우연일 뿐이니.

여기까지 이야기하면 우리는 묘한 패배감과 불편함을 느낄 수밖에 없다. 행복한 밥벌이 역시 결국은 좋은 우연의 도움 없이는 결코 만들어질 수 없다는 결론에 조금씩 다가가고 있음을 직감하게 되니까. 행복한 밥벌이가 우리의 의지만으로 이룰 수 있는 것이 아니라는 사실을 알게 되면, 작게는 삶에 냉소하게 되고 크게는 삶에 절망하게 된다. 의지와 노력만으로 모든 것을 바꿀 수 있다는 이야기는 달콤하기는 하지만 삶의 진실은 아니다. 인정하고 싶지 않을 뿐 우리는 다 알고 있다.

강연이나 상담을 할 때 우연의 중요성에 대해 이야기할 때가 있다. 그럴 때면 사람들은 대체로 이런 허무주의적인 반응을 보인다. "그럼 열심히 할 필요가 없는 거네요. 우연히 내가 좋아하는 일, 잘할 수 있는 일이 찾아오면 그때 하면 되는 거네요. 어차피 운이 좋아야 성공하는 거니까요." 미성숙한 이야기이기는 하지만 반은 맞는 이야기다. 하지만 우리는 이 우연의 이야기를 허무주의적으로 읽으려 해서는 안 된다.

배우나 가수들 중에 친구 오디션 보는데 따라갔다가 우연히 그 길로 접어들어서 성공한 경우, 은근히 많다. 별 생각 없이 살다가 진짜 운이 좋아서 인생 술술 풀리는 경우가 없을 것 같나? 있다. 억울하게시리 그것도 자주 있다. 그런 운 좋은 사람들을 보며 재수 없는 우리 삶을 한탄하는 허무주의자가 될지도 모른다. 이해도 된다. 옆 사람은 넘어져도 꽃밭에 넘어지는데 나는 넘어지면 꼭 코가 깨지니 어찌 삶이 한탄스럽지 않을 수 있을까? 하지만 너무 억울해 할 것 없다. 운이 좋아 인생이 술술 풀린 그들 역시 노력조차 하지 않았던 것은 아니니까. 그리고 언젠가 우리도 꽃밭에 넘어지는 날이 반드시 한 번은 올 테니까.

진인사대천명(盡人事待天命)이란 말이 있다. 인간으로서 해야 할 일을 다 하고 나서 하늘의 뜻을 기다린다는 의미다. 우연은 중요하다. 하지만 해야 할 일을 하지 않으면 하늘의 뜻인 우연도 소용없다. 하늘에서 사과가 떨어지기를 바란다면 최소한 사과나무 밑으로 걸어가기는 해야 할 것 아닌가? 허무주의자란, 하늘의 뜻에만 집착하는 사람들이다. 하늘의 뜻은 분명 우리가 어찌할 수 없는 것이지만 결국 진인사대천명이란 인간이 개입할 수 있는 부분이 엄연히 존재한다는 이야기 아닌가?

우연의 중요성에도 불구하고 왜 허무주의자가 되어서는 안 되는지 희미하게나마 답이 보인다. 결국 어떤 일이건 우리가 할 수 있는 부분들이 존재하기 때문에 허무주의자가 될 필요가 없는 것이다. 하늘에서 사과를 떨어지게 할 수는 없지만 사과나무 밑으로 걸어갈 수는 있는 것 아닌가?

성숙한 사람들은 '유한한 인간은 그저 자신이 할 수 있는 일을 하면 된다. 나머지는 우연에 맡길 수밖에 없다.'는 삶의 진실을 겸허히 받아들이는 사람들이다. 허무주의자는 미성숙한 사람들이다. 내가 하는 노력들이 반드시 좋은 결과를 가져와야 한다고 어리광을 부리는 사람들이니까. 세상에 그런 게 어디 있나? 그리고 어쩌면 허무주의자는 비겁한 사람들인지도 모른다. 내가 하는 노력들이 좋은 우연과 맞닿지 못할까 봐 애초에 아무런 노력도 하지 않는 비겁한 사람들. 상처받을까 봐 사랑 고백조차 하지 못하는 못나고 비겁한 사람과 무엇이 다를까?

우연의 효과, 삶에 대한 겸손

때로 우리를 좌절시키고 절망시키기도 하는 우연을 있는 그대로 받아들여야 하는 이유에 대해서 말해보자. 이 부분이 가장 중요하다.

우연을 인정하고 받아들여야 하는 이유는 소중한 삶을 스스로 통제할 수 없는 운 혹은 우연에 내팽개쳐도 된다는 면죄부를 받기 위함이 아니다. 앞서 말했듯이 이는 비겁하고 미성숙한 태도다. 우연의 파괴력을 인정하고 받아들여야 하는 이유는 역설적이게도 우리의 삶이 진정으로 소중하기 때문이다.

1년 동안 꼬박 준비한 오디션을 보러 갔는데, 아무 생각 없이 따라갔던 친구가 덜컥 붙을 수도 있다. 나는 떨어지고. 아프지만 충분히 그럴 수 있다. 내가 준비가 덜 되었거나, 운이 없었거나, 재능이 없었거나 간에 충분히 일어날 수 있는 일이다. 그러면 다들 세상이 끝난 것같이 분노하고 좌절하고 절망한다. 속상하지만 어쩌랴, 그게 인생인 것을.

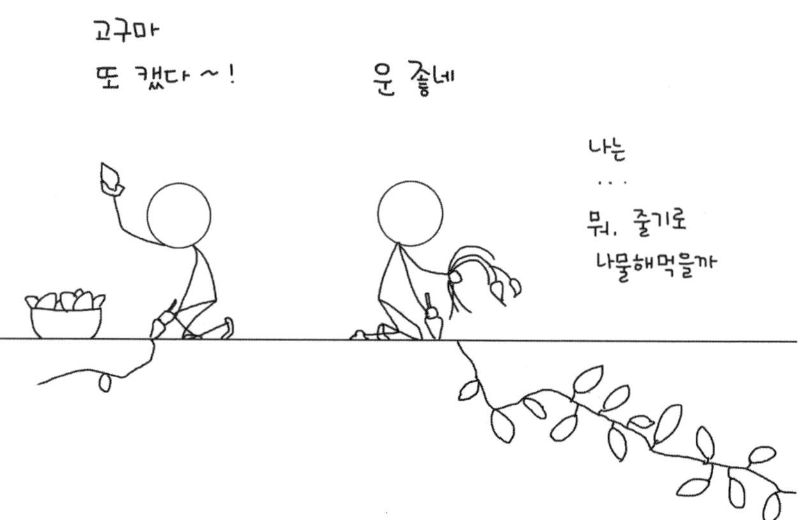

정말 중요한 것은 인생이 거기서 끝나지 않는다는 사실이다. 욕하고 화내고 짜증날 수 있다. 오디션에 열정이 있었던 그만큼 분하고 억울할 것이다. '아이, 쓰바! 인생이 왜 이 따위야!'라며 욕이 튀어나올 수도 있다. 정상이다. 좌절의 정도는 애정의 정도와 같이 가니까. 그다지 좋아하지 않는 일에 실패했을 때 우리는 좌절하지 않는다. 심심풀이 오락 한 판 졌다고 좌절하고 절망하고 허무주의에 빠지지는 않으니까.

거기서 끝나면 안 된다. 우리는 모두 각자 삶의 주인공이기 때문이다. 우연은 말 그대로 우연이다. 언제 어떻게 나에게 다가올지 모른다. 기회는 온다. 반드시 온다. 준비해야 한다. 준비라는 것이 거창한 것이 아니다. 오늘 나를 즐겁게 하는 것, 오늘 내가 할 수 있는 것들을 하나씩 해나가는 것이 바로 준비다. 그래야 언젠가 다가올 기회를 잡을 수 있다.

'우연'에서 우리가 진정으로 배워야 할 것은 삶에 대한 겸손이다. 얼마 전 일본의 쓰나미 영상을 보았다. 열도를 덮치고 지나가는 그 엄청난 자연의 재앙 앞에 인간이 할 수 있는 것은 완전히, 전혀, 아무것도 없었다. 친구가, 이웃이, 부모가, 자식이 죽어가는 것을 그저 지켜보는 것 이외에는. 모든 것을 다 이룰 수 있다고 말하는 인간들이 하나의 점처럼 힘없이 휩쓸려가는 것을 보며 삶에 대해 겸손해져야겠다는 생각을 했다. 아니, 그렇지 않을 도리가 없다는 것을 알게 되었다.

우연 역시 마찬가지다. 어찌 보면 자연의 일부다. 우리가 감히 통제할 수 있는 것이 아니다. 나를 길러준 부모, 오늘 지나가다 마주친 사람들, 어느 날 알게 되어서 이제는 둘도 없는 친구가 된 사람, 갑자기 쏟아지는 비, 하염없이 흘러가는 시간……. 인간이 통제할 수 있는 것은 별로 없다. 인간은 오직 자신의 의지만을 통제할 수 있을 뿐이다.

그냥 대충 찌그러져서 살라는 중세시대적 이야기를 하려는 것이 아니다.

니체가 이미 말하지 않았나. '신은 죽었다.'고. 당신이 쏟아낼 수 있는 노력이, 의지가, 열정이 세상이라는 거대하고 무한대에 가까운 우연과 잘 맞아떨어지지 않을 수 있다는 것을 인정하자. 이것을 인정하게 되면 행복한 밥벌이로 가는 길목에서 마주하게 되는 크고 작은 실패와 좌절에 조금은 의연하게 대처할 수 있게 될 거다. 이것이 바로 삶에 대한 겸손이다.

08

새로운 주름을
만들자

기병의 탄생

"우리는 오늘 여기서 목숨을 건다!" 제일 앞서 있는 수장이 외친다. 광활하게 펼쳐진 초원 위에서 두 나라의 명운을 건 건곤일척의 전투가 시작되기 직전이다. 활, 창, 검 그리고 갑옷까지 중무장한 보병들이 끝도 보이지 않을 정도다. 그리고 표정에는 자신감과 투지, 살기가 넘친다. 지금 같은 기세라면 호랑이가 와도 모두 갈기갈기 찢어 죽일 태세다. 그도 그럴 것이 이 강력한 보병은 단 한 번도 전장에서 패한 적이 없는, 무시무시할 정도로 강력한 부대였기 때문이었다. 짙은 안개 때문에 적들이 잘 보이지 않는다. 하지만 그들에게는 상관없어 보인다. 모두 굶주린 야수처럼 수장의 진격 명령만을 기다리고 있다.

안개가 서서히 걷힌다. 적들이 보이기 시작한다. 상대편의 전력은 보병의 수는 현저히 적고 대부분 말 위에 올라타고 있다. 그 모습을 본 중무장 보병들은 그들을 비웃기 시작한다. 안개가 전부 걷히자. 선봉에 서 있는 양쪽 수장들은 각각 진격 명령을 내린다. 적의 목을 베기 위해 목숨을 걸고 진격하며 외치는 양쪽 군대의 고함은 천지를 뒤흔들 정도다. 상대편은 말을 타고 있는 기병을 선두에 세워 진격을 한다. 그런데 어찌된 일인가? 단 한 번도 패한 적이 없었던 그 강력한 보병들이 싸움이 시작되자마자 허둥지둥하며 이내 상대편 기병들에게 줄줄이 목이 달아나는 것이 아닌가? 그날의 전장은 그렇게 단 한 번도 패한 적 없는 무적 보병부대에게 최악의 패배를 안겼다.

무슨 일이 일어난 걸까? 중무장한 최강의 보병들은 왜 그리 허망하게 패배한 것일까? 위 장면은 말을 타고 싸우는 기병이 보편화되지 않았던 초기 중세시대 어느 전장의 모습을 묘사해본 것이다. 중세 시대에는 달리는 말 위에서 균형을 잡기 위해 양손으로 말의 목을 잡아야만 했다. 말 위에서는 아무 무기도 쥘 수 없었으니 애초에 기병은 존재할 수 없었다. 영화나 드라마에서 익숙하게 보았던, 양손에 무기를 쥔 채 말을 타고 전투를 벌이는 기병 전투 장면은 중세 이후에나 가능했던 일이다.

그렇다면 중세 이후에 어떻게 기병 부대가 존재할 수 있게 된 것일까? 비밀은 바로 '등자'라는 물건에 있다. 등자는 말에 오르거나 달릴 때 발을 넣도록 말 옆구리에 줄로 매달아놓은 쇠로 만든 도구다. 등자가 발명되자 비로소 말 위에서 양손을 쓰지 않고도 균형을 잡을 수 있게 되었다. 이 작은 쇳조각의 발명이 중세 전쟁의 판도를 바꾸었던 것이다. 기동력과 전투력을 동시에 갖춘 강력한 기마전투부대를 출현시킴으로써. 역사학자들은 등자가 발명되기 전까지 전쟁은 주로 보병 간의 싸움이었다고 말한다.

등자의 흔적

등자는 거시적으로 전쟁의 판도만 바꾼 것일까? 아니다. 당시 병사들에게도 영향을 미쳤을 것이고, 말에게도 영향을 미쳤을 것이다. 보병이었던 사람이 훈련을 받아 기병이 되었다고 치자. 그는 땅을 밟고 다니는 것만큼 말을 타고 다니는 것에 익숙한 사람이 되었다. 단순히 육체적인 부분만 변한 것이 아니라 말 위에서 볼 수 있는 시야, 그 느낌들로 인해 내면 또한 일정 부분 변화했을 것이다. 보병의 내면에서 기병의 내면으로 말이다. 말 역시 마찬가지다. 온순한 수송수단이었던 말이 기병의 말로 훈련을 받은 뒤에는 전장을 누비는 호랑이 같은 용맹한 말이 되었을 것이다.

등자의 발명으로 기병과 말의 내면이 일정 부분 변화하게 되었다는 말은, 거꾸로 사람과 말이 등자와 조우하지 못했다면 기병과 기마로서의 내면을 갖지 못했을 것이란 의미가 된다. 우리는 여기에서 아주 의미 있는 사실 두 가지를 배울 수 있다. 하나는 우리가 어떤 특정한 모습을 갖춘 존재가 아니라 어떠한 모습으로든 변할 수 있는 존재라는 사실이다. 보병이 언제든 기병으로 변할 수 있는 존재였듯이.

'우리는 어떠한 모습으로도 변할 수 있다.'는 이야기는 어찌 보면 당연한 것일 수도 있다. 하지만 우리의 삶 속에서는 전혀 당연한 이야기가 아니다. 직장을 그만두지 못하고 늘 그 자리에 머무는 사람은 결국 지금과는 다른 어떤 존재가 될 수 없다고 생각하기에 그런 것이다. 용기 있게 직장을 박차고 나가 행복한 사람을 볼 때, 혹은 자신이 꿈꾸는 삶을 살고 있는 사람을 볼 때 속으로 이렇게 생각하지 않나? '그래, 그건 저 사람이니까 가능한 거지. 나는 저렇게 되지 못할 거야!'라고. 자신이 어떤 존재로도 변할 수 있다고 생각하는 사람은 답답하고 불행한 지금의 현실에 머무를 이유가 없다.

중세시대로 돌아갔다고 생각해보자. 그곳에서 '나는 말을 잘 탈 줄도 몰

라. 위대한 기병이 될 사람은 정해져 있는 거야.'라고 말하는, 기병을 꿈꾸는 보병을 만났을 때 우리는 어떤 생각을 하게 될까? 그가 참 어리석어 보이지 않을까? 원래 보병인 사람도 없고, 태어날 때부터 기병인 사람도 없다는 것을 우리는 이미 다 알고 있으니까.

나머지 하나의 깨달음은 '그렇다면 우리는 언제나 우리가 원하는 존재로 변할 수 있는가?'라는 질문과 맞닿아 있다. 중세의 모든 보병은 기병이 될 수 있었을까? 아니다. 그것은 오직 '등자'라는 물건과 조우한 사람에게만 주어지는 기회일 것이다. 등자라는 것을 한 번도 접해보지 못한 사람은 애초에 기병이 될 가능성이 없는 셈이다. 이것은 곧 우리가 어떤 존재로 변화하기 위해서는 적절한 마주침이 필요하다는 의미다.

내면을 지배하는, 마주침

우리의 내면을 지배하는 것은 결국 어떤 특정한 물건, 사람, 상황과의 마주침이다. 정확히는 그 마주침으로 인해 생긴 기억들이 우리의 내면을 지배하는 것이다. '질 들뢰즈'라는 철학자의 이야기를 들어보자. 그는 《스피노자의 철학》이란 자신의 저서에서 이렇게 말하고 있다.

우리는 결코 시작하지 않는다. – 아무것도 없는 '무'(無)의 상태에서 출발한다는 의미에서 – 우리는 결코 백지를 가지고 있지 않다. (중략) 스피노자가 다음과 같은 진정한 외침을 던졌던 것도 바로 이런 이유에서다. "당신들은 좋은 의미에서건 나쁜 의미에서건 자신들이 무엇을 할 수 있는지를 알지 못한다. 당신들은 신체 혹은 영혼이 이러저러한 마주침, 배치, 결합 속에서 무엇을 할 수 있는지 미리 알지 못한다."

그의 말처럼 우리는 아무것도 없는 상태에서 시작하지 않는다. 어떠한 경우라도 아무것도 그려지지 않은 백지를 가지고 있지 않다. 다만 의도하지 않았던 상황 중간으로 미끄러져 들어갈 뿐이다. 인간이라면 누구나 아주 어린 시절부터 자신의 의지와 전혀 관계없이 맞닥뜨린 갖가지 마주침으로 인한 기억의 파편들에 의해 지배당하고 있다. 그의 말대로 우연한 마주침에 의해 이미 결정된 '배치와 결합'에서 출발하지 않을 도리가 없다.

우리의 삶을 돌아보면 너무나 분명한 사실이다. 클래식 음악을 즐기고, 다른 사람을 배려하고, 여유 있게 사는 사람은 결정적으로 부유한 부모와 마주침이 있었던 덕분이다. 그 부유함이 정신적인 것이든 경제적인 것이었든 말이다. 반면 매사에 짜증을 부리고, 주변 사람들에게 신경질적이고, 돈에 강박증적인 집착을 보이는 사람은 가난에 찌든 부모와 마주침이 있었기 때문이다. 그 가난이 정신적인 것이든 경제적인 것이든. 부유한 부모를 둔 사람 중에도 신경질적인 사람이 있고, 가난한 부모를 만난 사람 중에도 여유로운 사람이 있다는 말은 하지 말자. 일반적인 경우가 아니니까.

심지어 발달심리학 연구에 의하면 막 태어난 신생아들도 이미 물리적 세계와 사회적 세계에 대해 상당히 많은 것을 알고 있으며, 어떤 것을 쉽게 배울 수 있고 어떤 것은 배우기가 힘들게 프로그램되어 있다고 한다. 말하자면 막 태어난 아이들 역시 아무것도 없는 백지상태는 아니라는 의미다. 미국의 심리학자 '조나단 하이트'는 강연에서 "모든 종류의 심리학에서 가장 잘못된 생각은 사람들이 백지 상태의 마음으로 태어난다는 것이다."라고 말한 바 있다. 이러한 사실과 우리의 실제적인 경험으로 미루어볼 때, 우리의 내면은 우리가 원하는 혹은 원치 않는 여러 가지 우연적인 마주침에 의해서 결정될 수밖에 없다.

이제 우리네 직장인의 이야기를 해보자. 우리를 지배하는 내면은 어떤 것일까? '안정적인 게 최고야.' '힘들어도 회사를 위해 더 열심히 해야지.' '뭐니 뭐니해도 돈이 최고야.' '직장 그만두면 굶어죽을 게 뻔해.' '내가 직장을 나 가서 뭘 할 수 있겠어?' 이런 것들 아닐까? 당연하다고 생각하는 이런 것들 이 정말 사실일까? 우리 내면의 목소리들 때문에 그저 삶의 다양한 방식 중 하나, 그나마 현명하지도 행복하지도 못한 삶의 방식에 갇혀있는 것이다. 그 렇다면 우리를 지배하는 내면의 목소리들은 도대체 어떻게 만들어진 것일 까? 그렇다. 그 목소리는 우리가 원치 않았던 혹은 어쩔 수 없이 마주할 수 밖에 없었던 수많은 마주침으로 인해 생겨난 것이다.

사업을 하다가 실패를 한 부모와 마주친 아이는 '안정적인 게 최고야.'라 는 내면에 갇힐 수밖에 없고, 신입사원 시절 회사를 위해 모든 것을 걸어 야 한다는 선배를 만난 사람은 '회사를 위해서 더 열심히 해야지.'라는 내 면에 갇힐 수밖에 없다. 항상 돈, 돈, 돈 타령을 하는 엄마에게 키워진 아 이는 '뭐니뭐니해도 돈이 최고야.'라는 내면에 갇힐 수밖에 없고, 직장을 그만두고 폐인처럼 살고 있는 친구를 둔 사람은 '직장 그만두면 굶어죽을 게 뻔해.' '내가 직장을 나가서 뭘 할 수 있겠어.'라는 내면에 갇힐 수밖에 없다. 서글프지만 우리를 지배하는 내면은 대체로 이런 식으로 만들어졌 다. "우리는 결코 시작하지도 않았고, 결코 백지를 가지고 있지도 않다."는 질 들뢰즈의 말은 분명 옳은 이야기다.

결코 지워지지 않는 문신 같은 기억, 내면화

우리를 지배하고 있는 내면의 목소리들은 저주다. 적어도 직장과 일에 관 해서는. 우리를 설레게 하고 행복하게 하는 것들을 겨우 찾았음에도 불구 하고 내면의 목소리들 때문에 결국 한 발자국도 움직이지 못하게 되니까. 그렇다면 이제 단 하나의 질문만이 남는다. '저주처럼 씌워진 내면의 목소

리를 어떻게 제거하고 행복한 밥벌이를 긍정할 수 있을까?'

우선 조금 더 근본적인 질문부터 해보자. 아주 어린 시절부터 각인된 내면화된 의식을 극복할 수 있기나 한 것일까?

다시 기병의 이야기로 돌아가서, 보병 생활을 하다가 기병으로서 오랜 시간 살아온 병사가 있다고 치자. 전쟁이 끝나 고향으로 돌아간 그는 땅 위를 걷기만 했던 예전의 그와 같은 사람일 수 있을까? 또 기병의 말로서 전장을 누볐던 말이 전쟁이 끝난 뒤 다시 수송수단으로서의 생을 살게 되었다면 그 말은 예전의 말이라고 할 수 있을까? 아니다. 고향으로 돌아간 기병은, 기병이 되기 전의 그와는 전혀 다른 사람이다. 그리고 말 역시 예전의 '수송수단'과는 전혀 다른 말이 되어버렸다.

삶이 연속적인 탓에 얼핏 달라진 것이 없다고 느낄 수도 있지만 기병과 기마는 예전과 전혀 다른 존재가 된 것이 분명하다. 육체적으로 말을 타면서 생겼던 허벅지 근육과 균형감각은 영원히 기병에게 남아 있을 것이다. 자전거 타기를 한 번 배우면 영원히 그것을 기억하는 것처럼. 정신적으로도 달라졌을 것이다. 가끔은 말을 타고 초원을 달리며 느꼈던 그 청량감을 그리워하기도 할 테니까. 이 모든 것은 기병의 경험과 마주쳤기 때문에 생긴 새로운 내면이고 그것은 결코 없어지지 않을 것이다. 말 역시 기병과 무기를 등에 태웠던 경험으로 등 근육은 이미 예전과 현저히 달라져 있을 것이다. 또한 전장을 누볐던 기억이 고스란히 남아있을 것이다.

그렇다. 여러 가지 우연한 마주침으로 새겨진 내면화는 결코 없어지지 않는다. 가난한 부모에게 받은 기억이나 노예의식에 젖은 사람에게 업무를 배웠던 기억은 절대 지워지지 않는다. 마치 문신처럼. 기억을 잊었다고 생각하겠지만 고스란히 무의식으로 가라앉은 것일 뿐이다. 그 무의식의 총합이 바로 우리의 내면이다.

우리는 정말 우리가 원하지 않았던 마주침에 의해 영원히 갇혀서 살 수밖에 없는 것일까? 유쾌하고 긍정적인 마주침을 만난 사람은 영원히 행복하게 살고, 불쾌하고 부정적인 마주침을 만난 사람은 영원히 불행하게 살아야만 하는 것일까? 그렇다면 우리 삶이 너무 절망적이지 않을까?

새로운 주름을 만들자

다시 한 번 철학자의 힘을 빌리자. 들뢰즈는 어떤 마주침에 의해 서로의 내면에 영향을 미치는 것을 '다중체'(multiplicite)라고 표현했다. 다중체라는 단어가 아주 재미있다. 'multiplicite'는 'muliti'(많다)라는 의미와 'pli'(주름)라는 의미가 합쳐진 합성어다. 이는 곧 우리의 내면은 결국 수많은 마주침으로 인해 만들어진 수많은 주름의 형상이라는 의미다. 말하자면 우리를 지배하는 내면은 마치 종이를 여러 번 접었다 폈다 했을 때 생긴 주름의 흔적 같은 것이다. 나는 들뢰즈의 '다중체' 개념에서 희망을 본다.

한 번 접힌 종이의 주름은 그 종이를 불태우지 않는 한 사라지지 않는다. 하지만 우리의 내면이 우연한 마주침에 의해 생긴 주름이라면 앞으로 맞이하게 될 새로운 마주침에 의해 또다른 주름이 근사하게 만들어질지도 모르는 일 아닌가? 마치 아무렇게나 물감을 뿌리고 종이를 반으로 접었을 때 제법 근사한 그림이 나오게 되는 데칼코마니처럼 말이다.

여기서 하나 짚고 갈 것이 있다. 주름을 부정적인 것이라고만 보지 말자. 어차피 살면서 단 하나의 주름도 없는 사람은 존재하지 않으니까. 주름은 정말 멋스러울 수 있다. 조각 같은 20대 꽃미남 배우보다 얼굴에 주름이 잡힌 중년 배우 안성기 씨가 훨씬 더 멋있고 근사해 보인 적은 없었나?

죽거나 혹은 모든 인연을 끊고 섬이나 산에 혼자 틀어박히지 않는 이상 삶의 주름을 피할 길은 없다. 타인에게 영향을 미치고 영향을 받으며 살아갈 수밖에 없는 존재니까. 이제 우리의 내면을 개혁할 구체적인 방법을 하나 찾았다. 그것은 우연한 마주침에 최대한 능동적으로 개입하는 것이다.

어린 시절 우리는 우리의 주름에 전혀 개입할 수 없었다. 부모도 내가 선택할 수 없었고, 국가도, 학교도, 친구도 우리가 개입할 수 있는 여지는 거의 없었다. 하지만 지금은 다르다. 우리에게 주어지는 그 마주침을 완벽하게 통제할 수는 없지만 일정 정도 능동적이고 적극적으로 개입할 여지는 있다. 이것이 바로 우리의 희망이다.

폭력적인 부모 밑에서 자란 여자아이의 트라우마는 쉽게 치유되지 않는다. 그 주름은 아주 강렬하고 선명하게 그녀에게 자리 잡혀 있을 것이다. 어떤 남자를 만나도 아버지의 폭력성이 보이는 것 같아 누구와도 선뜻 사랑을 시작할 수가 없다. 그녀는 어찌해야 할까? 폭력적인 부모가 남긴 주름보다 더 강렬한 주름을 능동적으로 만들어야 한다. 강렬한 주름이 잡혀있는 종이를 손톱으로 꾹꾹 눌러가면서 다른 방향으로 아주 강하게 접어보자. 그리고 다시 펴보자. 처음의 주름은 방금 접은 주름에 의해 다소 희미해져 있을 것이다. 그녀가 할 수 있는 것은 아버지와는 전혀 다른 매력적인 새로운 남자를 만나 새로운 주름을 만듦으로써 아버지가 남긴 부정적인 주름을 희미하게 만드는 것이다.

이제 조금은 희망이 보인다. 적극적이고 능동적으로 새로운 주름을 만들자. 정말 좋은 친구를 만나는 것도 좋고, 전혀 새로운 곳으로 여행을 가는 것도 좋다. 아니면 우리의 영혼을 근본적으로 뒤흔들 위대한 책을 한 권 만나는 것도 좋다. 중요한 것은 앞으로 우리가 만들어야 할 주름은 우리에게 상흔처럼 새겨져 있는 그 내면의 주름보다 더 강렬한 주름이어야 한다는 점이다. 그래야 이미 주어진 주름을 희미하게 만들 수 있을 테니까 말이다. 하지만 여전히 문제가 하나 있다. 결국 마주침의 근본적인 속성은 우연이라는 사실이다. 능동적으로 좋은 친구를 만나려고 노력하고, 좋은 곳으로 여행을 가고, 좋은 작가들을 만나려고 노력할 수 있지만 항상 그것이 예전보다 더 강력한 주름을 만들 수 있다는 보장은 어디에도 없다.

그러니 시간이 필요하다. 운이 좋으면 금방 좋은 친구를 만나고, 처음 갔던 여행지가 우리의 영혼을 뒤흔들 수도 있고, 우연히 서점에서 얻어 걸린 책에서 삶이 근본적으로 변하는 경험을 하게 될지도 모른다. 그렇지 않다면 끈덕지게 그 주름을 만들기 위해 시도하고 또 시도해야 한다. 강렬한 감동, 감응, 몰입을 선사할 긍정적인 마주침을 끈덕지게 찾아 헤매야 한다. 그런 시도들이 겹겹이 쌓일 때 그래서 우리에게 더 많은 주름이 생겼을 때, 아주 멋스럽고 근사한 주름 잡힌 셔츠처럼, 아름다운 데칼코마니처럼 우리도 멋스럽고 근사하고 아름다운 사람이 되어 있을 것이다.

우리 직장인들도 마찬가지다. 내면을 개혁하는 것은 힘들다. 시간도 오래 걸릴지 모른다. 하지만 분명한 것은 새로운 마주침에 능동적이고 적극적으

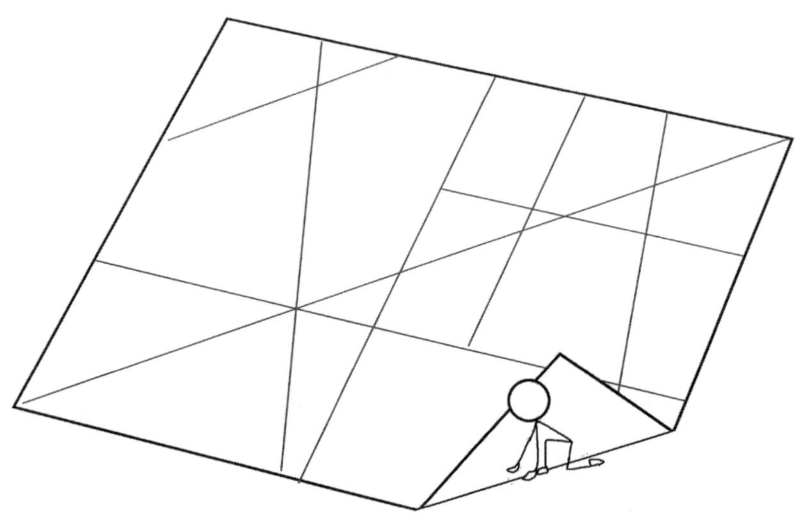

로 개입해야 한다는 사실이다. 직장 동료들 말고, 전혀 새로운 삶을 사는 사람들을 많이 만나야 한다. 또 이제껏 읽지 않았던 문학책, 철학책도 한번 뒤적거려보아야 한다. 일상에 매몰되지 말고 시간을 내어 한 번도 가보지 않았던 곳으로 여행을 떠나봐야 한다. 그러다가 영혼을 뒤흔들 정도의 마주침을 만나게 되면 우리는 전혀 다른 사람이 될 것이다. 그때 우리는 행복한 밥벌이를 집요하게 방해하는 내면을 개혁할 수 있을 것이다.

직장을 다니지 않고도 행복한 사람, 돈이 없어도 당당한 사람들과 마주쳐서 강렬한 주름이 생긴다면 우리의 삶은 이전의 삶과는 현저히 다른 삶이 되어 있을 것이다. 그 강렬한 마주침이 단 한 번이라도 찾아오게 된다면 우리는 그 마주침 이전의 사람으로는 결코 돌아갈 수 없을 것이다.

새로운 주름을 위해 필요한 것은 용기다

마지막으로 다시 한 번 기병을 꿈꾸었던 보병의 이야기로 돌아가보자. 등자의 발명으로 누구나 기병이 될 수 있는 가능성이 열렸음에도 불구하고 기병이 되지 못한 보병도 존재했을 것이다. 왜 그 보병은 기병이 되지 못했을까? 보병은 옆의 동료가 기병이 되는 것을 보면서도 왜 자신은 애초에 기병이 될 수 없는 사람이라고 단정 지었던 것일까? 어쩌면 그에게 중요한 것은 등자라는 물건과의 마주침 자체가 아니었을지도 모른다. 중요한 것은 '저 작은 쇳조각을 단다고 말을 타고 전쟁을 할 수 있겠어?'라며 등자와의 마주침 자체를 부정해버렸을지도 모른다. 그는 왜 그랬을까? 한 번도 타본 적이 없는 말을 타는 것이 두려워서였을 것이다.

혹시 우리도 마찬가지 아닐까? 지금보다 나은 존재가 될 수 없다고 미리 단정해버리거나 혹은 명랑하고 유쾌한 삶을 만들어줄 주름을 애써 부정하고 피하는 것이 새로운 삶에 대한 두려움 때문은 아닐까?

우리가 원하는 그 어떤 존재가 되기 위해 감당해야 하는 것들이 너무 두렵기 때문에 마주침에 적극적 능동적으로 개입하지 못하는 것은 아닌지 자신에게 되물어보아야 한다.

잊지 말자. 우리에게 정작 중요한 것은 마주침 자체보다 그 마주침을 기꺼이 긍정하고 그 마주침 속으로 뛰어드는 용기라는 사실을.

밥벌이 조급증
극복

행복한 밥벌이가 수포로 돌아가는 이유, 조급증

"형, 나 이제 지쳤어요."

"뭔 소리야?"

"형 말처럼 좋아하면서 잘하는 일 찾으려고 이것저것 해봤는데, 못 찾겠어요. 전 그런 게 없는 것 같아요."

"지랄하네, 이제 겨우 6개월 해놓고. 야, 행복한 밥벌이 찾는 게 그리 쉬울 거면 개나 소나 다 그렇게 살지, 돌았다고 꾸역꾸역 직장 다니냐?"

친한 동생이 행복한 밥벌이를 찾고 싶다며 이리저리 뛰어다니다 지친 모양이었다. 스피노자의 《에티카》라는 책에 이런 이야기가 나온다. "만일 행복이 눈앞에 있다면, 그것이 모든 사람들에게 등한시되는 일이 도대체 어떻게 있을 수 있을까? 그러나 모든 고귀한 것은 힘들 뿐 아니라 드물다." 나는 그 동생에게 스피노자의 이야기를 해주면서 조급해 하지 말고 행복한 밥벌이를 계속 찾아나가라고 말해주었다.

행복한 밥벌이에 도달하지 못하고 중도에 포기하거나 '행복한 밥벌이라는 것이 어디 있어?'라며 아예 부정해버리는 것은 조급함 탓이 크다. 우리는 대체로 조급하다. 특히 불투명하고 불안하고 앞이 보이지 않는 어떤 일을 할 때 현저히 조급해지는 경향이 있다. 여행을 할 때 밝은 낮에는 느긋하고 여유 있게 걷지만 날이 저물고 어둠이 내리기 시작하면 발걸음에 조급함이 묻어나는 것처럼.

조급증이 발동하는 이유는 분명하다. 미리 포기할 준비를 하는 것이다. 이해도 된다. 주위에는 다들 돈만 벌면 그만이라고 생각하는 사람들뿐이고, 가족이나 친구도 헛짓거리하지 말고 지금 직장이나 제대로 다니라고 말하는 사람들뿐이니까. 그 막막한 '뻘짓'을 혼자 하고 있는데 어찌 조급해지지 않을 수 있겠나? 행복한 밥벌이가 있기는 한 것인지, 있다면 찾을 수는 있는 것인지……. 온갖 종류의 불안함, 초조함이 밀려올 것이 분명하다. 이 불안함, 초조함이 바로 조급함이라는 감정의 원형인 셈이다.

사법고시를 준비하는 친구가 있다. 그의 불안함과 초조함은 직장인과는 비교도 안 된다. 돈도 벌어놓은 것이 없고, 30대 중반까지 한 것이라고는 앉아서 공부한 것뿐이니 왜 안 그렇겠나? 그런 그가 매일 하는 소리가 이것이다. "올해까지만 하고 안 되면 그만둔다!" 불안감과 초조함으로 인해 이미 포기할 준비를 하고 있는 것이다.

우리가 어떤 일에 조급증을 낸다는 것은 이미 그것을 포기할 준비를 하고 있는 것인지도 모른다. 포기할 준비를 했으니 실패하는 것이 당연한 일이다. 하지만 문제는 막상 내년에도 깔끔하게 포기하지 못한다는 사실이다.

어떤 일이든 충분한 시간이 필요하다. 더구나 행복한 밥벌이를 찾는 것은 더욱 그렇다. 행복한 밥벌이는 좋아하는 일을 하는 것이다. 그런데 우리는 좋아하는 일을 모르지 않나? 어린 시절부터 오랜 시간 억눌러놓았던 순수한 욕망을 복원하는 일이 어찌 금방 되겠나?

나 역시 그랬다. '내가 좋아하는 일이 뭐지?' '나를 설레게 했던 일이 뭐지?'라는 질문은 나를 당혹스럽게 만들었다. 그런 질문은 세상물정 모르는 어리숙하고 순진한 질문이라고 폄하하고 부정해온 시간이 너무 길었기 때문이었다. 우리는 다들 그렇게 우리를 설레게 하고 행복하게 했던 일들을 이미 잊어버렸다.

행복한 밥벌이를 찾는 것은 시간이 걸리는 일이다. 조급하게 생각해서는 안 된다. 1년, 아니 2년 혹은 3년이 넘게 걸릴지도 모른다. 그 기간을 즐기지 못하고 조급하게 '빨리빨리 찾아야 해.'라고 생각하는 사람은 행복한 밥벌이를 결코 찾지 못할 것이다. 아니 행복한 밥벌이를 빨리 찾고 싶다고 생각하는 사람은 정작 그 일을 빨리 찾고 싶은 것이 아니라 빨리 포기하고 싶은 것은 아닌지 스스로에게 물어야 한다.

행복한 밥벌이를 만들어가는 것은 더 오래 걸린다

내가 동생의 조급증을 다소 거칠게 다그친 이유는 행복한 밥벌이를 찾은 이후에도 갈 길이 멀다는 것을 알고 있기 때문이다. 행복한 밥벌이를 찾은 이후에도 그것으로 먹고살기 위해서는 또 얼마간의 시간이 필요하다. 행복한 밥벌이를 찾는 것만으로도 버거워하는 동생이 그것을 만들어가는 시간은 또 어찌 버틸지 걱정이 되었다. 행복한 밥벌이를 찾기만 하면 모든 것이 다 잘될 것이라 생각하는 동생에게 자극을 주려고 했던 것이다.

행복한 밥벌이를 찾는 것보다 그것을 만들어가는 것이 시간이 더 걸린다. 당연하다. 어떤 사람이 이런저런 과정을 통해 요리를 하는 것이 자신을 행복하게 만든다는 것을 알게 되었다고 해보자. 행복한 밥벌이는 그것으로 끝이 아니라 이제 시작이다. 좋아하는 일만 하는 것이 아니라 그것으로 돈도 벌어야 하니까.

요리를 좋아하기만 하는 것으로 생계를 책임질 수는 없다. 요리로 밥벌이를 할 수 있는 방법을 찾고, 요리와 오랜 시간 함께해야 한다. 어떤 이에게는 요리책을 한 권 사보는 것일 수도 있겠고, 또 어떤 이에게는 요리학원을 수강하는 것일 수도 있겠고, 운이 좋은 사람일 경우는 프랑스로 요리 유학을 갈 수도 있겠다. 어떤 경우든 자신이 좋아하는 일을 사람들에게 쓸모를 줄 수 있는 수준으로 만들어야 한다. 그 일과 오래 함께하면서. 하지만 너무 걱정할 것은 없다. 행복한 밥벌이를 제대로 찾기만 했다면 그 과정은 참고 견뎌야 하는 고통이 아니라 즐거움일 테니까.

중요한 것은 조바심을 부리지 않아야 한다는 것이다. 우리는 매사에 조급해 하고 조바심을 부리며 산다. 약속 시간이 충분히 남았어도 지하철이 도착하면 뛰고, 음식점에서 음식이 조금만 늦게 나와도 짜증을 부린다. 우리의 조급증이 극에 달할 때가 바로 밥벌이에 관해서다. 어떤 일을 해도 당장 돈을 벌어야 한다고 생각한다. 심지어 그것도 많이. 이 조급증을 극복하지 못하면 애써 찾은 행복한 밥벌이를 부정할 가능성이 매우 높다.

요리하는 것으로 행복한 밥벌이를 하고 싶다고 생각하는 사람이 당장 돈을 벌어야 한다는 강박에 가까운 조급증이 있다고 해보자. 그가 과연 요리로 행복한 밥벌이를 할 수 있을까? 가능성이 희박하다. 요리를 배우고 즐기는 도중에 연봉을 두 배로 주는 다른 직장이 나타나면 당장 그곳으로 달려갈 테니.

나는 여러분이 행복한 밥벌이를 찾고 그것을 만드는 과정이 얼마나 걸릴지는 모르겠다. 각자가 하고 싶은 일, 그리고 지금 각자가 처한 상황에 따라 다소 차이가 날 것이다. 하지만 이것만은 분명히 말해줄 수 있다. 좋아하는 일로 조금이라도 돈을 벌기 시작했다면 미약하지만 이미 행복한 밥벌이를 하고 있는 것이라고. 요리를 좋아하는 사람이 자신이 만든 요리로 조금이나마 돈을 벌 수 있다면 행복한 밥벌이는 어느 정도 성공한 셈이다.

행복한 밥벌이는 천천히 만들어진다

행복한 밥벌이는 천천히 만들어질 수밖에 없다는 사실을 겸허히 받아들이자. 당장 어떤 것을 하려고 하지 말자. 그런 조급증을 극복하지 못하면 어김없이 무리수를 두게 되어 있다. 비단 행복한 밥벌이만 그럴까? 어떤 일을 하든 충분한 시간이 필요한 법이다. 조급하면 무조건 지게 되어 있다. 직장에서 해고되어 창업을 한 사람은 대체로 결과가 좋지 못하다. 능력이 없어서? 운이 안 좋아서? 그럴 수도 있다. 하지만 내가 봐온 현실은 조금 달랐다. 해고당한 뒤 창업한 사람의 실패 이유 중 적지 않은 부분이 조급함 때문이었다.

내가 본 퇴사자들은 직장을 그만두고 갑자기 찾아온 삶의 공백을 감당할 수가 없어서 무슨 일이라도 빨리 해야겠다고 조급해 하는 사람들이 대부분이었다. 그들은 일단 무슨 일이든 하면서 돈을 벌어야 한다는 심정으로 창업을 한다. 자신에게 잘 맞는 일인지, 사업성은 있는지, 지속할 수 있는 일인지 등의 근본적이고 중요한 질문을 던져볼 여유도 없이. 심지어 직장을 그만두고 사기를 당하는 경우도 많다. 왜 그렇겠나? '어디 주식이 오를 거래.' '뭐니뭐니해도 부동산 투자지.'라는 이야기에 혹하는 이유도 바로 조급하기 때문이다.

삶도 그렇지만 행복한 밥벌이 역시 마라톤이다. 초반에 의욕이 앞서서 뛰어가다가는 반은 고사하고 시작한 지 얼마 지나지 않아 주저앉아 버릴 것이다. 내 경우에는 좋아하는 일을 찾는 데만 거의 2년이 걸린 것 같다. 그리고 그것을 행복한 밥벌이로 만드는 데, 그러니까 좋아하는 일로 돈을 벌기 시작한 것은 또 그로부터 3년이 더 걸린 것 같다. 하지만 아직도 좋아하는 일만으로 생활을 하는 데 필요한 최적 생계비를 벌고 있지는 못하니 나 역시 아직 행복한 밥벌이를 만드는 과정이라고 보아야 할 것이다.

돌아보면 행복한 밥벌이를 찾고 만드는 데 5년이라는 시간이 걸린 셈이다. 나 역시 5년이라는 시간 동안 수도 없이 조급증이 발동했다. 원체 성격이 급한 탓에 상태가 더욱 심했다. 좋아하는 일을 찾기 위해 이런저런 시도를 하다가도 '내가 지금 무슨 미친 짓을 하고 있는 거야.'라는 조급증이 찾아든 적이 한두 번이 아니었고, 겨우 좋아하는 일을 찾고도 '이게 돈이 되긴 되는 거야? 빨리 돈을 벌어야 하는데.'라는 조바심에 시달린 것도 하루 이틀이 아니었다. 내가 만약 그 중간 중간의 조급증과 조바심을 극복하지 못했다면 지금까지도 퇴근 후 직장 상사 욕이나 하는 초라한 월급쟁이에서 한 발도 벗어나지 못했을 것이다.

조급증을 극복하는 방법

사실 '조급증을 극복해야 한다.'는 말은 조금 공허하게 들린다. 국영수 중심으로 예습 복습만 열심히 하면 서울대를 갈 수 있다고 하지만 정작 서울대를 가는 제일 쉬운 방법은 지하철을 타는 것이다. 이제 우리에게 저주처럼 붙어있는 조급증을 극복하는 구체적인 방법에 대해서 이야기해보자.

1. 행복한 밥벌이 '보릿고개'에 대비하자

밥벌이 조급증에 빠지는 이유는 단연 돈이다. 직장에서 완벽하게 행복한 밥벌이를 준비할 수는 없다. 우선 상사나 사장이 그렇게 놔두지 않을 것이고, 직장이라는 구조 속에 있으면 어쩔 수 없이 시간과 에너지를 들여 기본적으로 해야 할 일들이 있다. 결국 평범한 월급쟁이라면 행복한 밥벌이를 위해 일정 정도 자발적 가난의 시간을 감당할 수밖에 없다. 아무리 직장을 다니면서 행복한 밥벌이를 잘 준비하더라도 이것은 피할 수 없다.

그러니 총알을 최대한 장전해두고, 행복한 밥벌이를 하면서 감당해야 할 보릿고개에 잘 대비해야 한다. 저축도 좋은 방법이다. 차를 작은 것으로 바꾸거나 집을 작은 곳으로 옮기는 것도 방법이다. 어떤 방법을 사용하든지 일정 정도 총알을 장전해놔야 한다. 자발적 가난의 시기에 절대적 빈곤에 시달린다면 공자, 맹자가 와도 조급해지지 않을 도리가 없으니까.

내 경우에는 빚을 갚는 것을 목표로 했다. 이제 직장을 나서야 할 때가 되었다고 생각했을 때 3,000만 원 정도 빚이 있었다. 돈을 모으는 것은 고사하고 빚조차 갚지 못한 채 직장을 나섰다면, 나 역시 행복한 밥벌이로 가는 '보릿고개'에서 조급증에 시달리며 자충수를 두었을지도 모르겠다. 빚을 다 갚고 돈을 조금 더 모은 뒤 직장을 그만두고 싶었지만 더 머물지 않기로 했다. 더 이상 다니고 싶지 않기도 했거니와 내가 좋아하는 일로 하루를 채우고 싶었다. 퇴직을 하고 한동안은 경제적으로 조금 고생을 했지만 후회는 없다. 아니 잘한 선택이라 생각한다. 빚을 다 갚는 것만으로도 치명적 보릿고개는 일정 정도 해결할 수 있었으니까.

그런 면에서 현재 직장을 다니고 있다면, 어느 정도 행운인 셈이다. 월급쟁이가 총알을 장전하는 것은 지출을 줄이는 것으로 시작할 수밖에 없다. 여기서 중요한 부분이 있다. 가장 우선 줄여야 할 부분은 허영으로 소비되고 있는 부분이다. 우리도 모르는 사이 자본주의에 포섭되어 생존이 아닌 허영을 채우기 위해 소비를 하고 있는 부분이 있을 수밖에 없으니까.

2 주위 사람을 설득할 것

이제 조금 더 어려운 문제가 남았다. 우리를 조급하게 만드는 것이 비단 돈뿐일까? 아니다. 주위 사람들의 걱정, 우려 혹은 잔소리 역시 우리를 조급하게 만든다. 행복한 밥벌이를 위해 집을 줄인다고 하면 배우자는 뭐라고 할까? "그냥 직장 다니면 되지, 왜 집을 줄여?!"라고 할 것이 뻔하다. 부모는 뭐라고 할까? "그 정도 했으면 됐잖니? 이제 나이도 있으니 그만하고 빨리 다른 취업 자리 알아봐."라고 할 것이 분명하다.

이런 이야기를 들으면 우리는 알게 모르게 위축되고 무엇인가 결과물을 빨리 보여줘야 할 것 같은 압박감이나 조급증에 시달리게 된다. 이럴 때 가장 좋은 방법은 그냥 그 상황을 견뎌내는 것이다. '남들이야 뭐라든 나는 내 길을 간다.'라고 생각하면 된다. 이것이 최상의 방법이다. 하지만 어디 그게 말처럼 쉬운 일이던가? 아무리 나 혼자 조급하지 않으려고 해도 "어쩜 그렇게 이기적이야!"라는 배우자의 한마디에 여지없이 위축되고 조바심이 날 것이 분명하고, 부모가 "너를 어떻게 키웠는데, 이럴 수가 있어!"라고 말하면 알 수 없는 죄책감에 붙들려 조급증이 날 수밖에 없다.

만약 최상의 방법을 쓸 수 있을 만큼 강건하지 못하고 주위 사람들의 한마디 한 마디에 조급증이 날 것 같다면 그들을 미리 설득하자. 최소한 배우자나 부모와 같이 우리의 삶에 깊숙이 들어와 있는 사람들을 설득하고 믿음을 주자. "나는 행복한 밥벌이를 하며 살고 싶어요. 조금 더 시간이 지나면 돈도 벌 수 있을 거예요."라고 말이다. 나의 가치관과 신념을 진솔하게 이야기하자. 물론 안 통할 확률이 높다. 그럼에도 우리가 할 수 있는 것은 그것뿐이다. 많은 대화를 나누면서 그들을 설득하려고 최선의 노력을 하는 것, 우리의 몫은 거기까지다. 나머지는 그들의 몫일 뿐이다.

3. 여유를 가지자

마지막으로 조급증을 극복하는 근본적인 방법은 여유를 체화하는 방법 뿐이다. 앞서 말한 구체적인 방법들이 도움이 되지 않는 것은 아니지만 일정 정도 피상적이고 지엽적인 것이다. 돈이 많아도, 주위 사람들이 응원을 해주어도 늘 무엇인가 조급한 사람들이 있게 마련이다. 조급증에 시달리지 않으려면 삶의 여유가 내 속에 완전히 체화되어야 한다.

언제나 급하게 한 일은 주먹구구식으로 마무리될 수밖에 없다. 게다가 늘 '빨리 빨리'에 시달리는 조급증은 여러 가지 비극을 만들기도 했다는 사실을 우리는 이미 잘 알고 있지 않나? 1994년 10월 21일 성수대교의 비극도, 그 이듬해 1995년 6월 29일 일어난 삼풍백화점의 비극도 결국은 한국의 강박적 조급증이 불러낸 참사다. 우리 역시 밥벌이 조급증을 극복하지 못하면 성수대교나 삼풍백화점처럼 붕괴될지 모를 일이다.

여유는 행복의 가장 중요한 덕목이다. 또한 성취를 위한 가장 중요한 덕목이기도 하다. 비교적 괜찮은 삶의 조건에 있었음에도 불구하고 별다른 성취를 이루지 못한 사람들의 삶의 면면을 살펴보면 무엇이든 빨리 이루려는 조급증이 있었음을 어렵지 않게 발견하게 된다. 본질적으로 우리의 행복을 위해, 부차적으로 삶의 성취를 위해 우리 이제 여유를 가지자.

기본적으로 직장인은 강박적 조급증에 쉽게 노출될 수밖에 없다. 사장이나 상사가 하루가 멀다하고 쪼아대니 어찌 마음속에 조급함이 자라지 않을 수 있을까? 우리의 조급증은 일정 정도 직장생활에서 내면화된 것이다. 하지만 잊지 말자. 사장이나 상사가 업무를 쪼아대는 이유는 정말 일이 급해서라기보다는 더 많은 일을 시키기 위해서라는 사실을.

조급증을 극복하려면 초기에는 굉장히 예민하고 섬세하게 조급증을 바라보아야 한다. 조급증의 전염 속도는 굉장히 빠르다. 주위 사람들이 다 뛰

191

고 있으면 나도 모르게 발걸음이 빨라지게 된다. 그 흐름에 휩쓸리지 않고 나만의 속도로 여유 있게 살려면 매사에 다소 과도할 정도로 느긋해지려고 의도적으로 노력해야 한다.

가장 효과가 좋은 방법은 직장이라는 환경 자체에서 벗어나는 것이지만 그것은 현실적으로 여의치 않을지 모른다. 그리고 직장을 벗어나도 내면화된 조급증은 쉽사리 고쳐지지 않는 것도 사실이다. 그러니 우리의 조급증을 극복하기 위해서는 삶 속에서 작은 것들부터 여유 있는 태도를 연습해야 한다. 나는 삶을 여유 있게 살아야겠다고 다짐한 이후부터는 바로 앞에 지하철이 와 있어도 뛰지 않는다. 횡단보도에서도 파란 불이 얼마 남지 않았으면 조급하게 뛰어서 건너지 않는다. 같이 가는 사람은 먼저 가라고 하고 나는 내 속도에 맞춰 느릿느릿 여유롭게 걷는다.

직장에서도 마찬가지였다. 상사가 급한 일이라고 시키면 왜 업무 납기가 그렇게 촉박한지 물었다. 그리고 내가 먼저 여유 있게 일할 수 있는 납기를 말했다. 상사가 급하다고 빨리 처리하라고 재촉하는 업무는 일부러 더 늦게 처리하기도 했다. 급한 업무라고 빨리 처리해주면 버릇이 나빠져 다음에는 더 무리한 업무 납기를 요구할 테니까. 나쁜 버릇은 초장에 고쳐야 한다.

다소 삐딱하게 보일 수도 있고, 조금 과도하게 보일 수 있는 행동들을 했던 이유는 주어진 상황에 휘말려 들어가지 않고 늘 여유를 가지고 내 삶을 주도하기 위해서였다. 이런 노력들에도 불구하고 나도 모르게 조급증을 내는 자신을 발견할 때도 있다. 하지만 분명한 것은 이제는 조급증을 객관적으로 볼 수 있고, 그것을 어느 정도 통제할 수 있다는 것이다. 이제 더 이상 조급함 때문에 멘붕에 빠지는 일도 없고, 무리수를 두는 일도 없다.

그리고 덤으로 조급증을 일정 정도 극복하고 난 이후에는 인생이 그렇게 '널널해질' 수가 없다. '오늘 못하면 내일 하면 되고 내일 못하면 다음 주에 하면 된다.'는 태도는 단순한 게으름이 아니다. 그런 태도는 필요 이상 빡빡한 세상살이를 관조적으로 대할 수 있는 여유를 갖게 해주었다. 그리고 그 여유 덕분에 나는 좋은 음악을 즐길 수 있는, 화창한 5월의 꽃을 볼 수 있는, 평일 오후 좋아하는 영화를 한 편 볼 수 있는, 아들과 '파워레인저' 토론회를 할 수 있는 행복을 느낄 수 있게 되었다. 인생 뭐 있나? 행복하면 '장땡' 아닌가? 그러니 조바심 내지 말고 여유롭게 살자. 내일 해도 되는 일을 오늘 하고 있는 것은 아닌지 의심하고 또 의심하자!

몸과 정신은 함께 간다

육체가 정신을 지배한다

내면을 개혁하는 일은 힘든 일이다. 순간순간 약해질 때도 있고, 느닷없이 멘붕에 빠질 때도 있을 것이다. 우스갯소리처럼 쉽게 멘붕이라고 하지만, 실제로 멘붕에 빠진 사람은 자신의 상태를 멘붕이라고 가볍게 말할 수 없다. 모든 것이 암담하고, 불안하고, 정말 미친 짓을 하고 있는 것 같은 감정에 휩싸여 모든 것을 포기하고 싶어질지도 모른다. 그만큼 우리의 내면을 개혁하는 것은 힘든 여정이다. 어쩌면 그 빡센 과정 중간 중간에 '내면 개혁이고 뭐고 그냥 남들처럼 대충 사장이나 상사들 눈치 보면서 어영부영 월급 받고 사는 것이 정답 아닌가?' 하는 생각마저 들지 모르겠다. 그런 순간을 어떻게 극복할 수 있을까?

우선 이 이야기부터 해보자. 우리는 '정신일도 하사불성'(精神一到 何事不成)이니, '모든 것은 마음먹기에 달렸다.'는 등의 이야기를 참 많이도 들어왔다. 이게 다 무슨 말인가? 정신만 집중하면 이루지 못할 일이 없다는 이야기 아닌가? 심지어 정신이 육체를 지배할 수 있다고 말하기도 한다. 대표적으로 지겹게 들은 이야기가 있지 않나? '마음을 독하게 먹으면 누구나 공부를 잘할 수 있다.'는 이야기. 정말 그런가? 거짓말이다. 안타깝게도 정말 머리가 안 좋은 아이는 마음을 독하게 먹어도 공부를 잘하기 힘들다. 정신은 육체를 지배하지 못한다. 다리가 하나 없는 장애를 가진 사람이 마음을 독하게 먹는다고 정상적인 육상 선수보다 더 빨리 달릴 수 있나? 게다가 마음만 먹으면 무엇이든 잘할 수 있다는 믿음은 폭력적이기까지 하다.

언젠가 일요일 오전에 등산을 간 적이 있다. 아버지로 보이는 사람이 무슨 이유인지는 모르겠지만 다리를 저는 아이에게 등산을 강권하고 있었다. "마음만 먹으면 무엇이든 할 수 있어!"라는 격려인지 고문인지 모를 말을 하면서. 순간 짜증이 나서 그 아버지에게 한마디를 하려다 겨우 참았다. 다리를 저는 그 아들은 가학적인 고통 없이는 정상인처럼 등산을 할 수 없다. 왜 그 아이가 일요일 오전에 등산을 해야 하나? 차라리 그냥 다리를 저는 자신의 육체로 좋아하고 잘할 수 있는 일을 하는 것이 더 나은 것 아닌가? 정말 자식을 사랑하는 아버지라면 그리 해주어야 하는 것 아닌가?

유한한 인간은 주어진 육체적 한계를 고스란히 인정하고 받아들일 수밖에 없다. 정신이 육체를 지배하는 것이 아니라 육체가 정신을 지배한다고 믿는 것이 훨씬 더 건강하고, 자신의 삶을 훨씬 더 긍정하는 자세다. 왜 의족을 낀 채 달리기를 해야 하나? 그건 자신의 삶을 있는 그대로 긍정하는 자세가 아니다. 정상인과 다르지 않다는 것을 억지스럽게 증명하려는 것일 뿐. 자신이 갖지 못한 것을 흉내 내려고 하는 삶이 어찌 건강한 삶일 수 있을까?

육체에 맞게 정신을 업데이트하자

우리의 정신은 육체의 변화에 맞게 업데이트해야 한다. 그럴 수밖에 없다. 여자들이 나이 들어가는 것을 극도로 싫어하는 이유가 뭔가? 자연스런 육체의 변화를 받아들이지 못하고 젊은 시절 자신의 모습에 언제까지나 머무르려는 것 아닌가? 그러니 나이 드는 것을 '안티'하게 생각해서 '안티에이징' 화장품을 사 모으는 것 아닌가? 나이가 들어 주름이 생기는 것은 당연하고 자연스러운 것이다. 그러니 그냥 그것을 받아들이면 되는 것이다.

조기축구회에서 40대, 50대 아저씨들이 무리하다가 다치는 것을 한 번씩 본다. 20대, 30대의 육체가 영원히 머무를 수 있다고 믿고 싶어 하는 사람들이다. 숨이 턱까지 차올라 자신의 육체가 이미 20대의 그것이 아니라는 것을 인정하지 않을 수 없을 때 더욱 기를 쓰고 뛰다가 다치는 것이다. 육체가 늙어서 기능이 떨어지면 그냥 받아들일 수밖에 없다. 외면하거나 인정하지 않는다고 해서 해결될 문제가 아니다.

육체의 변화에 맞게 정신을 업데이트해야 한다. '마음만은 아직 이팔청춘'이란 표현은 빨리 없어져야 한다. 이미 사라진 육체적 젊음에 대한 집착은 '젊음은 정상 혹은 좋은 것, 늙음은 비정상 혹은 나쁜 것'이라는 어리석은 도식 때문에 발생하는 것이다. 나이가 들어 육체적 기능이 저하되는 것은 안타까운 일이지만 비정상이거나 나쁜 것은 아니다. 오히려 자연스러운 육체적 변화를 받아들이지 못하는 것이 비정상이고 나쁜 것이다.

나는 20대 여자의 관능적인 섹시함이 좋다. 부정할 수 없는 사실이다. 하지만 언젠가 한번 50대 여자가 아름다워 보인 적이 있다. 화장기 없는 주름진 얼굴이었지만 빛나는 미소가 정말 아름다웠다. 지금 생각해보니 그녀가 아름다워 보였던 이유는 다른 50대의 여자들처럼 20대나 30대에 머무르려고 억지스럽게 애를 쓰지 않았기 때문이었던 것 같다. 자신의 현재 모습을 긍정하는 사람은 그렇게 아름다운 것이다.

나는 식스팩에 팽팽한 피부를 가진 김수현, 원빈, 송승헌도 멋있어 보이지만 근사한 주름을 가진 노년의 배우 알 파치노가 훨씬 더 아름다워 보일 때가 있다. 알 파치노의 주름의 아름다움은 자신의 삶을 긍정하지 못하는 사람은 결코 가질 수 없는 아름다움이다.

젊을 때는 누구나 아름다울 수 있지만 늙어서 아름다운 사람이 드문 이유는 나이와 함께 쇠퇴해가는 자신의 육체를 있는 그대로 긍정할 수 있는 사람이 드물기 때문일 것이다. 대부분의 사람들은 나이 든 육체를 극복의 대상으로 보지 긍정의 대상으로 보지 않는다. 그래서 언제나 '안티에이징'을 목표로 하게 되는 것이다. 개인적으로 젊은 육체를 흉내 내려고 온갖 성형을 하는 늙은 배우들이 안쓰러워 보인다. 자신의 육체적 변화를 긍정하고 있는 그대로 받아들이는 배우들이 훨씬 근사하고 아름다워 보인다는 사실을 그들은 정말 모르는 것일까?

육체가 쉰 살이면 정신도 쉰 살이 되어야 한다. 그것이 성숙이고, 자신의 삶을 긍정하는 것이고 아름다운 것이다. 오해는 말자. 육체가 늙으면 정신도 함께 늙어야 한다는 이야기를 하려는 것은 아니니까. 다만 20대가 50대가 되어 축구를 할 수 없게 되면 축구 대신 다른 방법으로 즐길 수 있는 운동을 찾아야 한다는 말이다. 어쩌면 그것이 정신적으로 늙지 않는 비법일지도 모르겠다. 우리는 우리의 육체를 긍정하면서 거기에 맞춰 정신을 업데이트할 수밖에 없다.

멘붕이 찾아올 때는 몸을 움직이자

육체가 정신을 지배한다는 사실을 인정하면 이제 조금 답이 보인다. 멘붕이 찾아올 때는 몸이 약해졌을 경우가 대부분이다. 육체가 약해지면 정신도 약해지기 마련이니까. 경험적으로도 사실인 것 같다. 예나 지금이나 나는 운동을 아주 좋아한다. 20대의 나는 대체로 자신감이 넘쳤다. 항상 육체가 강건했던 덕분이었다. 무엇이든 지나치면 모자람만 못하다더니, 운동을 과하게 하다가 허리에 무리가 왔다. 디스크 환자라면 다 알겠지만 발가락 끝까지 저려와서 걷는 것도 힘이 들었다. 누워있는 것 이외에는 할 수 있는 것이 없었다. 그렇게 디스크로 고생하는 석 달 사이에 나는 극심한 우울증에 걸렸다. 예전의 자신감은 온데간데없고, 어떤 것을 해도 안 될 것만 같았다. 건강했던 시절에 작게만 보였던 세상이 갑자기 커져버려 나를 압도했고 두렵게 만들어버렸다. 내가 처음 느낀 멘붕의 경험이었다.

그렇다. 멘붕은 바로 어느 순간 세상이 너무 크게 느껴져 내가 할 수 있는 것이 아무것도 없을 것 같은 경험이다. 일단 멘붕이 찾아왔다면 정신적으로 극복하기가 정말 힘들다. 무엇을 해도 안 될 것 같고, 그냥 다른 사람들이 사는 대로 따라가고 싶고, 누군가한테 의지하고 싶은 마음이 들 수밖에 없다. 이럴 때 할 수 있는 가장 확실한 방법은 몸을 움직이는 것이다. 거창하게 운동을 하라는 것이 아니다. 멘붕이 찾아왔다면 일단 그것에 압도당하지 않기 위해 몸을 움직여야 한다. 육체가 정신의 지배를 받는 것이 아니라 정신이 육체의 지배를 받는 것이니까.

나 역시 그랬다. 직장을 그만두기 위해 겹겹이 쌓였던 내면을 개혁하는 중에 수시로 멘붕이 찾아왔다. 왜 안 그랬겠나? 부모는 "어떻게 들어간 직장인데 미친 짓하지 마라!"고 했고, 직장 동료는 "너 왜 그러냐? 잘리고 싶냐?"고 했다. 친구들도 "너 요즘 이상해. 정신 차려."라고 수시로 말했다. 나는 주위 환경에 압도당해 멘붕이 찾아올 때면 체육관에 갔다. 체육관에 못 갈 상황이라면 좋아하는 음악을 들으면서 숨이 턱에 찰 때까지 동네를 뛰었다. 그렇게 몸을 움직이고 땀을 흘리고 나면 '뭐든 할 수 있다.'는 정도까지는 아니지만 '그래, 포기하지 말자.'는 수준까지는 회복할 수 있었다, 그 정도만 되어도 느닷없이 들이닥친 멘붕을 다스리기에는 충분했다.

정신이 약해질 때 육체적 컨디션을 끌어올리는 것은 분명 효과가 있다. 멘붕이 찾아왔다는 것은 정신이 약해졌다는 의미고, 정신이 약해졌다는 말은 육체적으로 허해졌다는 의미다. 그러니 잘 먹고 몸을 움직이면서 육체적 컨디션을 끌어올리면 정신적 근력 역시 어느 정도 회복할 수 있다. 운동을 좋아하지 않는 사람은 산책도 좋고, 가벼운 맨손체조도 좋다. 절대 피해야 할 것은 집에 가만히 있는 것이다. 이것은 최악의 대처법이다. 온갖 쓸데없는 부정적인 생각이 꼬리에 꼬리를 물어 더 심각한 멘탈 붕괴에 빠질 수밖에 없다.

무아(無我)의 경지가 별건가? 부정적인 생각을 끊어내고 현재에 완전히 집중하는 것이 바로 무아(無我)다. 학창 시절을 생각해보자. 100미터 전력 질주를 할 때 어제 친구와 싸웠던 생각, 선생에게 꾸지람을 들었던 생각이

든 적이 있나? 몸을 움직이면 모든 부정적인 생각을 잠시 끊어낼 수 있다. 아무 생각 안 드는 무아(無我)의 경지는 도인이 아닌 우리로서는 몸을 움직이면서 도달할 수밖에 없다.

이제 정리해보자. 멘붕을 극복하기 위해서는 일단 몸을 움직이자. 결국 육체가 정신을 지배하는 것이니 몸을 움직여 강건한 육체를 만들 수 있다면 멘붕은 어느 정도 극복할 수 있다. 그리고 멘붕 역시 우리의 생각이다. 말하자면 우리를 잠식해 들어오는 부정적인 생각이 멘붕의 정체인 셈이다. 그러니 멘붕을 극복하기 위해서는 잠시 우리의 생각 자체를 끊어낼 필요가 있다. 그리고 우리의 생각을 끊어내는 것이 바로 무아(無我)의 경지다.

행복한 밥벌이 마지노선을 사수하라

마지노선을 사수하라!

많은 계획, 굳은 다짐에도 불구하고 우리의 행복한 밥벌이는 늘 좌절되기 일쑤다. 끝이 뻔히 보이는 직장의 한계와 '이건 아닌데' 하는 끝없는 의구심에도 불구하고 직장을 박차고 나와 행복한 밥벌이로 의연하고 담대하게 나아가지 못한다. 이유야 많다. 경제적인 문제가 제일 클 것이고, 현실에 안주하고 싶은 나약함 때문이기도 할 것이며, 막연한 미래의 불안감을 감당할 용기가 없어서이기도 할 것이다. 그런 많은 이유들 때문에 우리는 행복한 밥벌이를 위해 많은 계획을 세우고 또 매일 아침 굳은 다짐을 하는 것인지도 모른다. 이 지긋지긋한 악순환을 끊어내지 않고는 행복한 밥벌이는 없다.

어떻게 하면 반복되는 이 악순환을 끊어낼 수 있을까?

먼저 다이어트에 관한 이야기를 해보자. 다이어트에 성공한 사람들 중 다수는 다시 체중이 늘어나는 요요현상을 겪곤 한다. 그리고는 늘어난 살을 빼기 위해 또 다시 그 지옥 같은 다이어트를 하고, 다시 또 요요현상에 시달린다. 어떻게 하면 요요현상 없는 다이어트를 할 수 있을까? 기술적인 방법이야 많이 있겠지만 가장 확실한 방법은 체중의 '마지노선'을 정하는 것이다.

힘들게 50킬로그램까지 다이어트를 했다고 가정해보자. 현실적인 여러 조건을 감안한 뒤에 체중의 마지노선을 분명히 해두어야 한다. '54킬로그램이 마지노선이다.'라고. 아주 강력하고 분명하게 마지노선을 정하고 절대 여기서 물러서면 안 된다. 여기서 물러나면 금세 57킬로그램, 60킬로그램이 될 수 있다.

직장 역시 마찬가지다. 행복한 밥벌이로 가기 위해서는 '마지노선'이 필요하다. 그렇지 않으면 다시 또 악순환이 반복될 것이다. 다이어트가 힘든 이유가 무엇인가? 다이어트에 성공하기만 하면 예쁜 옷도 입고, 자신감도 생겨서 행복할 것 같지만 그것은 너무 멀고 또 그 과정은 너무 고통스럽다. 그러니 몇 달 뒤 다이어트에 성공해서 느끼게 될 행복함은 당장 오늘 밤의 치명적 유혹, 치맥에 의해 허무하게 무너져내릴 수밖에.

행복한 밥벌이를 할 수만 있다면 너무 행복할 것 같다. 아침에 일어나 향해야 하는 곳이 꼴도 보기 싫은 동료와 정신병자 같은 사장과 상사만 가득한 직장이 아니라 나를 설레고 행복하게 할 수 있는 일을 하는 곳이라면 그 삶이 어찌 행복하지 않을 수 있을까? 그것은 다이어트의 성공에서 느끼는 행복감과는 비교도 안 될 정도의 행복감일 것이다. 하지만 다이어트에 치명적인 유혹, 치맥이 있다면 행복한 밥벌이에는 마약보다 더 치명적인 유혹, 월급이 있다. 행복한 밥벌이는 너무 멀고 또 그 과정은 너무 고통스럽다. 하지만 당장 며칠만 '개기면' 통장에 월급이 들어온다. 그러니 우리의 행복한 밥벌이는 또 다시 허무하게 좌초될 수밖에.

요요현상이라는 악순환을 끊기 위해 '54킬로그램이 마지노선이다.'라는 자기 선언이 필요했듯이 행복한 밥벌이를 원하는 우리에게도 그런 마지노선이 필요하다. 하지만 다이어트를 위한 마지노선과 행복한 밥벌이를 위한 마지노선은 조금 다르다. 다이어트는 자신에게 적합한 목표 체중만 정하면 되지만 행복한 밥벌이는 그것보다 조금 더 복잡하다. 각자 주어진 삶의 무게도 다르고 처한 상황도 다 다르니까. 그러니 행복한 밥벌이 마지노선을 상황별로 제시하는 것이 현실적이겠다.

이제부터 직장에서 겪을 만한 몇 가지 상황별로 자존심 상할 정도의 구체적인 마지노선을 이야기해보자. 말하자면 행복한 밥벌이의 실전편이라고 할 수 있겠다. 여기까지 충실히 왔다면 이제 우리의 직장에서 행복한 밥벌이를 찾아가려는 노력들을 미루지 않고 직접 실천할 때다. 이 실전편에서 가장 중요한 포인트는 '마지노선'이다. 마지노선이 무엇인가? 일단 정했다면 결코 물러서지 말아야 하는 것이 바로 마지노선이다. 물론 여기서 말하는 마지노선 자체가 곧 여러분의 마지노선이 되어야 한다는 이야기는 아니다. 실전편을 읽고 숙고한 뒤 여러분만의 마지노선을 정하시라. 그리고 이제 더이상 물러날 곳이 없다고 생각하고 행복한 밥벌이로 나아가자.

이제 워밍업은 끝났다. 마지노선을 정하고 행복한 밥벌이를 위해 작은 한 걸음을 내딛어야 할 때다. 행복한 밥벌이라는 종착점에서 먼저 기다리고 있겠다. 너무 오래 기다리게 하지 말고 얼른들 오시라. 그리고 우리 함께 행복한 밥벌이라는 종착점에서 함께하자. 다들 건투를 빈다.

행복한 밥벌이 3개년
프로젝트_ 1년차

행복한 밥벌이를 하기 위해 시간이 얼마나 걸릴까?

산을 오를 때 정상이 어디쯤인지, 시간이 어느 정도 걸릴지 대략 알 수 만 있어도 한결 수월해진다. 행복한 밥벌이도 마찬가지 아닐까? 도대체 행

욕 망	재 능	인장강도

복한 밥벌이의 정상은 어디고 그곳을 가기 위해서 시간이 얼마나 걸릴지 개략적으로라도 알 수 있다면 불안하고 고단한 과정이 한결 수월해질 것이다. 나 역시 정말 궁금했다. '도대체 행복한 밥벌이를 하려면 얼마나 시간이 걸릴까?'

답하기 전에 처음으로 다시 돌아가볼 필요가 있을 것 같다. 행복한 밥벌이란 '원하는 일을 하면서 밥 먹고 살 수 있게 해주는 직업'을 의미한다. 핵심은 '원하는 일'과 '밥'이다. 이 두 가지 조건이 충족되어야 행복한 밥벌이를 하는 셈이다. 그럼 이제 행복한 밥벌이를 하는 데 시간이 얼마나 걸릴지 대답할 수 있다. '원하는 일'을 찾고, 그것으로 '밥'을 만들어내는 데 걸리는 시간이 바로 행복한 밥벌이를 하는 데 걸리는 총 기간이다.

확언할 수는 없지만 그 시간은 대략 3년 정도 걸리는 것 같다. 어떤 사람에게는 너무 길게, 어떤 사람에게는 너무 짧게 느껴질지도 모르겠다. 또 운이 좋은 사람은 3년보다 조금 덜 걸릴 수도 있고, 운이 없는 사람은 조금 더 걸릴지도 모르겠다. 하지만 분명한 것은 행복한 밥벌이를 하려면 대략 3년은 투자해야 한다는 점이다. 어디서 읽고 떠드는 것이 아니라 삶에서 직접 겪어보고 하는 이야기니 믿어도 좋다. 나 역시 마음만 먹으면 당장 내일부터 행복한 밥벌이를 할 수 있다고 말해주고 싶지만 그런 말은 사기꾼들이나 하는 말이라는 것을 이제 안다. 3년 정도의 시간과 정성도 들이지 않고 행복한 밥벌이를 하려는 것은 날로 먹으려는 도둑놈 심보다.

우리 주위에 행복한 밥벌이가 드문 이유는 3년이라는 시간을 잘 견뎌내는 사람이 드물어서일 것이다. 그 막막하고 불안하고 외로운 시간을 감당할 수 있는 사람이 흔치 않은 것은 당연한 일이다. 어쩌면 비범한 사람만이 행복한 밥벌이를 할 수 있는 것인지도 모른다. 하지만 까짓것 우리가 바로 그 비범한 사람이 되지 말란 법도 없지 않은가? 그럼 이제 3년이라는 시간

동안 구체적으로 무엇을 해야 하는지 알아보자.

1년차 : '미로(me-路)' 찾기

처음 1년이 가장 중요하다. 직장이 행복한 밥벌이가 되지 못하는 이유가 무엇인가? 그것은 행복한 밥벌이의 두 조건, '좋아하는 일'과 '밥' 중에서 '밥'을 충족하지 못했기 때문이 아니다. 우리는 지금도 지나칠 정도로 근면하고 성실하게 '밥벌이'를 하고 있으니까. 직장에서의 밥벌이가 행복하지 않은 이유는 '좋아하는 일'이 아니기 때문이다. 좋아하지 않는 일로 밥벌이를 하니 직장이 답답하고 괴로운 것이다. 그러니 당연히 행복한 밥벌이의 시작은 '좋아하는 일'을 찾는 것으로 시작해야 하고 이것이 가장 중요한 단계이다.

처음 1년을 '미로'(me-路) 찾기라고 이름하자. 좋아하는 일을 찾는다는 것은 구체적인 직업을 찾아낸다는 그런 단순한 문제가 아니다. 우리가 좋아하는 일을 찾지 못한 이유는 좋아할 만한 어떤 특정 직업을 찾지 못했기 때문이 아니라 근본적으로 우리 자신을 잘 모르기 때문에 발생한 것이다. 그러니 우리가 좋아하는 일을 찾기 위해서는 우선 나(me)를 찾아가는 길(路)을 먼저 진지하게 걸어가야 한다. 이직을 하거나 창업을 해도 여전히 행복한 밥벌이에 도달하지 못하고 '밥벌이는 뭘 하든 원래 지겹고 재미없는 거야.'라고 말하는 이유는 자신에 대한 깊은 숙고와 이해가 부족했던 탓이다. 자신의 깊은 욕망과 숨겨진 재능에 대한 진지한 숙고와 이해 없이 성급하게 선택하는 직업은 헛발질이 될 확률이 매우 높을 수밖에 없다.

미로를 찾는 과정에서 반드시 해야 하는 세 가지 주제가 있다. 그것은 바로 '욕망' '재능' '인장강도'다. 나를 찾아가는 과정에서 이 세 가지만은 진지하게 숙고해보아야 한다.

① 욕망

우선 처음 1년 동안은 자신만의 순수한 욕망을 찾아야 한다. 수단으로써 대하는 일이 아니라 어떤 일을 하는 것 자체가 이미 목적인 그런 일을 찾아내야 한다. 우리의 욕망은 수단과 목적이 일치되는 일 속에 있으니까 말이다. 엄밀히 말하면 이것은 '찾아낸다'기보다는 '복원한다'는 것이 더 적절한 표현일 것 같다. 우리는 어린 시절에 이미 수단과 목적이 일치되는 일들을 아주 많이 겪어보았으니까 말이다. 하지만 성장을 하면서 수단과 목적이 유리된 일들을 수없이 강요받았고, 그것을 무비판적으로 받아들였기 때문에 본래의 욕망을 잃어버린 것이다. 성적을 잘 받기 위해, 엄마의 칭찬을 듣기 위해 했던 일이 아니라 그저 그 일을 하는 것만으로 시간이 어찌 가는지 몰랐던 그런 일들을 복원해내야 한다.

어렵게 말할 것 없이 '수단과 목적이 일치되는 것'은 바로 놀이다. 우리는 놀이의 경험을 최대한 많이 기억해내야 한다. 축구일 수도 있고, 만화책일 수도 있고, 음악일 수도 있고, 그림일 수도 있고, 게임일 수도 있다. 무엇이든 상관없다. 그 일을 하는 것 자체로 충분히 즐겁고 행복했던 놀이 속에 우리의 깊은 욕망이 숨어있다. 물론 축구하는 것이 즐거운 사람이라고 해서 축구 선수가 되어야 한다거나, 만화책을 좋아했다고 해서 만화작가가 되어야 한다는 성급하고 거친 논리를 적용해서는 안 된다.

예를 들어보자. 축구를 좋아했던 사람은 축구 자체가 좋았던 것이 아니라 친구들과 같이 호흡하고 교감하고 싶은 욕망이 있는 사람일 수도 있고, 만화책을 좋아했던 사람은 만화 자체가 좋았던 것이라기보다는 생동감 있는 이야기를 듣고 말하고 싶은 욕망이 있는 사람일 수도 있다.

자신의 욕망을 복원할 수 없다고 해도 좌절하거나 실망할 필요는 없다. 1년 동안 이것저것 해보면서 처음부터 찾아나가면 되니까. 돈을 벌기 위해,

인정받기 위해서가 아니라 그 자체로 충분히 설레고 즐겁고 행복한 일들을 찾기 위해 이런저런 시도들을 해야 한다. 처음 1년 동안은 아무런 생각하지 말고 어린 시절 단순히 끌려서 했던 소꿉장난, 모래장난, 고무줄놀이, 총싸움 같은 일들을 최대한 많이 해보아야 한다.

욕망을 찾는 과정은 녹록지 않지만 반드시 해야 하는 과정이다. 우리의 깊은 욕망이 우리의 행복한 밥벌이의 시작이라는 점에서도 매우 중요하지만, 바로 이 욕망이 우리가 어떤 일을 할 때 지치지 않고 움직이게 해주는 가장 강력한 동력이 될 것이기 때문이다. 잊지 말자. 우리는 우리가 좋아하는 일을 할 때야 비로소 잠재력을 모조리 사용할 수 있다는 사실을.

② 재능

욕망만으로는 부족하다. 재능 역시 찾아야 한다. 좋아하는 일과 잘하는 일이 일치된다면 얼마나 좋을까만 삶은 언제나 우리 마음 같지 않다. 결국 행복한 밥벌이는 좋아하는 일로 밥벌이를 하는 것 아니던가? 그렇다면 단순히 좋아하는 일만으로는 부족하고 어느 정도의 자질이 있어야 한다. 어떤 일을 하더라도 누군가에게 쓸모를 제공하고 돈을 벌어야 하기 때문이다.

재능을 찾는 다른 방법은 없다. 일단 해봐야 한다. 머릿속으로 백날 상상만 해서는 어떤 일에 재능이 있는지 아닌지 알 수가 없다. 혹자는 나에게 '자신을 이해하는 데 1년이라는 시간은 너무 긴 것 아니냐?'고 말하기도 했다. 아니다. 자신을 제대로 이해하기 위해 1년은 결코 긴 시간이 아니다. 삶에 여유가 있다면 그보다 긴 시간을 투자해도 좋을 정도다.

'요리사? 생각해보니 재능이 없을 것 같아. 프로그래머? 그것도 그다지 잘하지 못할 것 같은데?'라는 식으로 재능을 찾을 수 있다면 1년이 아니라 일주일이면 충분하다. 하지만 우리의 자질이나 재능은 그런 식으로는 절대 찾을 수 없다. 어느 정도의 시간을 가지고 그 일을 직접 해봐야 그 일에 자질이 있는지 아닌지 알 수 있다.

숨겨진 보석 같은 자질과 재능을 찾는 것은 돈을 벌 수 있는 확률을 높여주기도 하지만, 동시에 그 일을 포기하지 않고 마지막까지 끈덕지게 밀어붙일 수 있게 하는 힘이 되기도 한다. 잘할 수 있다고 생각하는 일을 하는 것과 해도 안 될 것 같다고 생각하는 일을 하는 것은 엄청난 차이가 있다. 그러니 처음 1년 동안 여러 가지 시도들을 해보면서 자신의 숨겨진 자질과 재능을 찾아야 한다. 새로운 일들을 시도하다 보면 자신도 놀랄 정도로 숨겨진 재능을 발견할 수 있을 것이다. 잊지 말자. 세상에 모든 것을 다 잘할 수 있는 재능을 가진 사람도 없지만, 단 하나의 재능도 갖지 못한 사람 역시 존재하지 않는다는 사실을.

③ 인장강도

욕망과 재능 이외에도 나에 대한 전반적인 성찰이 필요하다. 가장 중요한 것은 스트레스를 견딜 수 있는 정도를 의미하는 '인장강도'를 아주 냉정하고 객관적으로 파악해야 한다. 자칫 자신의 인장강도를 과대평가하거나 과소평가하면 행복한 밥벌이로 가는 스텝이 꼬이게 된다.

처음 1년은 나를 찾아가는 과정이기도 하지만 행복한 밥벌이를 찾는 여정의 기본적인 틀을 구축하는 시기이기도 하다. 그러니 자신이 견뎌낼 수 있을 만큼의 스트레스의 인장강도를 잘 파악하는 것 역시 아주 중요하다. 자신의 인장강도를 과소평가한 사람은 욕망과 재능을 다 찾아내고도 마지막 용기를 내지 못해 행복한 밥벌이를 하지 못할 것이고, 자신의 인장강도를 과대평가하는 사람은 섣불리 직장을 박차고 나왔다가 주어지는 스트레스를 감당하지 못한 채 다시 직장으로 돌아갈 수밖에 없을 것이다.

인장강도를 조금 더 구체적으로 말해보자. 이것은 주변 사람들의 비난과 걱정, 잔소리에도 불구하고 흔들리지 않고 얼마나 묵묵히 자신의 길을 걸어갈 수 있느냐의 문제다. 사람마다 주변 사람들이 주는 스트레스를 견딜 수 있는 인장강도가 다 다르다. 지나가는 사람의 한 마디에도 극심한 스트레스에 휘청거리는 사람이 있는가 하면, 가장 곁에 있는 가족이나 친구가 주는 스트레스에도 불구하고 묵묵히 자신의 길을 걸을 수 있는 사람도 있다.

인장강도에는 최적 생계비의 문제도 포함된다. '나와 우리 가족의 최적 생계비는 얼마인가?'라는 질문에 답할 수 있어야 한다. 자본주의에 찌들 대로 찌든 우리에게 가해지는 여러 가지 스트레스 중 돈이 주는 스트레스가 단연 압도적이다. 자본주의 체제 내에서 살고 있다면 아무리 용가리 통뼈라도 돈 때문에 끝도 없이 스트레스 받는 상황을 견디기 쉽지 않다. 정말 운이 좋은 경우가 아니라면 행복한 밥벌이를 찾아가는 과정에서 일정 기간 동안 경제적 궁핍을 피할 수 없다. 그러니 나와 우리 가족에게는 얼마 정도의 생활비가 있으면 충분한지 그리고 그 생활을 충분히 견뎌낼 수 있을지 미리 파악해두는 것이 아주 중요하다.

최적 생계비 문제를 고민하다 보면 우리가 돈 때문에 받는 스트레스는 정작 돈을 많이 벌지 못했기 때문이 아니라 돈이 얼마나 있으면 충분한지 미리 정해두지 않았기 때문이라는 놀라운 사실을 발견하게 될 것이다. 결국 돈을 아무리 많이 번들 필요한 돈의 구체적 액수를 미리 정해놓지 않으면 언제나 우리의 삶은 궁핍하고 찌질하고 초라하게 여겨지게 될 것이다. 가족들과 함께 여행갈 차가 있으면 좋겠다고 생각하는 사람은 중고차 한 대로도 얼마든지 행복하지만 아무 생각 없이 사는 사람은 언제나 외제차를 보며 자신의 차가 찌질하고 초라하다고 여겨지는 것처럼 말이다.

이처럼 처음 1년 동안 해야 할 일들이 만만치 않다. 하지만 피할 수는 없다. 행복한 밥벌이에 대한 기초공사기 때문이다. 기초공사를 제대로 하지 않고 지어올린 건물은 언제 무너질지 모른다. 모든 일이 그렇듯 첫 단추를 잘 꿰어야 한다. 첫 단추부터 어긋나면 단추를 처음부터 다시 풀고 채워야 할지도 모르기 때문이다. 행복한 밥벌이라는 건물을 올리기 위해 탄탄한 기초공사를 한다고 생각하고 처음 1년을 즐겨보자.

03

행복한 밥벌이 3개년 프로젝트_ 2년차

2년차 : 훈련기

이제 내가 좋아하는 일도 찾았고, 나에 대해 어느 정도 알게 되었다고 해보자. 물론 첫 번째 단계 역시 쉬운 것은 아니지만, 이 과정을 잘 마무리했다고 해서 행복한 밥벌이를 할 수 있는 것은 아니다. 내가 좋아하는 일을 찾았다고 해서 그것이 바로 밥이 되지는 않기 때문이다.

여기서 분명히 해두어야 할 것이 있다. 행복한 밥벌이는 단순한 취미와는 다르다. 좋아하는 일을 한다는 측면에서는 취미와 공통점을 갖지만 행복한 밥벌이는 어느 정도 밥벌이에 대한 부담감이나 의무감을 동반할 수밖에 없다. 이 사실을 인정하고 받아들인다면 이제 해야 할 일이 선명해진다. 좋아하는 일을 연습해야 한다. 좋아하는 일로 밥벌이를 하려면 다른 사람에게 어떤 식으로든지 쓸모를 제공해야 한다. 처음 1년이 행복한 밥벌이를 찾는 단계였다면 2년째는 행복한 밥벌이를 만들어가는 단계라 할 수 있다.

하지만 너무 부담감을 가질 필요는 없다. 무슨 일을 하건 그 일로 밥벌이

213

를 하기 위해서는 일정 기간의 준비과정은 필요하니까. 객관적으로 생각해 보자. 하기 싫은 일만 가득한 지금의 직장 역시 그곳에 들어가려고 얼마나 많이 준비를 했나? 토익에, 학점 관리에, 어학연수에, 심지어 봉사활동까지 참 많이도 준비했다. 돈을 버는 것 이외에는 아무 의미도 없는 일을 하기 위해 그 많은 훈련과 준비를 했는데, 하물며 좋아하는 일을 하면서 돈을 벌 수 있는 일을 하려면 당연히 준비과정이 필요하지 않을까?

나의 2년째

2년째 과정에 대해 일괄적으로 말하기는 다소 무리가 있다. 기본적으로 여러분이 찾은 행복한 밥벌이가 무엇인지 모르기 때문이다. 설사 안다고 하더라도 그 분야를 내가 전혀 모른다면 돈을 벌기 위해 얼마나, 어떻게 훈련해야 하는지 알 수 없다. 그러니 우선은 나의 이야기를 하는 것이 좋겠다. 내가 행복한 밥벌이를 위해 준비했던 과정을 들으면서 여러분만의 행복한

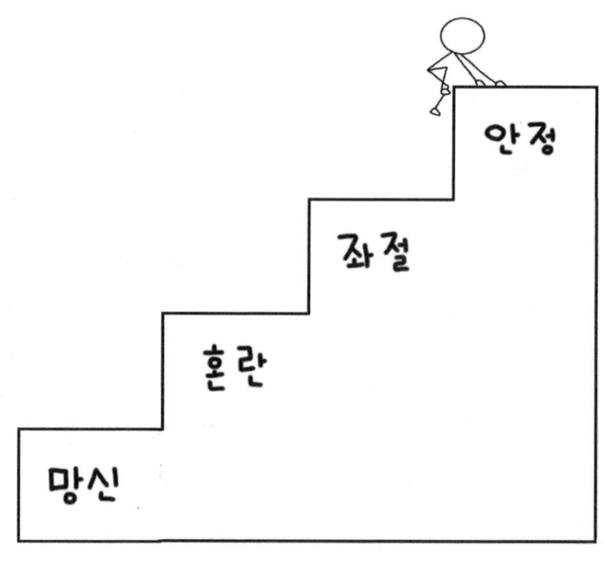

밥벌이를 어떻게 만들고 훈련할 것인지 고민해보는 것이 좋겠다.

① 망신기 : 훈련하는 방법부터 찾자

내가 찾은 행복한 밥벌이는 글을 쓰고 강연을 하는 것이었다. 그냥 그것을 하면 잘할 수 있고 행복할 것 같았다. 하지만 처음에는 막막했다. 평범한 월급쟁이인 내가 글을 쓰고 강연을 해서 밥을 먹고 사는 일은 그저 꿈처럼 느껴졌다. 그러니 어떻게 훈련해야 하는지 알 턱이 없었다. 주변에는 언제나 엔지니어들만 득실거렸으니 행복한 밥벌이에 대해 물어볼 사람도 없었다. 현재 직장의 밥벌이와 행복한 밥벌이의 괴리가 크게만 느껴졌다. 아마 행복한 밥벌이를 제대로 찾은 사람들이라면 대부분 느끼는 감정일 것이다. 직장의 밥벌이는 우리의 욕망을 따라서 찾은 일도 아니고 재능을 따라서 찾은 일도 아닐 테니까.

행복한 밥벌이를 훈련하는 과정에서는 반드시 '망신기'가 필요하다. 망신을 당할 각오가 없는 사람은 행복한 밥벌이를 훈련할 수 없다. 아니 어떻게 훈련해야 하는지 그 자체를 알 수 없다. 나 역시 마찬가지였다. 허구한 날 기계나 쳐다보던 내가 글을 쓰는 작가, 강연을 하는 사람이 되기 위해서는 망신을 당할 각오가 필요했다. 지금 생각해보면 낯 뜨거운 짓을 참 많이도 했다. 일면식도 없는 사람에게 느닷없이 메일을 보내 작가가 되려면 어찌해야 하냐고 묻기도 했고, 직장을 다니다 작가로 성공적인 경력 전환을 한 사람에게 뜬금없이 연락해 인터뷰를 하자고 졸라대기도 했으니까. 그때는 정말 절박했다. 행복한 밥벌이를 할 수만 있다면 그 정도 낯 뜨거움이나 '쪽 팔림'은 얼마든지 감당할 수 있다고 생각했다.

지금의 밥벌이와 행복한 밥벌이의 괴리가 클수록 망신의 횟수와 강도도 올라갈 수밖에 없다. 당연하지 않나? 새로운 일을 시작하면서 어떻게 처음부터 세련되게 훈련할 수 있겠나? 이제껏 하던 일이 아니라 전혀 새로운 일로 밥벌이를 하려면 그것을 어떻게 훈련해야 할지 그 자체를 모르는 경우가 일반적이니까 말이다. 이런저런 망신기를 거쳐야 겨우 어떻게 준비하고 어떤 훈련을 해야 하는지 개략적인 윤곽이라도 잡을 수 있다.

일단 비슷한 경력 전환을 한 사람이나 도움을 줄 만한 사람을 악착같이 찾으시라. 물론 그 사람이 도움을 주지 않을 수도 있고 망신만 당할 수도 있다. 그래도 실망하지 마시라. 당연한 것이니. 포기하지 말고 끈덕지게 계속 망신을 당하시라. 그러다 보면 어느 순간 어떻게 훈련해야 할지 어렴풋이 알 수 있을 테니까. 절박하다면 못할 것이 없다. 등산을 한 번도 해보지 않은 사람도 반드시 그 산을 넘어야겠다고 마음먹으면 방법은 반드시 보이게 마련이다. 오직 절박하지 않은 사람들만 '등산을 해본 적이 없다.'고 변명을 늘어놓을 뿐이다. 절박하지 않는 사람들은 더 절박해질 때까지 직장에서 절망해보는 것 이외에는 방법이 없다.

② 혼란기 : 내가 잘하고 있는 것 맞나?

망신기를 겨우 넘고 몇 가지 훈련 방법을 찾았다. 글을 잘 쓰려면 많이 읽고 또 많이 써야 한다. 뭔가 번쩍이는 방법을 원했던 나로서는 너무 당연한 이야기라 짜증도 났지만 일단 할 수 있는 것을 하기로 했다. 그리고 그때 어느 지인이 글을 지속적으로 쓰려면 블로그를 만드는 것이 좋다고 조언을 해서 바로 블로그를 만들었다. 그리고 그날부터 글을 많이 읽기 위해 책을 사다 모으기 시작했다.

학창 시절 글짓기로 상 한 번 받아본 적 없는 나의 글솜씨는 정말 형편없었다. 그래도 일단 썼다. 그리고 닥치는 대로 책을 읽기 시작했다. '이 사람은 어떻게 글을 쓰나?' '무슨 내용을 이야기하나?'라는 단순한 궁금증을 채우기 위해 무던히도 책을 읽어댔다. 그때 블로그에 썼던 글을 보면 정말 엉망진창이다. 읽은 책을 정리한답시고 블로그에 썼던 글들은 문단 구분은 고사하고 기본적인 맞춤법, 띄어쓰기도 안 되었다. 당시 썼던 글들을 다시 읽으면 대체 무슨 말을 하고 싶은 건지 알 수 없을 지경이었다.

주변의 칭찬과 인정은 고사하고 '너무 무모한 거 아니야?'라는 이야기만 듣던 시절이었다. 그들은 나름 객관적으로 나의 상태를 진단한 셈이었다. 주관적인 애정을 가지고 자신을 바라보아도 답이 없어 보이는데, 객관적인 시선으로 나를 바라보는 주변 사람들에게는 얼마나 답이 없어 보였을지 이해가 된다. 수시로 '내가 정말 잘하고 있는 것 맞나?'라는 생각이 찾아들었다. 불행인지 다행인지 모르겠지만 늘 일상에 쫓기며 사는 월급쟁이였던 내가 행복한 밥벌이를 위해 할 수 있는 것이라곤 블로그에 글을 쓰는 것뿐이었다.

나의 이야기를 할 수 있고, 또 아무런 검열 없이 글 쓰는 연습을 마음껏 할 수 있는 유일한 공간이 블로그였다. 어느 한 사람 나의 이야기를 들어주는 사람도 없었고 신경 써주는 사람도 없었지만 나는 글을 쓰는 것을 포기하지 않았다. 아니 포기할 수 없었다. 그마저 포기해버리면 나는 정말 아무 희망도 대안도 없이 월급만 기다리는 무기력한 인간이 될 것을 잘 알고 있었기 때문이었다.

그렇게 쓰고 또 썼다. 쓰다 보니 요령도 생겼고, 글 쓰는 것이 더 재미있어졌다. '어떤 일이든 반복하면 나아진다.'는 이야기는 사실인 모양이었다. 시간이 지나니 처음처럼 형편없지는 않았다. 나름 글 쓰는 모양새는 흉내 낼 수 있게 되었다. 하지만 여전히 나는 좋아하는 일로 밥벌이를 할 수 있는 것인지 확신하지 못했다. 정직하게 말하자면 이제야 평범한 수준 정도가 되었음을 인정하지 않을 수 없었다. 겨우 맞춤법을 맞추고, 띄어쓰기를 하고,

문단을 구성해 이야기를 할 수 있는 정도였다.

③ 좌절기 : 흉내 내기

좋아하는 일을 반복하면서 조금씩 나아지고 있음을 인지하자 혼란기는 어느 정도 마무리가 되었던 것 같다. 하지만 여전히 좋아하는 일로 밥벌이를 하기에는 역부족이었다. 겨우 평범한 수준이 되고 나서야 글을 정말 잘 쓰고 강연을 잘하는 사람들이 눈에 보이기 시작했다. 그들의 책을 읽고 강연을 들을 때면 어김없이 좌절했다. '내가 정말 저 사람처럼 할 수 있을까?' '저 사람들은 타고난 사람들이 아닐까?' '저 정도는 해야 밥 먹고 살지.'라는 생각으로 좌절감에 빠진 것이 한두 번이 아니었다.

무엇인가 도약의 계기가 필요했다. 혼자 하는 연습에 한계를 느꼈기 때문이다. 글쓰기 강좌를 찾아 듣거나 체계적인 커리큘럼으로 훈련을 하는 것은 빡빡한 직장인의 삶이 허락하지 않았다. 그때 지인의 소개로 100일 동안 사람들이 모여 꾸준히 글을 쓰는 모임에 들어가게 되었다. 누가 가르치는 것이 아니라 정해진 주제를 가지고 스스로 글을 쓰고 피드백을 주고받는 형식이었다. 게다가 대부분 온라인으로 이루어지는 과정이라 직장인인 나에게는 더없이 딱 맞는 과정이었다. 하지만 아이러니하게도 그 과정은 나를 더 깊은 절망으로 빠뜨렸다. 세상에 이렇게 글을 잘 쓰는 사람들이 많다는 사실에 정말 좌절했다. 아마추어인데도 정말 글을 잘 쓰는 사람들이 많았던 때문이다.

도저히 안 되겠다 싶어 작전을 바꿨다. 일단 흉내를 내자. 어차피 체계적인 교육을 받은 것도 아니니 글을 잘 쓰는 사람들을 흉내 내는 것이 가장 좋은 방법이라고 생각했다. 그 모임에서 가장 글을 잘 쓰는 사람을 흉내 내기 시작했다. 그리고 시간이 더 지난 뒤에는 좋아하는 작가의 글을 흉내 내기 시작했다. 그 습관은 여전히 나에게 남아있다. 나는 지금도 읽은 책을 필사하면서 다시 읽어보는 습관이 있다. 일차적으로 읽은 책의 내용을 정리하는 것이기도 하지만 그 작가의 호흡을 따라 글을 베껴 쓰면서 글쓰기 자체를 연습하는 것이기도 하다.

이것은 여러분에게도 충분히 적용해볼 수 있을 만한 이야기다. 여러분이 원하는 행복한 밥벌이에 대해 체계적이고 훌륭한 교육을 받은 경우라면 필요 없다. 하지만 이제껏 한 번도 접해본 적이 없는 생뚱맞은 밥벌이를 훈련해야 한다면 가장 좋은 방법은 흉내 내기다. 비단 글쓰기만이 아니다.

기계과를 졸업하고 관련업계에서 일하다가 느닷없이 컴퓨터 프로그래머가 되고 싶어 하던 무모한 친구가 있었다. 그는 프로그래밍을 할 때가 좋단다. 그에게는 그것이 행복한 밥벌이였던 셈이다. 여러 가지 우여곡절을 겪기는 했지만 그는 결국 훌륭한 경력 전환을 했고 지금은 좋아하는 일을 하면서 돈도 잘 번다.

그에게 한번 물은 적이 있다. "만날 역학이나 공부하던 놈이 어떻게 프로그래머가 됐냐?" 그가 내게 돌린 답은 "처음에는 아무것도 모르니까 일단 프로그램 잘 짠다고 소문난 사람들 것을 무작정 따라했지. 그렇게 한 1년 하니까 좀 알겠더라고." 그 역시 일단 흉내 내기로 시작한 것이다. 어떤 일을 하건 그것을 잘 훈련하는 방법의 처음은 단연 흉내 내기다. 나는 그것이 좋아하는 일을 행복한 밥벌이로 도약시켜줄 훌륭한 하나의 대안이 될 수 있다고 믿는다.

④ 안정기 : 자기 스타일 찾기

매력적인 사람이 되자

우리는 어떤 음식을 사 먹나? 당연히 맛있는 음식을 사 먹는다. 즉 매력적인 음식을 사 먹는 것이다. '음식' 중에서는 맛있는 것보다 매력적인 것은 없으니까. 다른 상품도 모두 마찬가지다. 기꺼이 돈을 지불하고 어떤 것을 살 때는 충분히 매력적인 것이어야 한다. 아이폰을 사는 사람은 아이폰의 매력에 돈을 지불하는 것이고, 그림을 사는 사람은 그 그림의 매력에 돈을 지불하는 것이고, 책을 사는 것은 그 책의 매력에 돈을 지불하는 것이다.

여기에 흉내 내기의 한계가 있다. 여자들이 짝퉁 샤넬 가방을 사지 않고 빚을 내서라도 '진품'을 사려는 이유는 뭔가? 짝퉁 가방을 메는 사람은 자신도 짝퉁처럼 보일까 봐 두려워하는 것이다. 짝퉁은 매력이 없다. 흉내 내기로 일정 정도 실력이 향상될 수 있지만 그것만으로는 행복한 밥벌이를 하기에 역부족이다. 잘해봐야 누구나 만들 수 있는, 조금 더 정교한 짝퉁이 될 수밖에 없을 테니까.

다시 나의 이야기를 해보자. 나름 흉내 내기를 열심히 하고 난 이후 몇 가지 요령도 생겼고, 자신감도 조금 붙었다. 하지만 그것으로 밥벌이를 하기에는 여전히 부족하다는 사실을 깨달았다. 흉내 내기식 글쓰기는 전혀 매력이 없기 때문이다. 생존에 직접적으로 필요한 상품이 아니라면 매력이 없는 것은 팔리지 않는다. 글도 마찬가지다. 그 사람이 아니면 안 되는 글을 쓰지 못하면 그 글은 매력이 없다.

이제 답은 나왔다. 좋아하는 일이 어떤 일이건 간에 그것으로 밥벌이를 하려면 매력적인 것으로 만들어야 한다. 프로그래머는 매력적인 프로그래밍을 할 수 있어야 하고, 화가는 매력적인 그림을 그릴 수 있어야 하고, 장사를 하는 사람은 물건을 매력적으로 팔 수 있어야 한다. '매력'이라는 말에는 아주 포괄적인 의미가 담겨있다. 프로그래머에게 매력이란 효율이란 측면일 것이고, 화가에게 매력이란 영감을 줄 수 있는 어떤 것일 테고, 작가에게 매력이란 지식이나 감동 같은 것일 테다.

그렇다면 매력은 어떻게 만들어지는가? 두 명의 작가를 이야기하면서 매력이란 것을 설명해보는 것이 좋겠다. 나는 한국에서 글을 쓰는 작가 중에서 두 명이 아주 의미 있다고 생각한다. '유시민'과 '김어준'이다.

먼저 유시민에 대해서 이야기해보자. 그는 스스로 자신을 '지식 소매상'이라고 표현한다. 왜 그럴까? 유시민 이전의 글쟁이들은 대부분 생경한 단어와 어려운 학술용어로 글을 썼다. 지식은 지식을 공유한 사람들의 전유물처럼 느껴졌고 체계적인 교육을 받지 못한 사람들은 그들의 글을 읽지도 이해하지도 못했다. 하지만 유시민의 글은 달랐다. 그래서 유시민의 글에는 매력이 있다. 그 매력은 대중의 언어로 쉽게 이야기한다는 점이다. 그는 어렵게만 느껴졌던 심오한 지식을 부담 없고 쉽게 접할 수 있게 해주었다. 그래서 '지식 소매상'이라는 정체성이 바로 그의 매력인 셈이다.

다음은 김어준이다. 유시민 이후에는 나름 쉽게 이야기를 하려는 작가들이 등장했지만 나는 그들에게 별로 매력을 느끼지 못했다. 더 냉정하게 말하자면 유시민의 짝퉁처럼 보였다. 하지만 김어준은 달랐다. 그는 대중의 언어로 쉽게 이야기한다는 점에서 유시민의 스타일과 궤를 같이 하지만 유쾌하고 재미있다는 점에서 또 다른 매력이 있다. 과감하게 맞춤법을 무시하고, 시도 때도 없이 쉼표를 찍어대고, 욕두문자를 남발하는 그의 글이 밉지 않은 이유는 그의 기발함과 유쾌함에 있다. 유시민의 매력이 대중의 언어로 쉽게 이야기함에 있다면 김어준의 매력은 기발함과 유쾌함에 있다. 그래서 사람들은 유시민의 책을 사고, 김어준의 책을 산다.

행복한 밥벌이를 하려면 좋아하는 일을 매력적인 것으로 만들어야 한다. 매력은 대체 어떻게 만들어지는 걸까? 가장 중요한 것은 자기 자신이 되는 것이다. 유시민이 매력 있는 이유는 유시민답기 때문이다. 김어준이 매력 있는 이유 역시 김어준답기 때문이다. 우리 역시 마찬가지다. 어떤 일을 '자기답게' 할 수 있다면 자신만의 매력이 생길 수 있다.

가수 중에도 밝은 노래가 잘 어울리는 가수가 있고, 슬픈 노래가 잘 어울리는 가수도 있다. 그 사람이 살아왔던 여러 가지 삶의 조건 속에서 이미 그런 사람이 된 것이다. 자신에게 어울리는 모습을 마지막까지 지켜나갈 때 우리는 매력적인 사람이 된다.

다시 묻자. 매력이란 무엇인가? 그것은 결국 독창성 아닌가? 다른 사람이 결코 흉내 낼 수 없는 유일함이 바로 한 사람의 매력 아닌가? 독창성과 유일함은 마지막까지 다른 사람을 흉내만 내려는 사람은 결코 도달할 수 없는 지점이다. 자신이 되어야 한다. 생각해보자. 유시민이 맞춤법도 안 맞추고 시도 때도 없이 쉼표와 '씨바'를 남발한다면 매력이 있을까? 김어준이 차분하고 진지하게 이야기하고 글을 쓴다면 매력이 있을까? 생겨먹은 그대로의 모습을 마지막까지 관철해야 한다. 그 과정이 힘들고 외로울 때도 있겠지만 그래야 한다. 마지막까지 있는 그대로의 자신의 모습을 밀어붙이는 과정에서 나름의 세련미가 생길 것이고 그 세련미가 바로 매력이 되는 것이다.

나 역시 그런 시행착오를 거친 적이 있다. 좋아하는 글쟁이들을 흉내 내려고 하다 보니 어느 순간 그네들의 삶까지 흉내 내고 있는 자신을 발견했다. 나는 운동하고 술 마시는 것을 좋아한다. 하지만 내가 좋아했던 글쟁이들 중 운동을 좋아하거나 술을 즐겨 마시는 사람이 없었다. 한때 나는 그들을 흉내 내야 한다는 압박감에 좋아하는 운동도 참고 술도 끊은 적이 있다. 이런 식은 안 된다. 그들에게는 그들의 삶이 있고, 나에게는 내 삶이 있다. 나는 어느 순간부터 생겨먹은 대로 살기로 했다.

재미있는 점은 그렇게 생겨먹은 대로 살면서 썼던 글을 읽은 사람들의 반응이었다. 많은 사람들이 내 글 속에서 술 이야기와 운동 이야기가 많이 나와서 신선했다고 말해주었다. 아직 그것을 독창성이나 유일함이라고

까지 말하지는 못하겠지만 작가들과 조금은 다른 나만의 개성이 되어가고 있는 것은 사실인 것 같다.

매력은 사랑을 타고

매력이 어찌 생기는지 하나 더 말해보자. 정직하게 말하자면 우리는 돈을 벌기 위해 매력이 필요하다. 좋아하는 일을 상품으로 만들어 누군가에게 팔지 못하면 생존 자체가 위협을 받으니 행복한 밥벌이가 단순한 취미가 아니라는 사실을 잊어서는 안 된다. 하지만 아이러니하게도 상품의 진정한 매력은 돈보다 더 사랑하는 것이 있어야만 생길 수 있다. 타인을 사랑하는 애정이 있어야 매력이라는 것이 생긴다. 다시 유시민과 김어준의 이야기로 돌아가자.

유시민은 왜 글을 쉽게 쓰고 싶었을까? 그는 자신의 지식과 깨달음을 당시 구로공단의 여공들, 배우지 못해 착취당하는 노동자들에게 알려주고 싶었던 것이다. 유시민에게 그런 애정이 없었다면 글을 쉽게 쓰고자 하는 힘겨운 노력은 애초에 하지 않았을 것이다. 압축된 전문용어 하나면 해결될 것을, 쉽게 설명하기 위해 몇 장씩 써야 하는 그런 수고로움은 누군가에 대한 애정 없이는 할 수 없는 일이다. 유시민이 만든 책의 매력은 결국 타인을 사랑하는 마음에서 나왔던 셈이다.

김어준도 마찬가지다. 그가 발칙할 정도로 재미있게 이야기하고 글을 쓴 이유는 그리 생겨먹었던 탓만은 아닌 것 같다. 유시민이 여공들과 노동자들이 생경한 단어와 학술적인 용어들 때문에 알아야 할 것들을 놓치고 있다는 시대의 진실을 파악했다면, 김어준은 그 다음 세대들이 과도한 정보에 노출되어 정작 알아야 할 진실을 놓치고 있다는 사실을 간파했던 것이다. 그래서 그는 때로는 유쾌하게 때로는 자극적으로 자신의 이야기를 했던 것이다. 우리가 김어준에게 열광하는 이유는 그의 기발함과 유쾌함 때문만이 아니라 행간에 깊이 묻어나는 대중에 대한 절절한 애정 때문인지도 모른다. 그러니 김어준의 매력 또한 동시대를 살아가는 타인을 진심으로 사랑하고자 했던 마음에서 나왔던 셈이다.

우리 역시 마찬가지다. 자신답게 사는 것만큼 동시대를 살아가는 타인을 사랑하는 마음 역시 중요하다. 그것이 우리의 진정한 매력을 만들 테니까. 역설적이게도 돈을 벌기 위해 억지스럽게 매력을 만들려는 사람은 돈조차 벌 수 없다. 오직 돈만을 사랑하는 사람은 매력은 고사하고 추악해지기 마련이니까. 정말 매력적인 프로그래머는 프로그래밍으로 돈만 벌고 싶은 사람이 아니라 그 프로그램으로 사람들이 조금 더 편해졌으면 좋겠다고 생각하는 사람이다. 정말 매력적인 사업가는 돈을 더 많이 벌고 싶어 하는 사람이 아니라 동시대를 살아가는 사람들에게 작은 도움이라도 주고 싶어 하는 사람이다.

행복한 밥벌이를 제대로 훈련하려면 두 가지는 반드시 명심하자. 기본적인 테크닉이 갖춰졌다면 이제 더 이상 누군가를 흉내 내려고 하지 말자. 다른 사람이 무슨 말을 하든 개의치 말고 자신만의 삶의 방식을 마지막까지 밀어붙이자. 그러면 언젠가는 누구와도 구별되는 유일하고 독창적인 자신만의 스타일이 만들어질 것이다. 그 스타일이 바로 우리를 먹여살려줄 매력이 될 것이다. 그리고 동시대를 살아가는 사람들을 사랑하자. 무슨 일을 하건 주위 사람들에 대한 깊은 애정을 가지고 일하자. 그들에게 조금이라도 도움이 되는 일을 하려고 노력하자. 그 과정에서 우리는 자연스럽게 대중적인 매력을 가지게 될 것이다.

04 행복한 밥벌이 3개년 프로젝트_ 3년차

3년차 : 밥 만들기

이제 드디어 마지막 3년째다. '미로 찾기'와 '훈련하기'를 거쳐 묵묵히 여기까지 왔다면 여러분의 삶에 많은 변화들이 있었을 것이다. 주변 사람들과 다른 길을 걸어가느라 때때로 불안하고 막막하기도 했을 것이고, 또 조금씩 성장해가는 자신의 모습을 보며 이제 곧 행복한 밥벌이를 할 수 있을 거란 생각에 설레고 행복하기도 했을 것이다. 이제 조금만 더 힘을 내면 된다. 이 마지막 단계만 거치면 정말 행복한 밥벌이를 할 수 있을 테니까.

노파심에서 하나 덧붙이자면 사람에 따라서 혹은 자신이 좋아하는 일의 종류에 따라서 '미로 찾기' 단계와 '훈련하기' 단계가 1년보다 조금 덜 걸릴 수도 혹은 더 걸릴 수도 있다는 것이다. 마찬가지로 마지막 '밥 만들기' 단계 역시 정확하게 1년이 걸리는 것은 아니다. 사람에 따라 그보다 더 많이 혹은 더 적게 걸릴 수도 있다.

마지막 단계, '밥 만들기'는 말 그대로 이제 정말 좋아하는 일로 밥벌이를 하는 단계다. 좋아하는 일을 찾고, 충분히 연습도 했으니 이제 세상에 나갈 때다. 이제까지의 단계가 혼자서 행복한 밥벌이를 준비하는 단계였다면 지금부터는 세상과 맞부딪혀야 할 시기다. 돌려 말할 것 없이 우리가 좋아하는 일로 돈을 벌어야 할 때다. '훈련하기'와 마찬가지로 이 단계 역시 표준화된 특정한 방법을 말해줄 수 없다. 세상에는 참으로 다양한 사람, 다양한 밥벌이가 있으니까. 어떤 사람이 어떤 밥벌이를 선택하느냐에 따라 '밥 만들기'의 방법 역시 아주 다른 형식을 띠게 될 것이다. 이번 이야기를 참고로 해서 여러분만의 '밥 만들기' 단계를 구체화할 수 있으면 좋겠다.

좋아하는 일로 어떻게 돈을 벌 수 있을까?

이제 우리의 지상 목표는 오직 하나다. '좋아하는 일로 어떻게 돈을 벌 수 있을까?' 그 방법만 찾아내면 우리는 이미 행복한 밥벌이에 도달한 셈이다.

내가 좋아하는 일은 글쓰기였다. 내 경우에는 돈을 벌 수 있는 구체적인 방법을 찾는 것이 어렵지 않았다. 돈을 받고 글을 파는 몇 가지 전형적인 방법들이 이미 많이 존재했으니까. 매체에 기고를 해서 돈을 받거나 책을

써서 인세를 받는 경우였다.

요리하는 것이 좋다면 요리를 해서 돈을 벌 수 있는 방법을 찾아야 하고, 노래하는 것이 좋다면 그것으로 돈을 벌 수 있는 방법을 찾아야 한다. 여러분이 좋아하는 일이 어떤 일이든, 그 일을 충분히 즐기면서 훈련했다면 그것으로 돈을 벌 수 있는 방법은 존재한다. 아무리 생각해도 기존의 방법이 떠오르지 않는다 해도 상관없다. 직접 만들면 되니까. 조금만 창의적으로 생각해보면 얼마든지 돈을 벌 수 있는 방법을 만들 수 있다.

기존 방법을 참고해서 찾을 수도 있고, 좋아하는 일을 찾고 그것을 연습하는 과정에서 떠오른 독창적인 밥벌이 방법이 있을 수도 있다. '이건 해도 안 될 거야, 이까짓 게 돈이 되겠어?'라는 패배적인 생각을 하지 말고 적극적이고 긍정적으로 생각하다 보면 분명 길이 보일 것이다.

그런 사례가 실제로 있다. 뚜렷한 직업도 없이 아르바이트를 해서 돈이 좀 모이면 세계 각지로 여행을 다닐 정도로 여행을 좋아하는 사람을 한 명 알고 있다. 그는 자신의 여행 경험을 토대로 배낭여행 컨설턴트라는 직업을 만들어 돈을 번다. 어떤 여행지든 전반적인 가이드부터 그곳을 직접 경험하지 않으면 알 수 없는 유용한 여행 팁까지 조언해준다. 처음 여행을 가는 사람들에게 그의 조언은 돈을 주고 사도 충분히 좋을 상품인 것이다. 또 정리하는 것을 좋아하는 어떤 사람은 정리 컨설턴트라는 직업을 만들었다. 집안 물건부터 주변의 갖가지 물품들을 효율적으로 정리할 수 있는 자신의 정리 팁을 돈을 받고 파는 경우도 있다. 이처럼 좋아하는 일을 어느 정도만 훈련하면 얼마든지 돈을 벌 수 있는 방법은 있다. 너무 걱정할 필요 없다.

두드려라, 아님 말고

하지만 돈을 벌 수 있을 것 같은 방법을 찾았다고 해서 반드시 실제로 돈을 벌 수 있는 것은 아니다. 생각과 현실의 차이는 언제나 큰 법이니까. 그러니 과연 우리가 찾은 방법이 세상에 쓸모를 주고 돈을 벌 수 있는 것인지 아닌지 그 방법을 검증해보아야 한다. 이 검증 단계에서 가장 중요한 덕목은 '두드려라, 아님 말고.' 정신이다.

나는 글쓰기를 어느 정도 연습한 후에 그 일로 돈을 벌 수 있는지 검증을 해야겠다는 생각이 들었다. 우선 짧은 글을 써서 돈을 벌 수 있는 방법을 찾았다. 잡지, 신문, 포털사이트까지 매체를 가리지 않고 유료로 글을 기고할 수 있는지 문의했다. 어림잡아도 100군데는 넘을 것 같다. 결과는 전멸이었다. 생각해보면 당연한 일이었다. 아무런 경력도 없는 글쓰기 '듣보잡'인 내게 선뜻 돈을 주고 글을 게재할 매체가 없는 것은 당연한 일이었다. 두드렸는데 안 되었다. 그래서 '아님 말고.'라고 깔끔하게 포기했다.

다른 방법을 찾아야 했다. 어떤 식으로든 세상에 나의 재능을 증명해야 했다. 세상은 스스로 먼저 증명하지 못하는 사람에게 돈을 지불하지 않는다. 먼저 증명해야 돈을 지불한다. 글쟁이로 스스로를 증명하기 위해 일단 책을 한 권 내야겠다는 생각을 했다. 짧은 글을 기고하는 것보다 더 어려운 길이 될 것 같았지만 당시 내게는 다른 대안이 없었다. 기댈 언덕도 없었고 또 그러고 싶지도 않았으니까. 또 다시 일단 두드려야 했다. 출판사에 출간 문의를 하기 시작했다. 결과는 또 전멸이었다.

어떤 출판사는 일언지하에 거절하기도 했고, 또 어떤 출판사는 글을 몇 꼭지 보내달라고 요청하기도 했지만 결과는 마찬가지였다. 나중에는 얼마나 많은 출판사에 문의를 했는지 기억도 나지 않을 만큼 많이도 보냈다. 그렇게 두 달쯤 지났을까? 몇 군데 출판사에서 만나보자는 연락이 왔고, 그렇게 나의 첫 책은 만들어지게 되었다. 그 지난한 검증의 시간이 끝난 후에야 비로소 한 권의 책을 출간할 수 있었다. 행복한 밥벌이를 하고 싶다면 일단 두드려야 한다. 그리고 '아님 말고.'라고 생각할 수 있어야 한다. 그리고 또 다른 데를 두드려보면 된다.

여러분도 마찬가지다. 좋아하는 일로 돈을 벌고 싶다면 일단 두드려봐야 한다. 돈을 벌 수 있는 방법을 찾았다면 무던히도 두드려야 한다. 몇 번의 실패를 겪다 보면 자신감도 없어지고 위축될 수도 있다. 그래도 포기할 필요는 없다. 두드려보고 안 되면 말고 또 다른 데를 두드려보면 되니까. 생각보다 세상은 넓다. 그 과정에서 우리의 능력도 검증이 될 것이고 운이 좋다면 생각보다 빨리 돈을 벌 수도 있을 것이다. '밥 만들기'를 할 때 이 덕목만은 잊지 말자. '두드려라, 아님 말고.'

방향 조절

좋아하는 일로 돈을 벌 수 있는 방법을 찾고, 그 방법으로 돈을 벌기 위해 많은 시도들을 해보지만 생각보다 여의치 않은 경우가 대부분일 것이다. '두드려라, 아님 말고.'만 반복하는 경우도 발생할 수 있다. 이럴 때는 방향 조절이 필요하다. 오해는 하지 말자. 방향 조절은, 좋아하는 일로 돈을 벌 수 없으니 다시 좋아하지 않는 일을 하며 돈을 벌어야 한다는 것이 결코 아니니까.

다시 나의 이야기로 돌아가보자. 앞서도 말했지만 나는 책을 한 권 내기 위해 수도 없이 '빼찌'를 먹었다. 어떤 출판사는 아직 책을 낼 역량이 안 된다고 노골적으로 말하기도 했다. 당시 내가 쓰고자 했던 책은 직장인들을 위한 책이었다. 하지만 당시 겨우 직장 4년차였던 내가 하는 이야기에 관심을 가져줄 직장인이 거의 없는 것은 당연한 일이었다. 그래서 방향 조절이 필요하다는 생각을 했다.

팔리는 이야기를 써야 했다. 많은 고민 끝에 대상 독자를 직장인 전체에서 신입사원으로 한정했다. 신입사원들에게 도움을 줄 수 있는 책을 쓰는 것이 현실적인 방법이라 판단했고 출간 계획서를 다시 보냈다. 몇 번의 실패를 통해 방향 조절을 한 결과 몇 곳의 출판사에서 책을 내보자는 긍정적인 답변이 왔다. 타협이라면 타협일 수도 있다. 하지만 나는 그때의 선택이 현명했다고 생각한다. 일단 행복한 밥벌이에 첫발을 내딛게 되었다는 점에서도 그렇지만, 그때는 직장인 전반을 아우를 수 있는 책을 쓸 깜냥이 안 되었다는 것도 사실이었다.

때로 우리는 자신의 역량을 있는 그대로 보지 못할 때가 있다. 그러니 '밥 만들기'를 할 때는 많은 시도들을 하면서 적절한 방향 조절을 해야 한다. 몇 번의 실패 앞에서 좌절하거나 의기소침할 필요는 없다. 몇 번의 실패는 포기하라는 의미가 아니라 방향을 조절하라는 의미이니까. '좋아하는 일로 돈을 번다!'는 대전제 안에서는 얼마든지 유연해져도 좋다. 좋아하는 일을 하면서 돈을 버는 것이 어디 쉬운 일인가.

멀리 갈 것도 없이 지금 잘나가는 연예인이나 배우들만 보더라도 분명히 알 수 있다. 재수 좋은 몇몇을 제외하면 처음부터 주인공이나 자신이 하고 싶었던 배역을 한 사람은 거의 없다. 처음에는 단역도 하고, 하고 싶지 않은 역할도 하면서 '밥 만들기'를 할 수밖에 없다. 우리 역시 마찬가지다. 행복한 밥벌이에 처음부터 대박은 없다.

돈이 충분치 못하다면 방법을 다양화할 것

돈을 벌 수 있는 방법을 찾았다고 해서 모든 것이 다 해결된 것은 아니다. 기본적으로 어딘가에 소속되어 일을 하는 경우가 아니라면 돈을 벌기는 하지만 수입이 불규칙하고 충분하지 못한 경우가 발생할 수 있다. 행복한 밥벌이를 하면서 발생할 수 있는 아주 일반적인 경우다. 좋아하는 일로 최적 생계비를 벌지 못한다면 이 문제를 해결할 수 있는 방법은 크게 두 가지다. 첫 번째는 당분간 좋아하지 않는 일을 하면서 돈을 버는 방법이다. 하지만 이 방법은 이미 행복한 밥벌이가 아니므로 최악의 상황이 아니면 되도록 사용하지 않기로 하자.

방법이 하나 더 남았다. 그것은 좋아하는 일로 돈을 벌 수 있는 방법을 다양화하는 것이다. 베스트셀러 작가가 아니면 인세만으로 생활을 하기는 거의 불가능에 가깝다. 열심히 써봐야 1년에 두 권 이상 내기 쉽지 않다. 평범한 작가의 경우 한 권당 인세는 1년에 300만~400만 원 정도밖에 되지 않는다. 그것도 첫해만 그렇고 이듬해부터는 그마저도 힘들다. 그러니 책만 쓴다고 가정하면 많이 잡아봐야 연봉 1,000만 원이 되는 셈이다. 연봉 1,000만 원으로 정상적인 생활을 할 수 없다는 것은 너무도 당연한 이야기다. 이건 지금 내가 처한 상황이기도 하다.

그럼 나는 어찌해야 하나? 편의점 알바를 해야 하나? 아님 연봉 6,000만 원을 받던 직장으로 다시 돌아가야 하나? 상황이 정말 여의치 않다면 그렇게 해야겠지만 최대한 그런 불행한 밥벌이는 하고 싶지 않았다. 대신 나는 밥벌이 방법을 다양하게 만들기로 했다.

나는 무엇인가를 표현하는 것이 즐겁다. 그것이 꼭 글일 필요는 없다고 생각했다. 그래서 방송하고 강연하는 것으로 돈을 벌기로 했다. 다행스러웠던 점은 책을 한 권 내고 나니 강연을 하는 것도 조금 수월해졌고, 방송 기회도 자연스럽게 생기게 되었던 것이다. 이처럼 '밥 만들기' 단계에서 돈을 벌 수 있는 방법을 다양화하는 것도 하나의 대안이 될 수 있다.

좋아하는 일을 일정 기간 동안 연습했다면 돈을 만들 수 있는 방법이 꼭 하나만 존재하는 것은 아니다. 조직을 떠나면 수입이 안정적이지 않다는 단점도 있지만 거꾸로 생각해보면 엄청난 장점이기도 하다. 직장을 다니면 돈

나올 구멍이 직장 이외에는 있을 수 없다. 하지만 조직을 떠나면 수입이 불규칙한 반면 돈을 벌 수 있는 방법을 얼마든지 다양화할 수 있다.

친구 중에 컴퓨터를 좋아하고 잘 다루는 친구가 있다. 그는 '프레지'(일종의 파워포인트 같은 프로그램)라는 프레젠테이션 도구에 빠져서 그것을 오랜 시간 연습했다. 그는 지금 기업체나 정부 산하기관의 요청을 받고 '프레지'를 만들어서 판다. 하지만 제작 문의가 없거나 뜸할 때는 사람들에게 '프레지' 교육을 하며 돈을 벌기도 한다.

좋아하는 일로 돈을 버는 것이 쉬웠다면 싫어하는 일만 가득 찬 직장으로 향하는 사람들이 지금처럼 많이 존재할 이유는 애초에 없었을 것이다. 그만큼 좋아하는 일로 돈을 버는 것은 만만치 않다. 하지만 못할 것도 없다. 좋아하는 일로 돈을 버는 방법을 찾자. 돈벌이가 신통치 않다면 방법을 다양화해보자. 넉넉하지는 않겠지만 적어도 생활할 수 있는 돈은 벌 수 있을 것이다. 운이 좋을 경우 꾸준히 하다 보면 의도치 않게 적지 않은 돈을 벌 수 있는 기회가 주어지기도 할 것이다. 그러니 좋아하는 일로 돈을 버는 방법을 찾고 모색하는 것을 멈추지 말자.

행복한 밥벌이의 시작과 완성

이제 이런 의문이 든다. 그렇다면 도대체 행복한 밥벌이는 언제 시작되고 언제 완성되었다고 말할 수 있을까? 우선 행복한 밥벌이가 시작되는 시점부터 말해보자. 그것은 좋아하는 일을 하면서 처음으로 돈을 버는 시점이 될 것이다. 여기서 중요한 것은 번 돈의 액수와는 전혀 상관이 없다는 점이다. 요리하는 것을 좋아하는 사람이 요리로 일단 돈을 벌었다면, 노래를 좋아하는 사람이 노래로 일단 돈을 벌었다면, 오락을 좋아하는 사람이 오락으로 일단 돈을 벌었다면 이미 행복한 밥벌이가 시작된 셈이다. 단돈

10원이라도 말이다.

시작은 항상 미약할 수밖에 없다. 아무리 높은 산도 결국 한 걸음부터 시작하는 것이 아닌가? 그러니 여러분이 좋아하는 일이 무엇이든 작은 돈이라도 일단 벌기 시작했다면 자신감을 가져도 좋다. 이제 행복한 밥벌이에 들어선 것이니까. 이제 그 일과 오랜 시간 함께하기만 하면 된다. 여기까지 왔다면 여러분의 삶은 이전과는 비교도 안 될 만큼 의미 있고 행복한 삶이 되어 있을 것이다. 여기까지 오는 데 대략 3년 정도가 걸리지 않을까 싶다.

그렇다면 행복한 밥벌이의 완성은 언제인가? '미로 찾기' '훈련기' '밥 만들기'를 거쳐 돈을 벌기 시작했다면 어느 시점에서 자신만의 최적 생계비까지 충당하게 될 때가 올 것이다. 그때가 바로 행복한 밥벌이가 완성되는 시점이다. 여기까지 오면 이제 인생의 반은 행복한 삶이라 자부해도 좋다.

나 역시 아직 행복한 밥벌이에 이르지 못했다. 최적 생계비를 벌지 못하고 있기 때문이다. 때로는 삶의 여러 가지 문제로 힘이 들 때도 있다. 하지만 나는 단 한 번도 의심해본 적이 없다. 언제가 될지는 모르지만 머지않은 미래에 반드시 행복한 밥벌이가 완성될 거라는 사실을. 행복한 밥벌이 3개년 프로젝트의 과정을 거쳐 행복한 밥벌이를 시작할 수만 있다면, 여러분 역시 나와 같은 확신을 가질 수 있을 것이다. 나는 여러분 역시 행복한 밥벌이를 할 수 있다는 확신을 가질 수 있다는 사실을 확신한다. 좋아하는 일을 하는 것 자체가 이미 충분히 행복한 것인데 그 일로 돈마저 벌 수 있다는 놀라운 사실을 단 한 번이라도 경험해보면 행복한 밥벌이의 완성에 대한 확신이 생기지 않을 수 없을 테니까.

훈련기는 계속된다

좋아하는 일로 충분히 돈을 벌었다고 해서 훈련기가 끝난 것은 아니다.

만약 당신이 좋아하는 일로 돈을 벌기 시작한 이후에 더 이상 훈련을 하고 싶지 않아진다면 불행히도 그 일은 진정으로 좋아하는 일이 아니었다고 봐야 한다. 행복한 밥벌이에 있어서 훈련기는 고됨이 아니라 즐거움의 과정이니까. 그리고 더 이상 좋아하는 일을 훈련하지 않는다면 어느 시점에서 더 이상 돈을 벌 수 없게 될지도 모른다.

'밥 만들기'는 어쨌든 좋아하는 일을 상품으로 만드는 과정이다. 이 과정은 필연적으로 좋아하는 일을 소모하는 과정이고, 일정한 의무감과 부담감을 동반할 수밖에 없다. 그러니 좋아하는 일의 재미를 일정 부분 반감시킬 수밖에 없다. 아무리 좋아하는 일도 의무적으로 계속해야 한다면 지겨워질 수밖에 없을 테니까.

좋아하는 일로 돈을 벌기 시작했다고 해도 다양한 방법으로 실험해보고, 자기 스타일을 좀 더 다듬어가는 훈련의 과정을 끊임없이 즐겨야 한다. 그렇지 않으면 우리가 좋아하는 일을 상품으로 만드는 과정에서 소모되어버릴 수도 있다. 나 역시 좋아하는 일을 상품으로 만드는 일을 게을리하지 않는다. 일단 먹고살아야 하니까. 하지만 동시에 내가 좋아하는 글쓰기를 끊임없이 훈련한다. 매일 훌륭한 작가들의 글을 읽고 필사하기도 하고, 새로운 방식으로 글을 쓸 수 있지 않을까 모색하고 실험하기를 멈추지 않는다. 그 과정은 의무가 아니라 온전한 즐거움이다.

그렇게 훈련을 해서 새로운 글쓰기 역시 어느 정도 수준이 된다면 또 돈을 벌 수 있는 방법이 될 것이다. 그런 의미에서 행복한 밥벌이를 하는 사람이야말로 가장 안정적인 밥벌이를 하는 사람인지도 모른다. 좋아하는 일로 돈을 벌고, 좋아하는 일을 계속 실험하고 즐기면서 또 다시 그 일로 새로운 밥벌이를 할 수 있으니까 말이다. 이 선순환이 바로 행복한 밥벌이의 핵심이다.

05

그만두기 전에 직장의 일부터 점검하자

직장과 직장의 일을 구분하자

"씨바, 진짜 더러워서 못해먹겠네, 뭔 프로젝트를 진행하려면 결재를 해줘야 할 거 아니야?"

"김 차장님, 왜 그러세요?"

"박 부장, 이 새끼가 프로젝트 결재를 안 해줘서 예산 지급이 안 된대."

"그럼 프로젝트는요? 그거 차장님이 정말 하고 싶어 하셨던 건이잖아요?"

"니미, 진짜 때려치워야겠다!"

친하게 지냈던 동료 차장과의 대화였다. 김 차장은 좀 특이한 편이었다. 대부분의 직장인은 자신의 일을 꾸역꾸역 하지만 그는 자신이 하는 일을 정말 좋아했다. 상품기획 업무가 하고 싶다고 그 전 회사에서 힘들게 쌓은 경력마저 포기하면서 직장을 옮겼을 정도였다. 정말 드물기는 하지만 직장을 다니다 보면 간혹 이런 사람들을 만나곤 한다. 그럼 이런 부류의 사람들은 직장에 만족하며 살까? 직장의 일이 좋다고 매일 아침 출근길이 행복할까? 그건 아닌 것 같다. 물론 직장의 일마저 싫은 사람들보다야 낫겠지만 업무가 적성에 맞다고 해서 직장생활이 만족스러운 것은 아니다. 만약 그랬다면 김 차장이 혈압 오를 일은 없었을 것이다.

김 차장은 그날 왜 직장을 때려치우고 싶을 정도로 열이 받은 걸까? 조직의 여러 가지 정치 역학적인 문제들 때문에 자신이 좋아하는 일을 마음껏 할 수 없었기 때문이다. 이쯤에서 다시 한 번 우리의 목표를 상기하자. 우리의 목표는 좋아하는 일을 하며 밥벌이를 하는 것이다. 그렇다면 김 차장은 적어도 직장에서만큼은 좋아하는 일을 하고 있는 것이니 행복한 밥벌이를 하고 있다고 말해도 좋은 것일까? 아니다. 역설적이게도 직장은 치졸하고 첨예한 이해관계 때문에 종종 일조차 마음껏 할 수 없게 만든다.

문제는 김 차장이 여러 가지 고질적인 구조적 문제들 때문에 자신이 좋

아하는 일까지 부정하게 되었다는 점이다. 정신없이 직장을 다니다 보면 우리가 받는 스트레스가 '직장'이라는 공간 자체에서 오는 것인지 '직장의 일'이라는 구체적인 업무에서 오는 것인지 잘 구분하지 못한다. 직장인의 스트레스는 '직장'과 '직장의 일'이 뒤엉켜 통합적으로 발생하기 때문이다. 하지만 이런 식은 안 된다. 우리가 이미 가진 아주 소중한 보석을 아무 생각 없이 내다버리는 꼴이 될 수 있으니까 말이다.

'직장'과 '직장의 일'을 명확하게 구분해야 한다. 행복한 밥벌이를 찾으려면 일단 지금 하고 있는 업무부터 점검해보는 것이 현명한 방법이다. 어차피 행복한 밥벌이를 하려면 좋아하는 일을 찾아야 한다. 그런데 이미 직장에서 그것을 찾았다면 엄청난 행운이다. 실제로 직장을 다니면서 그런 운 좋은 사람들을 몇몇 본 적이 있다. 하지만 그들은 직장의 여러 가지 불합리한 문제 때문에 자신이 좋아했던 직장의 일까지 부정하게 되는 경우가 대부분이었다.

내 친구 중에 이런 케이스가 있다. 영업직으로 지원해서 직장에 들어갔는데 우연히 연구소에 인원 충원이 발생해서 설계팀에서 일을 하게 되었다. 그는 지금 8년째 설계를 하고 있다. 그런데 이런저런 고민을 하면서 자신의 생각을 설계로 구현하는 과정이 정말 즐겁고 행복하단다. 설계하는 일을 못하게 될까 봐 팀장 자리도 고사했다는 그는 직장에서 정말 좋아하는 일을 제대로 찾은 것이 분명해 보였다. 우연히 하게 된 일이 정말 자신이 좋아하는 일이었던 셈이다.

그런데 이런 대박은 직장과 직장의 일을 명확히 구분할 때만 발견할 수 있다는 사실을 잊지 말자. 내 친구도 가끔 직장의 구조적인 문제 때문에 스트레스를 받기는 하지만 그것은 직장의 문제이지 자신이 하는 일(설계)에 대한 문제는 아니라는 사실을 명확히 알고 있다.

혹시 모르니까 일단 직장에서 하고 있는 일부터 점검해보자. 지금 하고 있는 일이 내가 정말 좋아하는 일인지 아닌지. 누가 아나? 내가 매일 아무 생각 없이 베고 잤던 돌베개가 사실은 황금덩어리였는지.

최소한 '미로 찾기' 단계만은 직장을 다니면서 해보자

행복한 밥벌이의 시작은 '미로 찾기'다. '미로 찾기'의 핵심은 내가 좋아하면서 잘할 수 있는 일을 찾는 것이다. 김 차장은 짧지 않은 직장생활과 여러 가지 삶의 조건들 속에서 여러 가지 불이익에도 불구하고 좋아하는 일을 찾아 몇 차례 이직을 하면서 자연스럽게 '미로 찾기'의 과정을 소화해낸 셈이다. 운이 좋은 케이스다. 직장의 구조적인 문제로 발생하는 스트레스 때문에 자신이 좋아하는 일을 부정하지만 않는다면 행복한 밥벌이를 할 가능성이 꽤 높은 셈이다.

지금 하는 일부터 점검하라고 말했던 것도 같은 맥락이다. 우연히 들어왔던 직장이지만 그 일이 자신이 좋아하는 일일 수도 있으니까. 그게 아니라면 몇 차례 직장을 옮기면서 자신이 좋아하는 일을 찾을 수도 있다. 하지만 문제는 그 확률이 매우 낮다는 데 있다. 돈만 벌면 된다고 생각하며 들어왔던 직장에서 자신이 정말 좋아하는 일을 만날 확률은 거의 로또에 당첨될 확률 정도다.

그럼 로또에 당첨되지 못한 우리는 어찌해야 하나? 지금 당장 때려치우고 직장을 나가야 하나? 기본적으로 나는 직장을 그만두라고 선동하고 다니는 편이다. 그러니 좋아하는 일을 찾기 위해 직장을 그만두는 것도 훌륭한 대안 중 하나라고 생각한다. 하지만 이것은 상황이 여의치 않은 사람들에게까지 추천하고 싶은 방법은 아니다. 내가 바라는 것은 여러분이 직장에 매몰되지 않고 행복한 삶을 살아내는 것이지, 무작정 직장을 그만두고 나와 궁핍한 삶을 살기를 원하는 것이 아니다.

　개인적으로 내가 추천하는 방법은 최소한 행복한 밥벌이를 찾는 과정, 즉 '미로 찾기' 단계만은 조금 힘들더라도 직장을 다니면서 하라는 것이다. 좋아하는 일을 찾고, 잘할 수 있는 일을 찾는 이 과정만큼은 직장을 다니면서 시간을 확보해서 끝내는 것이 좋다. 지금 직장을 다니면서 하는 것도 좋고 아니면 김 차장처럼 몇 번의 이직을 통해서 하는 것도 좋은 방법이다.

　그나마 '훈련기'나 '밥 만들기' 과정은 분명한 목적이 있으니 막막함이나 불안함, 두려움이 조금 덜한 편이다. 제대로 좋아하는 일을 찾았다면 그것 자체를 즐기면서 앞으로 나아갈 수 있다. 하지만 '미로 찾기' 과정은 좀 다르다. 이건 정말 막막하다. 일단 행복한 밥벌이를 처음 시작하는 단계이니 좌충우돌하고 많은 시행착오를 겪을 수밖에 없기 때문이다.

　또한 '미로 찾기' 과정은 돈도 많이 든다. 내가 진정으로 좋아하는 일을 찾는 데 썼던 돈의 액수는 정확히는 모르겠지만 직장을 다니지 않았더라면 꽤 부담이 되는 금액이었던 것만은 분명한 사실이다. 사다 모은 책이며, 쫓아다녔던 강연이며, 찾아다녔던 사람들이며, 휴일이면 다녔던 여행 등 적지 않은 돈을 썼다. 여러분 역시 마찬가지다. 진정으로 좋아하는 일을 찾기 위해서는 적지 않은 돈을 써야 할 것이다. 당장 배가 고프면, 기본적인 생활이 안 되면 좋아하는 일을 찾는 것도 사치로 전락할 수밖에 없다.

　그뿐인가? '미로 찾기'의 과정은 하루 이틀 벼락치기 한다고 되는 것이 아니다. 앞서도 말했지만 '미로 찾기' 과정은 대략 1년이 걸린다. 어쩌면 사람에 따라서 그보다 더 많이 걸릴지도 모르겠다. 평범한 월급쟁이라면 직장을 그만두고 전혀 돈을 벌지 않으면서 1년을 버티기는 쉽지 않다. 결국 다 돈이다. 그러니 가장 좋은 방법은 지금 다니는 익숙한 직장을 조금 더 다니는 것이다.

'미로 찾기' 단계를 직장을 다니면서 하는 것이 더 나은 방법인 이유를 하나 더 말해보자. 행복한 밥벌이를 위해서는 결국 직장을 나와야 한다. 그때 '나는 이런 일을 하겠다!'라는 확신을 가지고 있는 것과 막연하게 '이제 뭐 하지?'라고 하는 것은 정말 큰 차이가 있다. 단언하건대 후자는 경제적 압박감과 소속감의 부재와 같은 여러 가지 문제에 봉착하면 어김없이 멘붕에 빠질 것이다. 대체로 성급하게 직장을 떠났던 사람들이 냉소만 남긴 채 직장으로 다시 돌아오는 경우가 바로 이 때문이다.

물론 '미로 찾기' 단계를 반드시 직장을 다니면서 해야 한다는 것은 아니다. 도저히 못 견딜 것 같으면 직장을 그만두고 좋아하는 일을 찾는 방법도 못할 것은 없다. 어떤 방법이든 각자의 상황과 성향에 맞게 판단하면 될 일이다. 다만 개인적으로 직장을 다니면서 좋아하는 일을 찾는 방법을 추천할 뿐이다. 직장에서 욕먹을 각오를 하고, 조금 뻔뻔해질 수만 있다면 가장 위험부담이 덜한 방법이니까.

정리해보자. 가장 먼저 해야 할 것은 지금 직장의 일이 내가 정말 좋아하는 일인지 아닌지부터 점검하는 것이다. 직장의 일이 나의 적성과 재능에 전혀 부합하지 않는 것이라면 '미로 찾기'만은 직장을 다니면서 찬찬히 준비하자. 그리고 '아, 나는 이 일로 한번 승부를 보겠다!'라는 확신 정도는 가진 이후에 직장을 나섰으면 좋겠다. 그렇게 하기 위해 직장에서 최대한 시간을 확보하자. 퇴근은 일찍 하고, 주말은 쉬고, 틈틈이 휴가도 내자. 그렇게 한 1년 정도 자신의 욕망, 재능 그리고 자아에 대해 깊게 고민하면 행복한 밥벌이에 대한 윤곽이 어느 정도 드러날 것이다. 이 과정만 제대로 소화해도 행복한 밥벌이를 할 수 있다는 자신감이 생길 것이다.

06

직장의 일을 좋아하는 사람들에게

자신을 속이고 있는 것은 아닐까?

"첫 직장은 복권과 같다." 탁월한 경영학자 피터 드러커의 말이다. 그의 말 처럼 처음 들어간 직장에서 좋아하는 일을 만날 확률은 정말 드물다. 하지

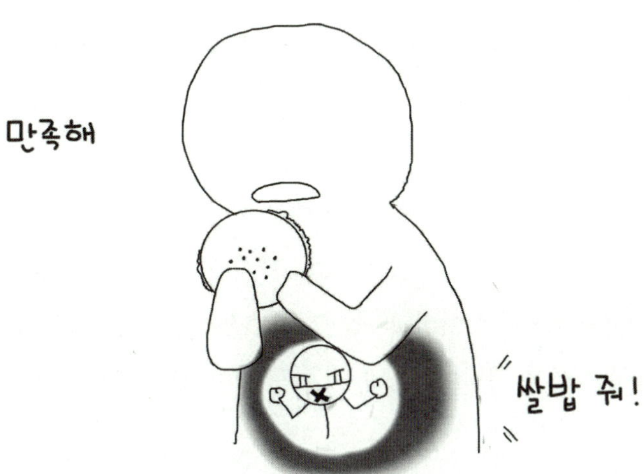

만 간혹 그런 사람들이 있기는 하다. 직장의 일을 좋아하는 사람들. 하지만 인간은 자기 기만에 아주 능한 동물이라는 사실을 잊어서는 안 된다. 어쩔 수 없이 할 수밖에 없는 일을 해야 할 때, 그 일도 나쁘지 않다고 생각한다. 그리고 조금 더 시간이 지나면 그 일의 좋은 점을 날조하고 증폭시켜서 그 일이 바로 자신이 좋아하는 일이라고 스스로를 속이곤 한다.

내 친구 중에 어린 시절 종종 아버지의 폭언과 폭행에 시달렸던 아이가 있다. 옆집에 살던 그 친구의 아버지는 술만 마시면 어김없이 친구에게 물건을 집어던지고 욕설을 해댔다. 그 소리는 우리 집까지 들려왔다. 그 친구는 아버지가 늦게 들어오시는 날 우리 집에 와 있곤 했다. 혹여 아버지가 술을 마시고 들어올까 봐 두려웠던 탓이었다. 시간이 지나 우리는 같은 고등학교를 가게 되었고 나는 그에게 조심스럽게 물었다.

“느그 아부지 요새도 니 때리나?”
“가끔 그라지 뭐.”
“느그 아부지 좀 심하다.”
“아이다. 그래도 나쁜 사람은 아이다. 술 깨모 미안하다 카고 짜장면도 사주고 한다.”

사실일까? 그 친구는 정말 아버지를 좋은 사람이라고 생각했던 것일까? 그 친구는 열심히 공부해서 서울에 있는 대학을 갔다. 지금 30대 중반이 된 그는 명절을 제외하면 아버지와는 더 이상 연락을 하지 않고 지낸다. 짜장면도 사주는 좋은 사람이었는데, 지금은 왜 아버지와 연락조차 하지 않는 걸까?

혼자 할 수 있는 것이 아무것도 없는 유약하기만 했던 어린 시절, 그는 아버지와 함께 있어야만 했다. 그래서 그는 아버지의 좋은 점을 애써 날조한 것이다. 그러지 않고서는 그 두렵고 지긋지긋한 술주정과 폭언을 감당할 수 없었기 때문이었을 것이다. 우리의 자기 기만은 대체로 이런 식이다. 싫어하는 대상을 자신의 힘으로 도저히 극복할 수 없을 것처럼 느껴질 때 우리는 그것을 감당하기 위해서 좋은 점을 찾고 없으면 날조라도 한다. 충분히 이해가 된다. 그게 차라리 마음만은 편하니까 말이다.

직장 역시 마찬가지인 것 같다. 적지 않은 사람들이 자신의 일을 좋아한다고 말한다. 정말 그들은 자신의 일을 좋아하는 것일까? 직장을 다니지 않고는 먹고살 수 있는 방법이 도저히 없을 것 같으니 차라리 그 일을 좋아해 버리자고 생각한 것은 아닐까? 이런 자기 기만을 단박에 확인할 수 있는 질문이 있다. "월급을 안 줘도 지금 일을 계속할 건가요?" 대부분의 사람들은 황당해하거나 당황한다. 그들이 황당해하거나 당황하는 이유는 같다. 둘다 그들의 대답이 '아니오.'이기 때문이다.

이 질문은 아주 중요하다. 정말 좋아하는 일은 수단이 아니다. 그것 자체가 목적인 일이 바로 좋아하는 일이다. 그러니 월급을 받지 않아도 직장의 일을 계속할 수 있다고 확신하는 사람만이 진심으로 자신의 일을 좋아하는 것이다.

'너무 엄격한 잣대를 들이대는 것 아니야?'라고 생각하는 사람도 있을 것이다. 하지만 돈이면 무엇이든 다 된다고 생각하는 지금 시대에는 진정 행복한 밥벌이를 찾기 위해서 그 정도 엄격함은 반드시 필요하다. "아무리 좋아해도 월급이 안 나오는 일을 어떻게 할 수 있어?"라고 변명 아닌 변명을 하는 사람은 이미 자기 기만에 익숙해진 사람일 뿐이다. 지금 하고 있는 일을 평생 해도 좋을 행복한 밥벌이로 만들려면 먼저 스스로를 속이고 있는 것은 아닌지 잔인할 정도로 냉정하고 정직하게 자신에게 물어야 한다.

일을 좋아할 수는 있어도, 직장을 좋아할 수는 없다

일체의 자기 기만 없이 정말 정직하게 자신의 일을 좋아하는 사람도 있다. 하지만 그런 부류의 사람도 직장이 행복한 밥벌이가 될 수는 없다. 직장의 업무를 좋아할 수는 있어도 직장 자체를 좋아할 수는 없는 까닭이다.

예를 한번 들어보자. 김 과장은 자신이 하는 일에 정말 만족하고 있다. 그러니 여느 직장인보다 직장에 대한 만족도가 높다. 하지만 그 만족이 언제까지 유지될 수 있을까? 김 과장은 어느 날 느닷없이 지금 일과 전혀 상관없는 일을 하는 팀으로 발령이 날지도 모른다. 그럼 이제 그는 별수 없이 하고 싶지 않은 일을 하며 직장생활을 하지 않을 도리가 없다.

그런 불상사가 발생하지 않아서 좋아하는 그 일을 계속할 수 있다고 해도 문제는 지속적으로 발생한다. 직장 상사는 그에게 "김 과장은 일하는 거 좋아하니까 이번 주까지 업무 마무리해."라고 말할지도 모른다. 그럼 김 과장은 그 일에 질려버려서 쳐다보고 싶지도 않을 정도로 싫어하게 될 것이다. 이 역시 직장에서 자주 펼쳐지는 익숙한 풍경 아닌가?

그뿐인가? 직장에서 하는 일이 어디 하나뿐인가. 오직 한 가지 일만 할 수 있는 직장은 거의 없다. 좋아하는 일을 하기 위해 하기 싫은 일 역시 잔뜩 할 수밖에 없는 것이 지금 직장의 현실이다. 이것이 운 좋게 직장에서 좋아하는 일을 찾았더라도 그것이 행복한 밥벌이가 될 수 없는 근본적인 이유다.

직장의 기본 구조는 사장이 혼자 많은 일을 다 할 수 없어서 그 일을 쪼개 직원들에게 시키는 것이다. 직장이라는 구조가 너무 커서 가끔 그 사실을 망각하는 것뿐이다. 사장이 시키는 일 중에서 우연히 좋아하는 일을 찾을 수는 있다. 하지만 근본적으로 직장의 일에 대한 통제권은 전혀 우리에게 있지 않다. 통제권을 사장이 가지고 있는 한, 우리는 그저 사장이 우리가 좋아하는 일을 원하는 만큼만 할 수 있도록 성은을 내려주시기를 희망할 수 있을 뿐이다. 서글프지만 이것이 직장의 진실이다.

아무리 좋은 직장이라도 직장인은 여러 가지 형태적 측면에서 노예일 수밖에 없다. 직장인이 자신이 노예라는 사실을 망각하고 그 사실을 부인하려는 이유는 '출퇴근 노예'라서 그럴 것이다. 소위 말하는 좋은 직장의 면면을 살펴보면 놀라운 사실을 알 수 있다. 그것은 노예를 얼마나 노예로 느끼지 않게 일을 시킬 수 있느냐의 정도가 바로 좋은 직장의 척도라는 사실이다. 구글, 애플, SAS 혹은 그에 준하는 좋은 직장들은 직원들에게 최대한 많은 자유와 선택권을 준다.

하지만 직장에 존재하는 자유와 선택권은 근본적으로 제한된 자유와 선택권이고 또한 언제든 철회 가능하다. 그것은 모두 노예들이 주인인 것처럼 느끼게 하려는 착시효과를 위한 도구일 뿐이다. 시간을 내어주고 급여를 받는 것은 근본적으로 주인과 노예의 형식이니까.

감히 단언하자면 '주인의식'이라는 착시효과를 얼마만큼 정교하고 치밀하게 만들어낼 수 있느냐가 21세기 경영의 가장 큰 숙제가 될 것이다. 불연속적이고 다변화된 21세기에 기업이 성장하고 번영하기 위해서 가장 필요한 덕목이 무엇인가? 그것은 다름 아닌 자발성과 창의성이다. 그런데 문제는 자발성과 창의성은 노예에게서는 절대 나오지 않는 덕목이라는 점이다. 그러니 21세기 경영에서 가장 중요한 질문은 '월급을 받고 남의 일을 해주는 직원들이 남의 일을 얼마나 자신의 일처럼 느끼게 만들 것인가?'가 될 것은 너무나 당연한 일 아닌가?

회사를 다니면서 행복한 밥벌이를 확보하는 방법

그렇다면 직장의 일을 좋아하는 사람들조차 직장을 그만두지 않고는 정말 행복한 밥벌이를 할 수 없는 걸까? 그렇다. 나는 단호하게 말할 수 있다. 직장을 그만두지 않고는 진정 행복한 밥벌이는 요원하다고. 하지만 직장에서 좋아하는 일을 찾은 경우는 그렇지 않은 경우와 조금 다르다. 직장에서 좋아하는 일을 찾은 경우는 상당히 유리한 조건을 갖춘 셈이다. 이제 직장에서 좋아하는 일을 찾은 사람들이 행복한 밥벌이를 할 수 있는 방법에 대해서 말해보자.

일단 직장의 구조적인 한계를 인정할 수밖에 없다. 여기서부터 시작해야 한다. 사실 직장의 일을 좋아한다는 이야기는 매우 모호하다. 직장에서 하는 일이 오직 하나가 아니기 때문이다. 영업을 하는 사람도 가끔은 보고서를 써야 하고, 혼자 설계를 하는 사람도 프레젠테이션을 해야 할 경우가 있으니까. 이처럼 메인 업무 외에도 수많은 사이드 업무 혹은 허드렛일을 해야 한다. 언제나 좋아하는 일과 싫어하는 일이 혼재되어 있을 수밖에 없다. 이 사실을 숙지하고 이제 본격적으로 시작해보자.

직장에서 하는 일을 두 가지 기준에 따라 구분해보자. 우선 '좋아하는 일과 싫어하는 일'로 구분하자. 그리고 '자주 하는 일과 자주 하지 않는 일'로 구분해보자. 그 구분에 따라 '싫어하면서 자주 하는 일, 싫어하면서 자주 하지 않는 일, 좋아하면서 자주 하는 일, 좋아하면서 자주 하지 않는 일'이란 네 가지 카테고리로 나누어질 것이다. 편의를 위해 좋아하는 일은 F(Favorite), 싫어하는 일은 H(Hate), 자주 하는 일은 R(Regular), 자주 하지 않는 일은 I(Irregular)라고 하자. 이제 간단한 표를 만들면 HR, HI, FR, FI 네 가지 경우가 만들어질 것이다.

싫어하는 일(H) / 자주 하는 일(R)	좋아하는 일(F) / 자주 하는 일(R)
싫어하는 일(H) / 자주 하지 않는 일(I)	좋아하는 일(F) / 자주 하지 않는 일(I)

업무를 이렇게 구분했다면 직장을 다니면서 행복한 밥벌이를 만드는 방법적 논의는 이미 끝났다. HR(싫어하면서 자주 하는 일), HI(싫어하면서 자주 하지 않는 일)는 점점 줄이고, FR(좋아하면서 자주 하는 일), FI(좋아하면서 자주 하지 않는 일)는 점점 늘려가면 된다. 그러면 직장에서 좋아하는 일에 더 집중하게 될 것이고 그 일을 점점 더 잘하게 될 테니까. 말하자면 FR, FI가 바로 '미로 찾기'를 통해서 찾아야 했던 우리가 좋아하는 일이다. 그러니 FR, FI를 가지고 '훈련하기'의 과정만 충분히 소화해내면 된다. 더 좋은 것은 '훈련하기' 과정까지 직장에서 할 수 있다는 점이다. 그렇게 FR, FI에 집중하다 보면 행복한 밥벌이를 할 수 있는 길이 열릴 것이다.

몇 가지 구체적인 이야기를 조금 더 해야겠다. 직장을 다니고 있다면 FR, FI만 무작정 할 수만은 없다. 기본적으로 해줘야 할 일은 해줘야 한다. '자주 하는 일(R)과 자주 하지 않는 일(I)'의 구분은 사실 회사 입장에서 보면 '중요한 일과 중요하지 않은 일'이라고 볼 수 있다. 자주 하는 일은 우리가 하는 메인 업무일 테니 당연히 직장 입장에서는 중요한 업무일 수밖에 없다. 이 사실을 먼저 파악하고 이야기를 이어가보자.

먼저 HI(싫어하면서 자주하지 않는 일)에 대해 이야기해보자. 이 부류의 일은 싫어하면서 중요하지도 않은 일이다. 욕을 먹더라도 과감하게 하지 마라. 괜찮다. 몇 번 욕먹으면 다른 사람이 하거나 아니면 외주를 줄 테니까. 회사의 입장에서도 그다지 중요한 일이 아니다. 문제는 HR(싫어하면서 자주 하는 일)이다. 나는 하기 싫지만 회사 입장에서 중요한 일은 언제나 골칫거리다. 이것은 하는 시늉만 하자. 가끔 펑크도 내자. 노력을 하고 있다는 제스처는 보여주어야 한다. 안 그럼 직장생활이 너무 피곤해지니까. 그렇게 몇 번 업무 펑크를 내면서 욕도 좀 먹고 잔소리도 들으면 자연스럽게 점점 HR은 줄어들 것이다. 수단과 방법을 가리지 말고 직장에서 하기 싫은 일은 하지 말자. 그래야 좋아하는 일에 집중할 수 있고, 또 가족들과도 시간을 좀 더 보낼 수 있다.

여기까지 이야기하면 벌써 걱정이 되는 사람도 있을 것이다. 직장생활을 너무 막장으로 하는 것처럼 느껴질 테니까. 하지만 걱정할 필요 없다. 우리에게는 FR(좋아하면서 자주 하는 일)이 있으니까. 이 일은 나도 좋아하지만 직장 입장에서도 중요한 일이다. 앞에서 잃었던 점수는 여기서 충분히 만회하고 남는다. 직장에서는 다 잘하려고 하지 말자. 군대와 직장의 공통점이 뭔지 알고 있나? 인정받으면 피곤하다는 것이다. 인정받으면 뭐 할 건가? 월급이 딱히 더 나오는 것도 아닌데. FR 정도만 잘해도 충분히 직장생활 잘할 수 있다.

그럼 FI(좋아하면서 자주 하지 않는 일)는 어떻게 할 것인가? 이 일은 직장 입장에서 보면 계륵이다. 하지만 우리 입장에서는 점점 넓혀나가야 하는 부분이다. HR, HI를 안 하면서 세이브했던 시간과 에너지를 여기 투자하면 좋다. 결국 행복한 밥벌이는 우리가 좋아하는 일을 하는 것이니까.

P 과장의 사례

걱정이 앞선다. 이론적인 이야기라 다소 공허하게 들릴 것 같아서. 여러분 한 명 한 명의 직접적인 사례로 이야기하는 것이 가장 좋겠으나 책이라는 매체의 한계 때문에 여의치가 않다. 그래서 이 방법을 직접 사용한 동료, P 과장의 사례를 공유하는 것으로 이야기를 구체화해보자. 참고로 P 과장은 예전 직장 동료였고, 나의 이론에 일종의 생체실험 대상이었다.

P 과장은 제조업 설계 12년차 엔지니어다. 다행히 그는 자신의 일을 좋아했고 그것으로 행복한 밥벌이를 하고 싶어 했다. 그와 거의 한 달 동안 위의 모델을 어떻게 적용할 것인지 논의한 적이 있다. 그 사례를 이야기해보자.

그에게 HR(싫어하면서 자주 하는 일)은 도면 품번 등록, 설계 콘셉트 회의, 3D 설계교육, 업무현황 보고 등이었고, HI(싫어하면서 자주 하지 않는 일)은 필드 영업 지원, 임원 의전이었다. 또 FR(좋아하면서 자주 하는 일)은 신제품 설계, 기존 제품 설계 변경 등이었고, FI(좋아하면서 자주 하지 않는 일)는 신입사원 교육, 영업사원 교육이었다. 표로 간단히 정리하면 아래와 같다.

HR 도면 품번 등록, 설계 콘셉트 회의 3D 설계 교육, 업무현황 보고	FR 신제품 설계, 기존 제품 설계 변경
HI 필드 영업 지원, 임원 의전	FI 신입사원 교육, 영업사원 교육

P 과장은 HI인 필드 영업 지원, 임원 의전 업무는 팀장에게 욕을 먹더라도 거의 안 하려고 노력했다. 그 결과 필드 영업 지원은 타 팀에서 하게 되었고, 임원 의전은 못하겠다고 아예 공언을 해버렸다. 그리고 HR의 경우는 하는 시늉만 하거나 고의로 실수를 하기도 했다. 도면 품번 등록은 일부러 실수를 많이 했고, 설계 콘셉트 회의에서는 늘 딴소리를 해댔다. 욕을 좀 먹기는 했지만 점점 HR업무는 줄어들었다.

대신 P 과장은 FR만은 확실히 했다. 신제품 설계나 기존 제품 설계 변경을 할 때는 경쟁사 제품 구조 파악은 물론, 팀장에게 말해 고가의 세미나에 참석하기도 했다. 나중에 팀장은 P 과장에게 이렇게 말했다고 한다. "P 과장은 그냥 설계나 빡세게 해, 다른 건 젬병이니까." 작전은 완전 대성공이었다. 그리고 그는 남는 시간을 가지고 FI인 신입사원 교육이나 영업사원 교육을 자발적으로 신청해서 점점 더 많이 할 수 있도록 노력했다.

한 2년쯤 지나자 굵직굵직한 신제품 설계나 핵심 설계 변경 건은 그가 거의 주도할 정도로 그 분야에서 인정받게 되었다. 그뿐 아니라 자신이 좋아하는 일인 교육 업무도 상당히 능숙하게 잘하게 되었다. 싫어하는 일은 하지 않고 자신이 좋아하는 일만 집중적으로 즐기면서 훈련할 수 있게 된 셈이다. P 과장은 직장의 일로 행복한 밥벌이를 하게 된 아주 모범적이고 이상적인 케이스라고 할 수 있다.

'밥 만들기'로 홀로 서기 준비하기

한 가지 의아하지 않나? 직장에서는 어떠한 경우에도 행복한 밥벌이를 할 수 없다고 단언했으니까 말이다. 맞다. 위의 모델을 충실히 이행하는 것만으로는 부족하다. 좋아하는 일을 잘하게 되었다는 점에서는 직장에서 '훈련하기' 과정까지 잘 수행한 것일지 모르나 그 일을 아무리 잘해본들 직장이라는 조직이 없으면 모두 무용지물이다. 결국 그것은 행복한 밥벌이는 아니라는 말이다.

근본적으로 행복한 밥벌이를 하려면 좋아하는 일을 자신이 통제할 수 있어야 한다. 이 조건이 선결되지 않는다면 어떠한 일도 행복한 밥벌이라 할 수 없다. 아주 예외적인 경우가 아니라면 누군가에게 월급을 받는 직장에서는 행복한 밥벌이를 할 수 없다는 의미다. 어찌 해야 하나? 홀로 서야 한다. 직장에서 훈련했던 그 일을 가지고 직장을 나와서 돈을 벌 수 있는 방법을 찾아야 한다. 조금의 용기가 필요하겠지만 피할 수는 없다. 반드시 그래야 한다. 사실 이 경우가 직장의 일과 전혀 다른 일로 행복한 밥벌이를 하려는 경우보다 훨씬 리스크가 적다. 복 받은 케이스다.

다양한 경우의 수가 있으니 일반화된 방법을 말하기는 불가능하다. 기본적인 방법적 틀은 '밥 만들기' 과정을 따르면 된다. 직장을 떠나서도 직장의 일로 밥벌이를 하는 경우는 우리 주위에서 심심치 않게 접할 수 있다. 다만 돈을 잘 버는 그들의 일이 행복한 밥벌이가 되지 못하는 이유는 애초에 좋아하지 않는 일로 돈을 벌고 있기 때문이다. 하지만 우리는 걱정할 필요 없다. 애초에 좋아하는 일을 찾아서 훈련한 것이니까.

다시 P 과장의 이야기를 해보자. 그는 좋아하는 일을 즐기고 훈련하면서 직장생활을 했다. 다행스럽게도 그는 때가 되었을 때 용기를 내어 직장을 그만두고 홀로 서기를 했다. 이제 P 과장의 홀로 서기 과정을 한번 엿보자.

제일 먼저 한 것은 설계 외주 일이었다. 처음에는 지인을 통해 업계의 영세한 회사들로부터 설계 용역을 받아 1인 기업을 설립했다. 일을 맡겨보니 실력이 확실했기 때문에 입소문을 타고 다른 회사들도 조금씩 외주를 주기 시작했다. 그에게 술을 한잔 얻어먹는 날 언뜻 들기로는 홀로 서기 시작한 지 처음 1년 동안 벌어들인 수입이 직장에 다녔을 때만큼은 된다고 했다. 이 정도면 행복한 밥벌이 프로젝트 대성공 아닌가?

그렇게 회사가 조금씩 성장해감에 따라 직원도 늘어나서 P 과장은 사업을 확장해야 할 필요를 느꼈다. 그가 어떤 분야를 시작했을 것 같나? 바로 설계 교육 분야다. 직장을 다니면서 꾸준히 사내 강사로 일해온 덕분에 강의하는 능력은 충분히 쌓여있었다. 그래서 그는 무난하게 설계 교육 사업에 진출할 수 있었다. 그는 이제 직장으로 출근하지 않는다. 그는 하고 싶은 일을, 하고 싶을 때, 하고 싶은 만큼만 한다. P 과장이 하는 일은 거의 모두 자기 통제 하에 있다. 멋지게 행복한 밥벌이로 경력 전환을 해낸 것이다.

운 좋게 지금 하고 있는 일 중에서 좋아하는 일이 있다면 굳이 직장 밖에서 새로운 일을 찾을 필요는 없다. P 과장처럼 잘 준비해서 멋있게 행복한 밥벌이로 들어설 수 있으니까. 여러분 역시 운 좋게 지금 하고 있는 일을 좋아한다면 이 방법을 적극 추천한다. 좋아하는 일을 하며 밥벌이를 할 수 있다는 것, 게다가 직장을 다니면서 준비할 수 있다는 것, 상상만 해도 설레고 즐겁지 않은가?

07

견딜 만하지만 일을 싫어하는 사람들에게

버틸 만하다면 일단 버티자

직장의 일은 싫지만 대충 견딜 만한 사람도 있을 것이다. 급여도 적지 않고, 야근도 그다지 많지 않고, 휴일에 꼬박꼬박 쉴 수 있는 경우일 수도 있다. 아니면 충분히 적응을 해서 직장의 고됨 정도는 익숙해진 경우일지도 모르겠다. 전체 경우의 수로 보자면 이 부류가 우리네 직장에서 가장 다수인 것 같다. 매일 아침 꾸역꾸역 출근하는 이유는 지금 직장이 대충 견딜 만하기 때문이니까. 정말 출근하는 것이 죽기보다 싫은 사람들은 벌써 다들 사표를 던졌을 것이다.

이 부류도 행복한 밥벌이를 하기에 나름 좋은 조건이다. 행복한 밥벌이를 위해서는 일정 정도의 경제적 버팀목이 필요하니까. 직장에서 버틸 만한 사람들은 일단 버텨야 한다. 직장의 일이 좋아하는 일이 아니면 어떤가? 어차피 돈 벌려고 들어온 직장 아니었나? 가끔 이것을 냉소주의나 패배주의로 받아들이는 사람들이 있는데 이것은 냉소주의도 아니고 패배주의도 아니다. 그냥 있는 그대로의 직장을 아주 건강하게 보는 것일 뿐이다.

인생이 과도하게 힘들어지는 경우는 최상을 꿈꾸기 때문이다. 직장도 마찬가지다. 돈만 벌면 된다고 생각하고 직장에 들어왔는데 막상 돈을 버니까 무엇인가 찜찜하다. 이제 좋아하지 않는 일은 하고 싶지 않은 것이다. 최상은 좋아하는 일을 하면서 돈을 버는 것이다. 하지만 정말 운이 좋은 경우가 아니라면 그런 경우는 없다. 당연하지 않나? 애초에 잘못 들어선 길이라면 그 길을 계속 가도 원하는 목적지에 도착할 수는 없다. 그러니 돈을 벌기 위해 들어온 직장이라면 애써서 좋아하는 일을 찾는 어리석은 행동은 할 필요가 없다. 하기 싫은 일을 하는 대신 돈만 벌면 된다. 이것이 지금 우리 직장인들이 가져야 할 아주 건강한 태도다.

행복한 밥벌이 3개년 프로젝트, 회사에서 완수하기!

그럼 그렇게 마냥 싫은 일을 하면서 돈만 벌면 되나? 아니다. 아무런 희망도 설렘도 흥분도 없는 삶만큼 끔찍한 인생도 없다. 싫은 일을 하며 돈을 버는 동안 행복한 밥벌이를 끊임없이 추구해야 한다. 그런 의미에서 지금의 직장이 견딜 만한 사람들은 상당히 괜찮은 조건에 들어와 있는 셈이다. 개인적으로 가장 추천하는 방법을 사용할 수 있기 때문이다.

앞서 행복한 밥벌이를 위해서는 대략 3년의 준비 과정이 필요하다고 말했다. 3년을 얼마나 잘 버텨내느냐가 행복한 밥벌이 프로젝트의 성패를 가를 것이다. 그런데 3년의 과정이 말처럼 쉽지가 않다. '미로 찾기' 과정은 돈을 벌기는커녕 오히려 이런저런 시도들을 하느라 돈을 써야 하는 과정이다. 또 '훈련기' 과정은 아무리 열심히 해봐야 말 그대로 훈련하기이니 10원짜리 한 장 나오지 않을 것이다. 마지막 과정인 '밥 만들기' 단계까지 와도 상황은 크게 달라지지 않는다. 조금씩 돈을 벌 수 있게 되었을지는 모르지만 직장을 다닐 때만큼 안정적으로 삶을 영위할 만한 액수인지 장담할 수 없기 때문이다. 그러니 섣불리 직장을 그만두면 행복한 밥벌이는 고사하고 지금보다 더 어려운 상황에 직면할지 모른다.

앞서 말했듯이 최소한 '미로 찾기' 단계는 직장을 다니면서 하는 것이 좋다. 돈도 많이 들고 앞이 보이지 않아 불안하고 두려운 단계니까. 내가 좋아하는 일, 잘하는 일을 찾는 과정 정도는 직장을 다니면서 할 수 있으면 좋겠다. 하지만 직장이 견딜 만하다면 '훈련기' 과정과 '밥 만들기' 과정 역시 직장을 다니면서 할 수 있다. 이것이 내가 가장 추천하는 방법이다.

사진작가를 꿈꾸는 직장인이 있었다. 직장을 다니면서 이런저런 시도를 하다 보니 사진을 찍는 것을 진심으로 좋아한다는 사실을 알게 되었다고 했다. 그리고 사진 찍는 것으로 밥벌이를 할 수만 있다면 더없이 행복한 삶이 될 것이라는 사실 역시 알게 되었다고 했다. 그는 사진 찍는 것을 더 잘 연습하고 훈련하기 위해 직장을 그만두었다. 나는 꽤 좋은 외국계 기업을 다니는 그에게 다시 한 번 생각해보라고 말했다. 하지만 그는 "행복한 밥벌이를 찾았으니 더 이상 직장에 머무를 필요가 없다."고 말했다. 그는 어찌 되었을까? 그는 결국 경제적 부침을 감당하지 못했고 다시 다른 직장으로 들어가게 되었다.

행복한 밥벌이를 위해 직장을 그만두지 못할 이유는 전혀 없다. 하지만 기본적인 생활을 할 수 없다면 다시 직장으로 돌아갈 수밖에 없다. 그것이 우리네 월급쟁이의 현실적인 조건이다. 사진작가를 꿈꾸었던 그가 새로운 직장에 적응하고 새로운 일을 배우느라 오히려 행복한 밥벌이로 가는 시간만 더 지체하게 된 것이다.

'훈련기' 과정까지 잘 소화해내고 '밥 만들기' 단계까지 왔다면 어느 정도 돈을 벌 수 있다. 하지만 그 액수가 현저히 적을 수도 있고 불안정적일지도 모른다. 나는 개인적으로 가능하다면 '밥 만들기' 과정까지 직장을 다니면서 일정 부분 다듬을 수 있었으면 좋겠다고 생각한다. 말하자면 일종의 투-잡(Two-job) 형식이 되는 셈이다. 조직에 기대지 않고 자신만의 밥벌이를 한다는 것은 시간이 많이 걸리는 일이다. 그러니 직장을 다니면서 어떻게 밥을 만들어갈 것인가 충분히 모색하고 실험해보는 과정을 소화할 수 있다면 금상첨화다.

내가 아는 작가 한 명이 그런 부류였다. 그는 직장을 다니면서 책을 써냈다. 그리고 틈틈이 강연을 하기도 했다. 인세도 벌고, 강연료도 벌면서 직장을 그만두고 좋아하는 일로 밥벌이를 할 수 있는지 모색하고 실험해본 셈이다. 실제로 좋아하는 일로 밥벌이를 한다는 것은 '이렇게 하면 되겠지'라고 머릿속으로 생각하는 것과는 전혀 다를 수 있다. 자신이 좋아하는 일을 어느 정도 훈련하고 나면 그 일로 돈을 벌 수 있을 것처럼 생각하지만 실제로는 전혀 돈이 안 될 수도 있다. 꽤 많은 시행착오를 거치고 난 이후에야 비로소 기본적인 생활을 할 수 있을 만큼의 돈을 벌게 되는 경우가 일반적이다.

그러니 '밥 만들기' 단계 역시 직장을 다니면서 진행하는 것이 좋다. 하지만 결코 잊지 말아야 할 것이 있다. 직장을 다니면서 '밥 만들기' 단계를 시도해보는 것은 일종의 투-잡 형식이긴 하지만 돈을 더 많이 벌기 위한 투-잡은 아니라는 점을 분명히 해야 한다. 바람직한 투잡은 직장을 그만두고 좋아하는 일로 돈을 벌 수 있는 가능성이 얼마인지 가늠해보는 과정이다. 그리고 회사에 따라 직장 이외의 수입을 내는 것을 사규로 금지하고 있는 곳도 있으니 사전에 잘 알아보는 것이 좋다.

마지노선을 정해서 떠나기

하나 더 말해두어야 할 것이 있다. 아무리 준비를 잘한다고 하더라도 직장을 다니면서 준비하는 행복한 밥벌이에는 근본적인 한계가 있기 마련이다. 특히 '밥 만들기' 단계까지 오면 더욱 그렇다. 직장에서 뺄 수 있는 시간은 기껏해야 하루 2시간을 채 넘기기 힘들다. 그 시간만으로 좋아하는 일을 하면서 최적 생계비를 충당할 수 있는 돈을 벌기는 어렵다.

행복한 밥벌이를 위해서는 결국 어느 시점에는 자신의 전부를 던져야 한다. 즉 어느 정도 자신이 생겼다면 단호하고 과감하게 직장을 나서야 한다. 인간이라는 것이 참 간사하다. 항상 상황에 따라 자신을 합리화한다. 직장을 다니면서 이런 부류의 사람들을 참 많이 보았다. 모든 과정을 충실히 따랐지만 결국 직장을 나서지 못하는 사람들 말이다. 그들은 "아직 준비가 덜 됐어. 아직은 때가 아니야."라고 말하며 지금의 자리에 머물려고 한다.

그들은 행복한 밥벌이를 위해 많은 준비를 해놓고도 막상 직장을 떠나지 못했다. 그들은 어쩌면 행복한 밥벌이라는 궁극적인 목표를 위해 그 많은 준비를 한 것이 아닌지도 모른다. 단지 아무런 대안도 없는 답답한 직장 속에서 '그래 나도 뭔가를 준비하고 있어!'라며 행복한 밥벌이를 준비하고 있다는 사실 자체에 만족하는 사람들이었던 셈이다. 마치 시험기간에 책상에 앉아 공부는 하고 있지만 시험을 잘 보기 위해서가 아니라 공부하고 있다는 것 자체로 안도하는 아이처럼.

나 역시 그랬다. '훈련기' '밥 만들기'를 통해 직장을 다니면서 책도 한 권 냈고, 나름 유료 강연도 꽤 들어오고 있었다. 하지만 막상 직장을 그만두려고 하니 내 안에서 간교한 합리화의 목소리가 새어나왔다. "조금 더 준비하고 나가자. 아직은 때가 아니야. 지금 수입으로 직장을 그만두는 것은 무리야."라고 말이다. 나는 그때 알게 되었다. '더 많은 준비를 해야 한다는 것'

은 합리적인 핑계일 뿐이고, '지금의 안정적인 직장을 유지하고 싶다.'는 스스로의 나약함이었다는 것을. 그래서 나는 조금 덜 준비된 것 같았지만 눈을 질끈 감고 직장을 떠났다.

충분히 준비를 했다 하더라도 막상 직장을 떠나야 할 때가 오면 많은 합리화에 시달릴 것이다. 하지만 그때가 바로 떠날 때이다. 마지노선을 정하는 것도 좋은 방법이다. '직장을 다니면서 좋아하는 일로 한 달에 80만 원만 벌 수 있으면 떠난다.' 혹은 '직장을 다니면서 사진전을 열게 되면 떠난다.' '직장을 다니면서 책을 한 권 내면 떠난다.' 무엇이든 좋다. 직장을 떠날 자신만의 마지노선을 그어두는 것이 좋다. 그리고 마지노선을 달성했다면 과감하게 직장을 나서자. 이미 충분히 준비가 된 것이니까.

이제 남은 것은 스스로를 믿어주는 것뿐이다. 그리고 좋아하는 일에 모든 것을 걸자. 직장을 떠나 좋아하는 일로 온전히 하루를 채우자. '밥 만들기' 과정을 더 다듬어야 한다면 직장을 나서서 다듬자. 그러면 비로소 행복한 밥벌이를 완성할 수 있을 것이다. 나는 분명 확신한다. 행복한 밥벌이를 위해 묵묵히 3년을 준비했는데 기본적인 밥벌이조차 할 수 없다면 도대체 누가 행복한 밥벌이를 할 수 있단 말인가? 자신이 좋아하는 일 찾고, 그것을 충분히 준비하고 훈련했는데 그 일로 밥벌이를 못할 이유는 없다. 그때는 자신을 믿을 때다. 스스로를 믿고 설렘과 두근거림을 따라 나서자.

08 죽어도 더 이상 못 다닐 것 같은 사람들에게1 (그만둬도 괜찮아)

직장은 자연스럽지 않다

인생이 우리 마음처럼 되면 얼마나 좋을까? 하지만 야속하게도 인생은 언제나 그렇지 않다. 우연히 들어간 직장에서 운 좋게 좋아하는 일을 만난 사람도 있고, 꽤 괜찮은 직장에 들어가서 당분간은 견딜 만한 사람도 있을 것이다. 하지만 그런 사람만 있는 게 아니다.

언젠가 직장생활이 너무 힘들어서 직장만 가면 무엇인가 계속 불안하고 심지어 말까지 더듬게 되었다는 사람을 만난 적이 있다. 고백하자면 나 역시 그런 적이 있다. 한때 내가 제일 싫어하는 TV 프로그램이 '개그콘서트'였다. 그 프로그램이 끝나면 다시 직장으로 가야 했기 때문이었다. 가장 재미있어야 할 개그 프로그램이 나를 가장 우울하게 했다. 일요일 저녁이면 괜히 우울해지고 서글퍼져서 혼자 훌쩍거리기도 했다.

직장을 다니면서, 그리고 그만두고 난 이후 직장 때문에 심하게 힘들어하는 사람들을 적지 않게 만났다. 직장만 가면 가슴이 답답하고 이유 없이 짜증이 난다는 경우가 있는가 하면, 몇 번을 꼼꼼하게 챙긴 업무인데도 무엇인가 실수가 있지 않을까 늘 불안해 하고 초조해 하는 심각한 경우도 있었다. 뿐만 아니라 상사가 자신을 부르기만 하면 심장이 덜컥 내려앉는 것 같은 기분이 든다는 사람도 있었다. 이처럼 직장에만 가면 거의 공황장애 수준의 증세를 일으키는 사람을 적지 않게 만났다. 그런 사람들을 보면 정말 안타깝다. 목구멍이 포도청이라 당장 그만둘 수도 없고, 그렇다고 더 이상 직장을 다닐 수도 없는 사람들의 괴로움을 나는 잘 안다.

사람들은 쉽게 말한다. "다른 사람들은 다 하는 건데, 너는 왜 못하냐?"라고. 한때 나 역시 그런 말 때문에 힘들었다. 마치 다른 사람은 모두 정상적인데 나만 비정상인 것처럼 느껴졌기 때문이었다. 마치 어렸을 때 다른 친구들은 다 집에 가는데 혼자 교실에 남아 나머지 공부를 해야 했던 그런 느낌이었다. 사실 나를 정말 힘들게 했던 것은 직장의 고됨이나 어린 시절 혼자만의 공부 자체가 아니었다. 내가 비정상 혹은 등신같이 못난 놈처럼 느껴졌던 좌절감과 열패감 때문이었다.

일단 이것부터 먼저 말해보자. 직장이란 구조는 인간에게 전혀 자연스럽지 않다. 지금은 마치 직장이 아주 자연스럽고 당연한 것이라고 생각하지만 사실 직장이라는 조직의 역사는 얼마 되지 않는다. 1차와 2차 두 차례에 걸친 세계대전으로 단위시간당 생산성을 극대화시킬 필요성 때문에 비로소 등장한 것이 직장이라는 개념이다. 그 전까지는 특정한 한 사람(사장) 혹은 소수(주주)의 목적을 달성하기 위해 여러 사람들이 작업을 분업화해서 함께 일하는 '직장'이라는 형식은 존재하지 않았다. 다른 사람을 위해서 일을 하기 시작한 것이 채 100년도 되지 않는 셈이다.

일의 전체적인 통제권을 다른 사람에게 양도하기 시작한 것은 직장이라는 개념이 생기고 난 이후의 일이다. 농부들이 농사를 짓는 것도, 어부들이 물고기를 잡는 것도, 목수가 집을 만드는 것도 모두 자신이 원할 때 일하고, 쉬고 싶을 때 쉰다. 눈치 볼 사장도 없고, 정해진 출퇴근도 없다. 그들은 모두 스스로 자신의 일을 통제할 수 있다. 이처럼 예전의 농부, 어부, 목수의 삶이 자연스러운 것이었다.

진화적 관점으로 보아도 직장은 자연스럽거나 익숙하지 않다. 인간의 장구한 진화 과정에서 100년도 채 되지 않는 조직의 형태가 자연스럽다는 이야기는 이치에 맞지 않다. 우리 인류는 아주 오래전부터 사냥하고 싶을 때, 먹고 싶은 만큼만 사냥을 할 수 있었다. 100년이라는 시간은 장구한 진화의 관점에서 보면 미세한 먼지 하나보다 미미할 뿐이다.

그러니 다른 사람의 목적을 위해 감시받고, 독촉받으며 파편화된 업무를 하는 것이 괴로운 것은 아주 당연하다. 오히려 그 반대가 비정상이다. 그럼에도 불구하고 자본주의가 모든 것을 상품으로 만들어버리면서 가진 것이라고는 몸뚱이밖에 없는 우리네 월급쟁이들은 직장을 다니는 것 외에는 대안이 존재하지 않게끔 되었다. 남 밑에서 눈치 보면서 일하지 않으면 최소한의 생계조차 유지하기 어려운 사회가 된 것이다.

예민한 감수성이나 자유로운 영혼을 가진 사람은 직장을 다닐 수가 없다. 직장에 잘 적응한 사람은 고통에 익숙해진 사람이거나 자신이 고통스러운 상황에 처해있다는 사실 자체를 은폐하고 있는 사람일 뿐이다. 타인을 밟고 올라가야만 승진하고 성공할 수 있는 직장에서 감수성이 예민한 사람들이 어찌 버틸 수 있을까. 언제 어디서나 자유롭기를 원하는 사람이 매일 사장과 상사의 감시와 구속을 버티며 직장을 다닐 수는 없다. '돈만 벌 수 있다면 그 정도 고통은 고통도 아니야!'라고 생각하는 사람만이 직장에서 아무렇지 않게 버틸 수 있을 뿐이다.

일단 그만둬라, 괜찮다

이제 결론을 말하자. 죽어도 더 이상 직장을 못 다닐 것 같은 사람들은 그냥 직장을 그만두어도 괜찮다. 인생, 뭐 있나? 1,000년씩 살 수 있는 것도 아니지 않은가? 인생, 생각보다 길지 않다. 매일 아침 눈도 뜨기 싫게 만드는 직장 따위를 계속 다녀야 할 이유는 없다. 직장 때문에 우울증에, 공황장애까지 왔다면 더 머무를 이유가 없다. 좌절감도 열패감도 느낄 필요 없다. 오히려 직장에서 답답함과 불안함을 느끼는 것이 더 건강한 사람인지도 모른다.

"다른 사람은 잘 다니는데 너만 왜 유별나게 구냐?"라고 다그치는 사람은 무시하자. 발로 차고 칼로 찌르는 것만이 야만적인 폭력이 아니다. 타인이 처한 상황과 감정을 섬세하고 예민하게 들여다보지 않고 함부로 말하는 일체의 이야기가 이미 야만적인 폭력이다. 우리 모두는 유일무이한 존재다. 다른 사람이 모두 견딜 만하다고 해서 우리까지 견딜 만한 것은 아니다. 인

간은 다들 자기만의 고통의 역치가 있다. 누구도 그것을 일괄적으로 강제하거나 규정할 수 없다.

꾹 참고 직장을 더 다니게 되면 극심한 자기 부정에 시달릴 수밖에 없다. 생겨먹은 대로 살지 못하는 삶은 자기 파괴적이고 염세적으로 될 수밖에 없다. 타인의 아픔을 자신의 아픔처럼 느끼는 사람이 "몰래 폐기물을 바다에 내다 버려라."는 사장의 지시를 이행할 때 어떤 기분이겠나? 봄날 핀 꽃을 보고 한없이 감동을 받는 사람이 매년 5월이면 주어지는 빡빡한 프로젝트를 추진해야 한다면 어떤 기분이겠나? 그 삶은 행복한 삶이기는커녕 '나는 쓰레기 같은 놈이야!' '인생을 이렇게 살아서는 안 되는 것인데'라는 자기 파괴적인 혹은 자기 부정적인 감정에 사로잡힐 수밖에 없을 것이다.

무조건 고정비를 줄여라

어떤 선택이든 치러야 할 기회비용이 있다. 직장을 그만두는 선택 역시 마찬가지다. 세상에 공짜는 없으니까. 일단 직장을 나왔다면 가장 먼저 해야 할 일은 무조건 고정비를 줄이는 것이다. 필요한 만큼 쓰고 최대한 적게 써야 한다. 당연한 이야기인 것 같지만 의외로 사람들은 이 부분을 놓치곤 한다. 미리 고정비를 줄여놓지 않으면 그 경제적 압박감이 생존의 문제까지 육박해 들어올 것이고 그러면 더 질이 나쁜 직장으로 가야 하는 자충수를 두게 된다.

소비는 습관이다. 그러니 우리가 소비하는 습관을 잘 살펴보아야 한다. 그리고 불필요한 소비나 허영과 불안을 채우기 위해 하는 소비들은 덜어내야 한다. 불필요한 소비의 문제는 개인적인 기호에 관한 영역일 테니 일반적, 일괄적으로 이야기하기는 어려울 것이다. 나에게는 불필요한 것이지만 누군가에게는 반드시 필요한 것일 수도 있으니까. 하지만 잔인하고 교활한 자본주의에 무방비로 노출된 우리에게는 불필요한 소비가 반드시 존재할 수밖에 없다. 나는 직장을 그만두고 신발이나 옷, 시계는 거의 사지 않는다. 그 전에는 많이도 사다 모았지만 이제는 그냥 있는 옷 입고 다닌다. 그것이 내게는 불필요한 소비였다는 것을 이제 알기 때문이다.

허영도 마찬가지다. 내가 신발이나 옷, 시계를 산 것은 꼭 필요해서가 아니라 다른 사람에게 뭔가 있어 보이는 사람처럼 비춰지고 싶어서다. 이런 부분은 삶의 곳곳에 존재한다. 자존감이 약한 사람은 소비로써 자존을 보상하려는 경향이 강하다. 자본 역시 이러한 취약점을 정확히 알고 있다. 굳이 애플 스마트폰이나 컴퓨터를 사려는 사람들이 있다. 물론 그 기능 혹은 성능이 꼭 필요해서 사는 사람도 있을 것이다. 하지만 다수는 애플이란 회사가 주는 '얼리어답터' '유능함' '스마트함' 같은 이미지의 허영을 사는 것일 뿐이다. 말도 안 되는 가격의 명품들이 존재하는 이유도 같다.

자본주의는 영속적 소비의 주체가 없다면 유지될 수 없는 체제다. 그러니 자본주의의 입장에서는 소비를 지속시키는 것이 사활을 건 문제일 수밖에 없다. 자본주의가 불필요한 소비를 지속적으로 만들어내기 위해 우리를 자극하는 원형적 감정은 크게 두 가지다. 하나가 앞서 말한 허영이고 나머지 하나가 불안이다. 불안을 자극하는 대표적인 상품이 보험이다. 미래를 내다보지 못하는 유한한 존재인 인간에게 내일 어떤 일이 벌어질지 모른다는 근본적인 불안감은 온갖 종류의 걱정을 야기시킨다. '묻지도 따지지도 않는다.'는 보험에 혹하는 이유는 우리가 늘 불안하기 때문이다.

우리가 든 수많은 보험을 전반적으로 다시 한 번 재점검해야 한다. 보험은 우리의 미래에 대한 불안을 끊임없이 자극하고 증폭시킨다. '60세 이상은 몇 퍼센트가 암에 걸린다.' '언제 집에 불이 날지 모른다.' 심지어 '우리도 언제 죽을지 모른다.'는 이야기까지 말이다. 미래를 대비하는 것이 잘못이

냐고 반문하는 사람이 있을지도 모르겠다. 잘못 아니다. 하지만 나는 죽고 나서 사랑하는 가족들에게 거액의 보험금을 남기느니 살아 있는 동안 납입해야 할 그 보험금으로 가족들과 같이 밥도 먹고, 동물원도 가고, 미술관도 다니면서 더 많은 추억을 만들겠다. 직장만 그만두면 행복할 거라고 말하는 사람들이 결국 직장을 그만두지 못하는 이유가 사실은 수많은 보험료를 내기 위해서는 아닌지 자문해볼 일이다.

비단 보험이라는 구체적인 형태의 상품만을 말하는 것은 아니다. 미래의 불안 때문에 하는 소비는 전반적으로 모두 재점검해야 한다. 우리 선조들의 지혜로운 명언을 잊지 말자. 정말 '아끼면 똥 된다.'

또 하나 분명하게 말할 수 있는 것은 우리가 일을 많이 하는 이유가 많이 소비하기 위해서란 사실이다. 이 사실을 뒤집으면 하나의 놀라운 묘책을 발견하게 된다. 적게 쓰면 적게 일해도 된다는 사실 말이다. 어떤 삶이 더 현명하고 행복한 삶일까? '많이 소비하기 위해 하기 싫은 일을 많이 해야 하는 삶'과 '적게 소비하기로 결정하고 하기 싫은 일을 적게 하는 삶' 중에서 말이다. 나는 후자를 선택했고 지금 충분히 행복하다. 어떤 식으로든 더 이상 직장을 다니지 못할 것 같다면 가족들과 상의해서 불필요한 소비를 재점검하고 고정비를 줄여야 한다. 허영이나 불안을 채우기 위한 소비만 바로잡아도 충분히 고정비를 줄일 수 있다.

09

죽어도 더 이상 못 다닐 것 같은 사람들에게2 (이직해도 괜찮아)

이직해도 괜찮아

아무런 대안을 마련하지 못한 채 도저히 못 다닐 것 같아서 직장을 나온 사람들에게 하고 싶은 이야기가 하나 더 있다. 고정비를 줄이는 것만으로는 근본적인 한계가 있다. 고정비를 줄이려고 해도 뭐가 있어야 줄일 것 아닌가? 결국은 돈을 벌어야 한다. 돈을 버는 최선의 방법은 행복한 밥벌이를 하는 것이다. 하지만 일단 직장을 나왔다면 행복한 밥벌이를 찾아가기는 쉽지 않다. 그 과정 자체에 이미 돈이 많이 들어가니까. 결국 현실적으로 당분간 밥벌이를 할 수 있는 다른 직장을 찾아 이직을 할 수밖에 없다. 분명 이직은 행복한 밥벌이는 아니지만 행복한 밥벌이로 가는 하나의 대안이 되지 못할 이유는 없다.

운이 좋다면 새로 구한 직장에서 좋아하는 일을 만날 수도 있고, 예전 직장보다 훨씬 더 진실한 직장을 찾을 수도 있다. 그러니 이직해도 괜찮다. 하지만 항상 '안정'만 지향하는 우리네 직장인들은 이직 역시 쉽게 결정하지 못한다. 이해는 된다. 대체로 늘 같은 업무만 반복하는 우리네 직장인은 자신을 너무 과소평가하는 경향이 있으니까.

우선 이직을 하기 전에 몇 가지 이야기를 해보자.

죽기보다 다니기 싫은 현재 직장에 계속 머무는 이유는 지금보다 나은 회사에 갈 만한 능력이 없다고 생각하기 때문이다. 지금 직장에 대한 의리 때문이라고 말하는 사람도 있지만 그건 대체로 거짓말이다. 직장을 옮길 능력과 용기가 없는 사람들이 하는 흔한 변명일 뿐이다. 지금보다 더 나은 직장으로 옮길 수 있다는 확신만 있다면 더 머무를 이유는 없으니까.

이쯤에서 재미있는 직장의 진실을 하나 말해주어야겠다. 능력이 좋은 사람이 좋은 직장을 구할 확률이 높고, 능력 없는 사람이 안 좋은 직장으로 갈 확률이 다소 높은 것은 사실이다. 하지만 꼭 그런 것만은 아니다. 좋은 직장을 구하는 것과 능력은 정비례하지 않는다. 현실에서는 운이 좋으면 능력과 관계없이 더 좋은 직장을 찾게 되는 경우가 많다. 신입 입사가 아니라 어느 정도 경력을 쌓은 후의 이직일 경우에는 더욱 분명하다.

내가 다녔던 직장은 소위 말하는 대기업으로 업계에서 가장 좋은 대우를 받는 곳이었다. 하지만 그곳에 꼭 업계 최고 수준의 능력을 갖춘 사람들만 있는 것은 아니었다. 이것은 직장생활을 하는 사람이면 다 알고 있는 공공연한 비밀이다. 그런데, 업계의 중소기업에 다니는 사람들과 만나 이야기를 해보면 하나같이 자신은 대기업에 이직할 능력이 안 되는 사람이라고 지레 겁을 먹고 포기하고 있었다.

한 번은 긴급하게 설계 엔지니어 경력사원을 스무 명 정도 채용한 적이 있다. 그때 채용된 사람들은 특출나게 유능한 엔지니어들이 아니라 고만고만한 사람들이었다. 그런데 어떻게 대기업으로 이직을 할 수 있었을까? 그것은 유능한 엔지니어들이 아예 지원을 하지 않았기 때문이었다. 물론 아주 예외적인 경우라고 말할 수도 있다. 하지만 주변의 경력 입사 사례를 보아도 능력과 좋은 직장의 상관관계가 그다지 크지 않다. 능력 있는 사람보다 여기저기 많이 지원하는 사람이 더 좋은 직장으로 이직을 하게 되는 경우가 더 많은 것이 현실이다.

회사가 경력사원을 채용하는 이유는 대체로 급해서다. 급하지 않으면 신입 뽑아서 교육하면 될 일이니까. 그러니 직장에서 경력사원을 채용할 때는 그 사람의 능력만큼이나 중요한 채용기준이 타이밍이 될 수밖에 없다. 극단적인 예를 들면, 어떤 직장에서 경력사원이 급히 필요할 때 지원자가 한 명뿐이라면 크게 결격사유가 없는 이상 그 사람을 채용하게 된다는 이야기다. 그러니 이직을 마음먹었다면 지레 겁먹지 말고 좋은 직장에 지속적으로 지원해보는 것이 좋다.

이직의 기준이 돈이 되어서는 안 된다

그리고 하나 더, 좋은 직장이 반드시 돈을 많이 주는 곳은 아니라는 점이다. 대체로 돈을 많이 주는 직장은 일을 많이 시킨다. 그러니 행복한 밥벌이를 원한다면 돈보다는 개인적인 시간을 더 많이 보장해주는 직장으로 옮기는 것이 현명한 선택이다. 물론 아예 돈을 많이 주는 직장으로 가는 방법도 있다. 바짝 한 3년 벌고 나와서 행복한 밥벌이를 찾아가도 되니까. 하지만 절대 잊지 말아야 할 것은 '우리가 예전의 직장을 왜 나올 수밖에 없었나?' 하는 질문이다. 최소한 같은 실수는 하지 말아야 한다.

다행스러운 점은 한국에도 최대한 직원의 자율성과 존엄성을 보장하며 일을 시키는 꽤 괜찮은 직장들이 속속 등장하고 있다는 사실이다. 행복을 보장하는 직장은 없지만 잘 맞는 직장은 있다. 이직의 핵심은 우리가 원하는 삶의 목적과 태도에 부합하는 직장을 선택하는 것이다. 조금만 여유를 갖고 주위를 둘러보면 상당히 괜찮은 직장이 많다. 대표적인 직장이 '제니퍼 소프트'라는 회사다. 연차를 쓰기 위해서는 당일 아침에 메일 한 통 보내면 되고, 개인의 목표 성과는 각자가 설정한다. 이 정도 직장만 많아져도 한국 사회가 굉장히 건강해질 것이다. 이 정도 회사라면 우리의 꿈을 당당히 말하면서 회사와 함께 성장할 수 있을 것이다. 그것만으로도 이미 행복한 밥벌이라고 감히 말해도 좋지 않을까? 최소한 삶이 일에 질식당하는 일은 없을 테니까 말이다.

처음으로 돌아가자. 지금 직장이 너무 괴롭다면 계속 붙어있을 필요가 없다. 세상은 넓고 직장은 많으니까. 직장을 그만두는 것도, 이직을 하는 것도 너무 심각하게 생각할 필요 없다. 인생에서 심각한 일은 생각보다 그리 많지 않다. 별일 아닌 일을 우리가 심각한 일로 만들고 있을 뿐이다. 유쾌하고 명랑하고 담담하게 이직하자!

돈을 적게 벌고 살 수 있는 방법을 찾자

1. 근본적인 삶의 환경을 바꾸자

지금 직장도 싫고, 이직도 싫은 사람은 어찌해야 하나? 정말 답이 없어 보인다. 사실 자본주의 사회에서는 정말 답이 없다. 돈 없이 할 수 있는 일은 거의 없으니까. 하지만 직장을 다니지 않아도, 이직을 하지 않아도 먹고살 수 있는 방법이 있다. 먹을 것을 직접 생산해내면 된다. 시골에서 농사를 짓는 것도 하나의 대안이 될 수 있다. 한때 귀농 열풍이 불었던 것도 돈을 벌지 않고 삶을 꾸려가고 싶다는, 자본주의를 뒤집는 인식의 전환 때문이었다.

하지만 이미 자본주의가 전 방위로 퍼진 환경에서 돈을 전혀 벌지 않고 사는 것은 현실적으로 불가능하다. 조금 유연해질 필요가 있다.

직장 동료 S 이야기를 해보자. 그는 직장을 다니면서 참 많이 괴로워했다. 함께했던 술자리에서는 늘 자신의 삶에 회의가 든다는 이야기를 했다. 그래서 그는 귀농을 했다. 퇴직금으로 어느 한적한 시골에 집과 땅을 사서 농사를 짓고 산다. 여기까지라면 여느 귀농인들과 별반 다르지 않을 것이다. 하지만 S는 조금 달랐다. 손재주가 좋았던 그는 직장을 다니면서 근 2년 동안 주말마다 목공예를 배웠다. 그리고 어느 순간 작은 목공예품을 만들 수 있을 정도의 수준이 되었다.

말하자면 그는 투잡을 하고 있는 셈이다. 그는 먹고사는 최소한의 것은 직접 재배하고 필요한 돈은 한 달에 한 번 자신이 만든 목공예품을 팔아 마련한다고 한다. S의 삶을 옆에서 지켜본 바로는 정말 빡세 보였다. 낮에는 농사를 짓고, 오후에는 작업실에서 목공예를 만드는 것이 녹록지 않아 보였다. 한번은 그에게 물었다. "힘들지 않아요? 직장 다닐 때보다 더 힘들어 보이는데요?" 그는 이렇게 답했다. "힘들 때도 있죠. 그런데 지금이 훨씬 좋아요. 부장 눈치 안 봐도 되고, 매일 업무에 쫓기며 스트레스에 안 시달려도 되니까요. 그리고 농사짓는 것도, 목공예품 만드는 것도 재미있어요. 지금이 훨씬 나아요." 햇볕에 그을린 얼굴과 조금 투박해진 손, 그리고 그의 미소를 보니 분명 그는 행복한 밥벌이를 하고 있는 듯했다.

물론 현실적인 제약이 전혀 없는 것은 아니다. 초기 귀농이 실패했던 근본적인 이유는 크게 두 가지였다. 의료와 발전시설이 없었기 때문이다. 아플 때 적절하게 치료를 받을 수 없고, 전기를 사용할 수 없는 환경은 새로운 삶의 터전을 마련하기에는 근본적인 한계가 있다. 그러니 도시를 떠나 근본적으로 새로운 삶의 터전을 꿈꾼다면 최소한 의료와 발전시설, 두 가지만은 점검해야 한다. 잊지 말자. 새로운 길을 갈 때는 지뢰를 최대한 미리 제거하는 것이 좋다.

2. 아름다운 공동체를 구성하자

돈을 적게 벌며 살 수 있는 방법이 하나 더 있다. 아름다운 공동체를 구성하는 것이다. 어디에 있든 서로를 돌보고 함께 살아갈 수 있는 아름답고 인간적인 공동체를 만들 수 있다면 조금 적게 벌어도 충분히 건강한 삶을 영위할 수 있다. 반드시 시골에 내려가거나 농사를 지으며 살아야 하는 것은 아니다. 하지만 잊지 말아야 할 것이 있다. 아름다운 공동체는 내가 먼저 공동체 구성원들을 위해 희생할 각오가 있어야 가능하다는 사실이다. 아름다운 공동체가 공허한 미사여구로 남는 이유는 명확하다. 무엇인가를 얻기 위해서 공동체를 찾기 때문이다.

아름다운 공동체는 말하자면 가족이라는 협소한 공동체의 가치를 조금 더 확장하는 것이다. 부모와 자녀들을 위해 내가 조금 적게 먹고 그들을 먹이는 것처럼 공동체 구성원들을 그리 생각해줄 때 아름다운 공동체가 실제적인 하나의 대안이 될 수 있을 것이다.

자본주의에 찌들대로 찌든 우리에게는 다소 공허하게 들릴 수 있으니 예

를 한번 들어보자. 1,000세대가 사는 아파트에서 구입하는 물품들의 목록을 한 달 단위로 정리해 전부 공유해보자. 단언하건대 그중 70퍼센트 이상은 중복된 것들을 대형 마트에서 사다 모으고 있을 것이다. 만약 그렇지 않다면 그 엄청난 양의 음식물 쓰레기가 나올 리가 없다. 중복된 것들을 과도하게 사고 또 그것을 다 쓰지 못하고 버리는 악순환이 반복되고 있는 것이다.

이제 1,000세대의 아파트가 아니라 아름다운 공동체, 10세대가 사는 아파트가 있다고 가정해보자. 우리 집에는 달걀은 있는데 쌀이 없다면 옆집으로 가서 달걀을 주고 쌀을 받아오면 어떻게 될까? 오랜만에 친구가 집에 와서 영화를 보고 싶어 할 때, 옆집에 가서 빔 프로젝트도 빌려올 수 있다면 어떨까? 당장 쌀도 빔 프로젝트를 사야 할 필요가 없을 것이다.

잊지 말아야 할 것은 달걀과 쌀의 가격을 비교하고 있거나 빔 프로젝트가 고장날까 봐 걱정하고 있다면 이미 아름다운 공동체는 물 건너갔다는 사실이다.

이 10세대가 100세대, 1000세대가 되면 상황은 또 달라진다. 아름다운 공동체의 가치가 복원되면 자본이 설 자리는 없다. 옆집 사람이 해고를 당했다면 당분간은 우리가 쌀과 달걀을 가져다주자. 일자리를 구할 동안 영화라도 한 편 보라고 빔 프로젝트도 빌려주자. 그러면 우리가 해고를 당해도 공동체 구성원들이 우리를 그리 돌봐줄 것이다.

어느 순간이 되면 우리가 좋아하는 일을 찾기 위해 직장을 그만두어도 공동체가 우리의 기본적인 삶을 돌봐줄 것이다. 우리도 그렇게 누군가를 돌봐줄 테니까. 그것이 아름다운 공동체의 힘이다. 분명 불가능하고 비현실적이라고 이야기하는 사람도 있을 것이다. 하지만 나는 분명히 기억이 난다. 어린 시절 옆집에서 부침개를 만들면 먹어보라고 우리 집에 가져오고,

우리는 고마운 마음에 그 빈 그릇에 작은 사과 몇 개를 올려서 돌려주었다. 그 아름다운 기억의 복원이 바로 아름다운 공동체의 시작이다.

잔인하고 교활한 자본주의가 우리를 낱낱의 개인으로 쪼개어 같은 것들을 더 많이 소비하게 만듦으로써 예전의 그 아름다운 공동체의 가치를 없애버린 것이다. 그 공동체의 가치를 복원할 수만 있다면 우리는 더 적게 벌고도 더 행복하게 살 수 있을 것이다. 작은 공동체 내부의 결속력이 외부에 대한 적개심이나 배타성으로 발현되지만 않는다면 더 큰 공동체를 만들 수 있을 것이다. 이처럼 아름다운 공동체의 가치를 복원하는 것이 아주 훌륭한 대안이 될 것이라고 나는 믿고 있다.

복잡할 것도 어려울 것도 없다. 직장도 싫고, 이직도 싫다면 돈을 적게 벌고 먹고살 수 있는 방법을 찾아보면 된다. 앞의 모든 사례는 그저 사례일 뿐이다. 시골에 가서 농사를 짓든, 공동체의 가치를 복원하든 선례에 얽매일 필요가 없다. 나는 그저 내가 경험하고 고민한 끝에 알게 된 몇 가지 대안을 공유했을 뿐이다. 그러니 여러분 각자의 재능과 욕망, 가치관에 따라 돈을 적게 벌고 살 수 있는 방법을 찾아서 실현해나가면 될 일이다. 정답은 없다. 우리 각자가 스스로 주인이 되어 살아가는 삶의 방식이 바로 정답이다.

10

진심으로 하고 싶은 일이 생긴 사람들에게

진심으로 하고 싶은 일이 생겼다는 것은 저주다

직장을 다니면서 진심으로 하고 싶은 일을 우연히 발견하게 되는 경우가 간혹 있다. 나 역시 이런 부류를 몇몇 만난 적이 있다. F 대리는 축구를 정말 좋아하는 사람이다. 평일에는 늦잠을 자느라 가끔 지각을 하지만 일요일만은 절대 늦잠을 자는 법이 없다. 조기축구를 하는 날이기 때문이다. 그러던 어느 날 F에게 공식 중학생 축구 시합이 있는 날 심판을 봐줄 수 있겠느냐는 제의가 왔다. 축구도 좋아하고 마침 직장에서 잠시 여유가 생긴 터라 별 생각 없이 그리하겠노라고 답했다.

F는 바로 그날 저주에 씌었다. 심판을 보는 것이 직접 시합을 하는 것보다 재미가 없을 거라던 그의 생각은 완전 틀린 것이었다. 그러고는 축구 심판을 계속하고 싶다는 강렬한 욕망에 사로잡혔다. 직장에 와도 그 생각뿐이고, 출퇴근 시간에는 스마트폰으로 축구 심판 관련 정보를 검색하기 바빴다. F의 머릿속은 온통 축구 심판에 관한 생각으로 가득 찼다.

살면서 이런 강렬한 경험을 하는 경우가 있다. 학창 시절이나 어린 시절에 이런 경험을 하게 된다면 그것은 저주가 아니라 큰 행운일 것이다. 그런 강렬한 경험을 따라 나서기만 하면 자신이 좋아하는 일로 밥벌이를 할 수 있을 테니까. 하지만 직장을 다닐 때 이런 경험을 하게 되는 것은 두말할 나위 없는 저주다. 온통 하고 싶은 일에 대한 생각뿐이라서 업무는 계속 펑크가 난다. 그 일을 직업으로 하자니 너무 무모한 짓인 것 같고, 그렇다고 그냥 덮고 예전의 삶으로 돌아갈 수도 없다. 이러지도 저러지도 못하는 저주스러운 상황에 봉착한 것이다. 어쩌면 우리는 내심 그런 저주가 두려워 새로운 경험을 하지 않으려고 더 직장일에 매달리는 것인지도 모른다.

F는 고민이 심해지자 이런 말을 하기도 했다. "차라리 그날 심판을 보지 않았으면 좋았을 것 같아요." 이해가 된다. '심판'을 경험하지 못했다면 지금처럼 괴롭지는 않을 테니까 말이다. 꼭 좋아하는 일이 아니라도 이런 경험들을 한 번씩은 가지고 있지 않나? 우연히 만난 사람에게 완전히 꽂힐 정도로 반하게 되면 앉으나 서나 온통 그 사람 생각뿐이고 그 사람이 어디 사는지, 어느 학교를 다니는지, 어떻게 하면 한 번 더 볼 수 있을까 하는 생각뿐이다. 고백할 수도 없고, 또 그냥 가만히 있을 수도 없는 짝사랑의 감정이 F의 심정과 비슷할 것이다.

저주지만 행복한 저주다

우연한 기회에 진정으로 좋아하는 일을 찾게 된 것은 저주다. 적어도 직장을 다니면서 그런 일을 찾게 된 것은 분명 저주가 맞다. 하지만 그 우연한 만남을 부정할 필요는 없다. 학창 시절 우연히 만난 사람에게 완전히 꽂히면 하루 종일 그 사람 생각 때문에 괴롭지만 그게 어디 괴롭기만 한 일인가? 어쨌든 우리는 근사한 상대를 만나 뜨거운 사랑을 시작하고 행복한 추억을 만들고 싶은 사람들 아니었나? 그래서 그 많은 소개팅과 미팅을 했던 것 아닌가? 우연히 꽂힌 사람을 만났다는 것은 좋아하는 사람을 찾기 위해 수도 없이 해야 할 소개팅과 미팅을 할 필요가 없게 되었다는 의미다. 그러니 우연히 좋아하는 사람을 만났다는 것은 괴롭기는 하지만 분명 행복한 괴로움일 것이다.

좋아하는 일을 찾게 된 것도 마찬가지다. 우연한 기회에 우리를 완전히 빨아들일 정도로 강렬한 매력을 가진 일을 찾았다는 것은 행복한 저주다. 행복한 밥벌이를 찾아가는 3단계의 제일 첫 단계가 바로 '미로 찾기'였다. 미로 찾기를 연애로 치면 소개팅이나 미팅과 같다. 시간을 두고 많은 일들을 만나보면서 나를 완전히 사로잡을 어떤 일을 찾는 과정이다. 그런데 우연한 기회에 완전히 꽂힐 만한 일을 찾았다는 것은 단박에 미로 찾기 과정을 끝내버린 셈이 된다. 그러니 우연한 기회에 좋아하는 일을 찾았다는 것은 단기적으로는 저주겠지만 인생이라는 장기적인 측면에서 본다면 아주 큰 행운이다.

로또가 별건가? 우연한 기회에 인생을 바꿀 수 있는 것이 로또 아닌가? 로또를 멀리서 찾을 필요 없다. 우연히 좋아하는 일을 찾았다는 것이 바로 로또다. 행복한 밥벌이를 할 수만 있다면 우리 삶은 근본적으로 아주 행복해질 수 있을 테니까 말이다. 그러니 우연히 평생을 걸어도 좋을 만한 일을 찾게 되었다면 운수대통했다고 생각해야 한다.

고민은 고민할 필요 없다

우연한 기회에 좋아하는 일을 찾게 된 것을 행운으로 인정한다 해도 대부분의 직장인은 선뜻 좋아하는 일을 따라 나서지 못한다. 직장과 좋아하는 일 사이에서 끊임없이 고민한다.

다시 F 대리의 이야기로 돌아가보자. 그는 평생을 걸어도 좋을 만큼 좋아하는 일을 찾고도 여전히 고민했다. 축구 심판으로 밥벌이를 해야 하는지 아니면 그냥 덮어두고 직장에 남아 있어야 하는지. 그와 적지 않은 시간 이야기를 나누면서 그가 정말 이해가 되었다. 이제 결혼한 지 2년째인 그가 난데없이 아내에게 "나 축구 심판이 되기로 했어."라고 말하는 것은 결코 쉬운 일이 아닐 것이다. 그뿐인가? 자신 역시 '축구 심판이 되고 싶다는 이 감정이 순간적인 것이 아닐까?' 하는 의구심 때문에 계속 고민을 하고 있었다.

결론부터 말하고 가자. 고민은 고민할 필요 없다. 좋아하는 일이 생겼다면 무조건 해야 한다. 궤변을 늘어놓는 것도, 남의 일이라고 무책임하게 말하는 것도 아니다. 우리가 하는 '고민'의 메커니즘을 잠시 살펴보자. 우리는 대체로 둘 중 하나를 선택해야 할 때 고민이라는 것을 하게 된다. 지금 쓰고 있는 스마트폰이 있지만 신형 스마트폰이 눈에 들어오면 고민을 시작한다. '지금 걸 그냥 써야 하나? 저것을 사야 하나 말아야 하나?' 삶의 다른 문제 역시 마찬가지다.

연애의 경우를 예로 들어보자. '가빈이'에게는 오래 사귄 남자친구가 있다. 그런데 어느 날 동아리에 있는 남자 후배가 눈에 들어왔다. 머리로는 '이래서는 안 된다, 안 된다.'고 생각했지만 마음은 자꾸 그 후배에게 쏠리고 있는 자신을 발견하게 되었다. 시간이 지나 후배에 대한 호감이 점점 커지게 되면서 '가빈이'는 고민을 하기 시작했다. 지금 남자친구를 계속 만나야 하는지, 아니면 그 후배에게 고백을 해야 하는지. 여기서 잠깐, '그래도 오래 사귄 남자친구를 만나야지!'라는 윤리적인 예단이나 '저런 나쁜 년이 있나!' 식으로 자신의 감정을 투사하는 일은 하지 말자. 그냥 지금 상황만을 보자. 중요한 것은 고민의 상황이니까.

지금 '가빈이'는 고민하고 있다. 남자친구와 후배 사이에서. 그런데 여기서 절대 놓쳐서는 안 될 고민의 본질이 있다. 고민은 동시적이지 않다는 것이다. 쉽게 말해보자. 우리는 고민을 할 때 두 가지 선택사항을 놓고 동시적으로 고민하고 있다고 생각한다. 전형적인 착각이다. 자신의 스마트폰에 정말 만족하고 있는 사람에게 신형 스마트폰이 새로 눈에 들어왔을까? 마찬가지로 '가빈이'가 자신의 남자친구를 여전히 사랑하고 있었다면 그 후배가 새로 눈에 들어왔을까?

두 가지 중 하나를 선택해야 하는 고민에 들어섰다면 이미 게임은 끝난 것이다. 새 스마트폰을 사야 하나 말아야 하나 고민한다는 것은 이미 그것을 사고 싶은 것이다. 사귀는 사람이 있는데도 좋아하는 사람이 생겨서 하는 고민은 고민이 아니다. 이미 새로 만난 사람에게 마음이 가 있는 것이니까.

스마트폰을 새로 장만한 일주일 동안 다른 스마트폰이 눈에 들어왔던가? 뜨거운 연애를 하고 있는 시기에는 아무리 멋진 상대가 나타나도 우리는 전혀 고민하지 않는다. 고민은 고사하고 눈길 한 번 가지 않는다.

고민을 하는 근본적인 이유는 기득권을 버리기 싫어서다. 신형 스마트폰 앞에서 고민하는 이유는 지금 스마트폰이 좋은 것 같기도 하고, 새 스마트폰을 사면 돈을 더 많이 써야 할 것 같기 때문이다. '가빈이'도 마찬가지다. 자신을 사로잡은 후배가 나타났음에도 불구하고 여전히 고민하고 있는 이유는 주위 사람들에게 '좋은 여자'라는 이미지를 잃고 '나쁜 년'이 되고 싶지 않아서다. 또 그 후배가 자신의 고백을 받아주지 않으면 오갈 데 없는 외로운 싱글이 될 수도 있다는 불안감 때문이다.

동시적이지 않기 때문에 고민은 고민할 필요가 없다. 이미 가지고 있던 것에서 마음이 떠났기 때문에 새로운 것이 마음속으로 들어온 것이다. 그래서 우리는 고민의 시점에서 결국 아무것도 선택하지 않은 것을 늘 후회하며 사는 것이다. '선택했어야만 하는 것'이 정말 우리가 원했던 것이니까. 둘 중 하나를 놓고 고민하고 있다면 지금 우리의 삶을 흔들고 있는, 그러니까 나중에 등장해서 고민을 선사했던 바로 그것을 선택해야 한다. 새로운 스마트폰에 완전히 꽂혀서 온통 그 생각뿐일 정도라면 과소비건 뭐건 그냥 그걸 사는 편이 낫다. 그 스마트폰을 사지 못하면 다른 일은 아무것도 하지 못할 테니까. 좋아하는 사람이 나타난 경우도 마찬가지다. 사귀고 있는 사람이 있는 상황에서 좋아하는 사람이 나타나 이미 고민이 시작되었다면 뒤에 나타난 사람을 선택해야만 한다.

'가빈이'가 후배 대신 남자친구 옆에 계속 머문다면 어떻게 될까? 몸은 남자친구에게 있지만 마음은 항상 후배에게 가 있을 것이고, 시간이 지날수록 점점 후배에게 마음이 쏠릴 것이다. 철학자 조르주 바타유의 말처럼 인간은 언제나 금지된 것을 더 욕망하게 마련이니까. 그럼 이제 '가빈이'는 죽도 밥도 안 된다. 그런 관계가 지속된다면 남자친구와 잘 지낼 수 없을 것은 당연한 일이고, 그렇게 시간만 죽이는 동안 후배에게도 여자친구가 생겨버릴 테니까. 대체로 쓸데없는 고민의 말로는 이런 식이다.

그 선택을 한 뒤에 치러야 할 기회비용을 어떻게 감당해나갈 것인가에 대한 고민이야말로 유일하게 의미 있는 고민이다.

너무 이루기 어려우면 일단 덮어둬라

나는 한때 옷, 신발을 무던히도 사다 모았다. 그때 그 과소비는 정말 엄청났다. 나는 과소비를 방지하기 위해 자구책을 하나 만들어냈다. 죽일 놈의 '지름신'이 찾아와도 일단은 잠시 덮어두고 참기로 했다. 대신 며칠 참다가 사고 싶은 옷이나 신발이 꿈에 나오면 다음 날 가서 그것을 사곤 했다. 나름 괜찮은 방법이었다. 충동구매에 휩쓸려 사놓고 손 한 번 대지 않는 옷이나 신발은 사지 않게 되었다. 그 자구책이 정말 좋아하는 옷, 신발을 사게 해주었던 셈이다. 당연히 과소비도 어느 정도 예방할 수 있었다.

우리의 삶은 언제나 척박하다. 항상 먹고사는 문제에 저당이 잡혀 있으니까. 그러니 좋아하는 일을 찾았다고 해서 선뜻 그 일에 모든 것을 던질 수 없을지도 모른다. 고민은 고민할 필요가 없다는 말은 옳은 이야기지만, 아무런 고민 없이 뒤에 나타난 일을 무조건 선택하는 것은 말처럼 쉽지 않다. 그리고 그 일이 정말 좋아하는 일인지 확신이 잘 서지 않을 수도 있다. 좋아하는 고가의 옷이나 신발을 덥석 샀는데 다음 날 후회하는 경우가 심심치 않은 것처럼. 더구나 그 옷이나 신발이 환불이 안 될 때는 정말 골칫거리라는 것을 한동안 지름신과 함께해본 사람들은 모두 알 것이다.

나의 과소비 방지 자구책을 우리의 삶에 적용해보는 것은 어떨까? 갑자기 좋아하는 일이 우리를 찾아왔다면, 일단 그 감정을 부정하지는 말자. '그건 내가 좋아하는 일이 아니야, 나는 직장을 충실히 다녀야 하는 사람이야!'라고 부정해서는 절대 안 된다. 대신 잠시 그것을 덮어두자. 그것을 직업적으로 해야 한다는 부담감은 잠시 덮어두고, 억지로라도 다른 일에 몰두해보자. 직장의 일이어도 좋고, 다른 취미생활이어도 좋다. 그렇게 시간이 지나면 모든 것이 선명해질 것이다.

다른 일에 몰두하는 동안 한때 우리를 뒤흔들었던 좋아하는 일이 희미해지거나 좋아하는 욕구가 수그러들었다면 그 일은 정말 우리가 좋아하는 일이 아니다. 하지만 시간이 지나도 나를 뒤흔들었던 일이 계속 머릿속에 저주처럼 붙어서 떨어질 줄을 모른다면 좋아하는 일을 제대로 찾은 셈이다. 그때는 더 망설일 필요 없이 그 일에 모든 것을 던져도 좋다.

부업으로 직장 다니기

영혼을 뒤흔들 정도로 좋아하는 일을 발견했다면 무조건 해야 한다. '현실은 다르다, 아직은 때가 아니다.' 하는 허접한 이야기는 접어두고 그냥 그일을 시작해야 한다. 나는 F에게 이렇게 조언해주었다. "그냥 축구 심판 하세요. 좋아하는 그 일을 하세요. 당장 직장을 때려치우라는 말이 아니라, 일단 그 일을 직업적으로 할 수 있는지 알아보고 필요한 것이 있으면 차근히 하나씩 지금부터 준비하세요."

'좋아하는 일을 시작하라.'고 말하면 대다수 직장인들은 오해를 한다. '좋아하는 일을 시작하는 것'과 '직장을 그만두는 것'이 같은 의미라고 생각하기 때문이다. 좋아하는 일을 찾았다고 해서 당장 직장을 때려치워야 하는 것은 아니다. 먹고살 만한 사람은 그렇게 해도 좋지만 당장 먹고사는 문제가 걸린 사람이라면 직장을 다니면서도 얼마든지 좋아하는 일을 시작할 수 있다.

이런 사람들에게 내가 추천하는 방법은 '부업으로 직장 다니기'다. 지금의 직장을 마치 부업처럼 다니는 것이다. 나는 F 대리에게 "대리님, 축구 심판으로 먹고살 수 있을 때까지 부업으로 지금 직장을 다니세요, 어차피 준비할 게 많을 거 아니에요." 나는 그가 축구 심판이 되었는지 아닌지 모른다. 직장을 나오고 연락을 한 적이 없었으니까. 하지만 그 조언을 듣고 F 대리가 고민의 종지부를 찍었던 것만은 분명해 보였다. 늘 근심어린 표정에서 희망을 보고 달려가는 표정으로 바뀌었기 때문이다.

지금의 직장을 부업처럼 다닌다는 것이 말처럼 쉬운 일은 아닐 것이다. 하지만 그럴 수만 있다면 의외로 행복한 밥벌이를 쉽게 할 수 있다. 우리가 직장에서 좋아하는 일을 훈련하고 연습할 수 없는 이유는 우리 삶의 우선순위가 늘 직장에 의해 휘둘리기 때문이다. 하지만 직장을 부업처럼 생각하면 우리 삶의 우선순위가 완전히 재배치되게 된다.

어렵게 생각할 것 없이 직장을 부업처럼 생각한다는 것은 편의점 알바가 되는 것이다. 편의점 알바는 돈을 준 만큼만 일한다. 그 이상은 일하지 않는다. 영화감독이 되기 위해 편의점 알바를 하는 사람은 불필요하게 더 많은 일을 하지 않는다. 돈을 더 줄 테니 더 많은 시간 동안 일하라는 사장의 유혹도 안 통한다. 영화감독이라는 자신만의 꿈이 있는 알바는 최소한의 돈을 벌고 그 돈으로 자신의 꿈을 이루면 그만이다. 이 알바 정신, 얼마나 위대한가? 알바를 무시할 것이 아니라 알바에게 배워야 할 판이다.

직장을 부업처럼 여기면 우리의 삶은 현격히 달라진다. 은근슬쩍 강요하는 사장과 상사의 야근 요구도 단호하게 거절할 수 있고, 돈을 더 줄 테니까 특근을 하라는 말에도 콧방귀를 낄 수 있다. 정작 우리의 본업은 따로 있고 직장은 부업일 뿐이니까. F 대리에게 어떤 변화가 생겼을까? 그는 분명 직장의 일은 돈을 주는 만큼, 축구 심판을 하기 위해서 필요한 만큼만 일하기 시작했다. 진심으로 하고 싶은 일이 생긴 사람들은 직장이 본업을 위한 부업일 뿐이라는 마음가짐으로 임할 필요가 있다.

직장을 부업으로 생각하면 직장을 떠날 때도 조금 더 쉽게 용기를 낼 수 있다. 본업으로 생계를 유지하게 되었거나 혹은 그럴 가능성이 보일 때는 더 이상 그 부업에 매달릴 필요가 없으니까. 영화감독을 꿈꾸는 편의점 알바가 단편 영화제에 입상을 해서 영화감독으로 먹고살 길이 열렸는데도 편의점에 미련이 남아 계속 일을 할 것이라고 생각하는 사람은 없지 않나? 잊지 말자. 하고 싶지 않은 일을 하고 있다는 측면에서 편의점 알바와 우리네 직장인은 근본적으로 전혀 다르지 않다는 사실을. 쓸데없는 허영으로 하찮은 알바와 다르다고 치장하고 있을 뿐이다.

느닷없이 좋아하는 일이 우리를 찾아왔다면 고민하지 말고 일단 그 일

을 하자. 그리고 지금의 직장은 부업으로 하자. 직장을 부정적으로 보는 것
도 아니고, 직장에 대한 의리를 지키지 않는 것도 아니다. 오히려 아주 건
강한 것이다. 정말 가고 싶지 않은 직장을 매일 가는 이유가 내가 좋아하
는 일을 하기 위해서라면, 삶이 지금보다 더 건강해질 것은 자명한 일 아닌
가? 어쩌면 불합리와 부조리가 판치는 치졸한 직장을 그나마 다닐 만한 곳
으로 만드는 유일한 방법은 직장을 행복한 밥벌이를 위한 부업으로 여기
는 것뿐인지도 모른다.

11

행복한 밥벌이를 해도
취미는 있다

행복하지 않은 밥벌이를 할 때 취미는 도피처다

행복한 밥벌이는 우리가 좋아하는 일로 밥벌이를 하는 것이니, 조금 거칠게 말하자면 취미를 계발해서 밥벌이를 하는 셈이다. 여기서 하나의 의문점이 생긴다. 그렇다면 행복한 밥벌이를 하면 취미의 영역은 사라지는 것인가? 행복한 밥벌이에 거의 다다른 사람은 이 질문에 봉착할 수밖에 없다. 행복한 밥벌이는 행복하기는 하지만 어쨌든 밥벌이다. 모든 밥벌이가 그렇듯 행복한 밥벌이 역시 때로는 하고 싶지 않을 때도 일을 해야 할 수도 있고, 하기 싫은 일을 해야 할 때도 있다. 그러니 행복한 밥벌이를 하더라도 우리의 삶을 더 윤택하게 해줄 취미 하나는 필요하다.

격투 황제라고 불린 러시아 프로 격투기 선수, '에밀리아넨코 효도르'는 격투기와 전혀 관계없는 귀여운 그림을 그리는 취미를 가지고 있다. 다른 분야도 마찬가지다. 축구를 좋아해서 축구 선수가 된 사람도 축구와 전혀 다른 취미가 있고, 노래를 부르는 것이 좋아 가수가 된 사람도 직업과 관계없는 취미 하나 정도는 있게 마련이다. 어찌 보면 당연한 것일지도 모른다. 행복한 밥벌이를 더 잘하기 위해 잠시 그것을 놓아두는 공백이 필요할 테니까.

재미있는 사실은, 행복한 밥벌이를 하지 못할 때의 취미는 진정한 취미가 아니라는 점이다. 나의 취미 중 하나는 '술 마시기'다. 술 마시는 것을 취미라고 말하는 것이 의아하게 들리는 사람이 있을지도 모르겠지만 나에게는 분명 취미다. 취미는 '전문적으로 하는 것이 아니라 즐기기 위해 하는 일'이다. 나는 술 마시기를 정말 즐긴다. 하기 싫은 일을 하러 직장을 다닐 때나 행복한 밥벌이를 하는 지금이나 '술 마시기'는 내가 즐기는 취미생활 중 하나다. 그런데 직장을 다닐 때는 그 취미를 전혀 즐기지 못했다.

직장을 다닐 때는 술을 즐기는 것이 아니라 그것에 완전히 탐닉했다. 알코올 중독자였다는 이야기가 아니라 늘 고주망태가 될 때까지 마셨다는 의미다. 내가 술을 마시는 것인지 술이 나를 마시는 것인지 알지 못할 정도로 술만 마시면 과음을 했다. 그리곤 다음 날 아침 깨질 것 같은 머리를 부여잡고 출근을 했다. 이처럼 하기 싫은 일을 할 때의 취미는 도피처로 기능하기 쉽다.

고주망태가 될 때까지 술을 마셨던 이유는 짜증나고 화나는 일들을 술이라도 한잔 마시고 다 잊고 싶었기 때문이다. 당시의 나처럼 지금의 삶에서 도피하려고 하는 것은 취미가 아니다. 술 문제만이 아니다.

직장 동료 중 한 명은 온라인 게임을 하는 것이 취미였다. 그는 직장에서 스트레스를 받으면 밤을 새워 게임을 하곤 했다. 그 역시 게임을 즐긴 것이 아니었다. 직장이라는 현실에서 게임이라는 가상공간으로 도피하고 싶었던 것일 뿐이다. 술, 게임처럼 일반적 관점에서 건강해 보이지 않는 취미생활만 그런 것이 아니라 등산, 바둑, 운동 등도 마찬가지다. 행복하지 못한 밥벌이를 할 때는 그 어떤 건강한 취미생활도 건강하지 않은 방향으로 기능할 수 있다.

평일에는 퇴근 후에 등산용품을 사러 다니고 주말이면 가족은 내팽개친 채 혼자 등산을 가는 직장인을 알고 있다. 그는 등산을 취미로 즐기는 것이 아니라 직장의 답답함을 피해 산으로 도망가는 것일 뿐이다. 충만감을 느끼지 못하는 삶을 사는 사람에게 취미는 아주 위험하다.

취미는 행복한 밥벌이를 방해하지 않는다

나는 처음 행복한 밥벌이를 시작했을 무렵 취미생활에 대한 일종의 거부감 같은 것이 있었다. '행복한 밥벌이를 방해하면 어쩌나?' 하는 고민 때문이었다. 그래서 직장을 그만둔 뒤에는 취미생활을 의도적으로 하지 않았다. 좋아하는 술도 한동안 마시지 않았고, 좋아하는 운동도 한동안 하지 않았다. 하지만 이제 안다. 그건 다 쓸데없는 짓이었다는 것을.

나는 이제 술 마시고 싶으면 마시고, 운동을 하고 싶으면 한다. 오히려 그것이 행복한 밥벌이에 도움이 된다는 것을 알게 되어서다. 술을 한 잔 마시면 머릿속에 엉켜있던 강연 내용이나 집필 내용들이 술술 정리되기도 했다. 또 슬럼프가 올 것 같을 때 운동을 하면서 땀을 흘리면 자연스럽게 슬럼프가 지나가기도 했다. 즐길 만한 취미, 무엇이든 간에 그것이 우리의 행복한 밥벌이를 방해하지는 않는다.

프로 운동 선수들 중에 술을 마시거나 담배를 피우는 사람들이 더러 있다. 술, 담배가 프로 선수들에게 좋지 않은 영향을 미칠 것이라 생각하기 쉽지만 오히려 그 반대인 경우도 있다. 선수로서 받는 스트레스를 취미로 적절하게 해소하지 못하면 더 좋은 성과를 내지 못한다는 것은 운동 선수들 사이에서 일반적 견해다. 다만 운동 선수인 만큼 취미가 건강에 해롭지 않은 것이면 더 낫겠다는 이야기를 할 뿐이다.

취미는 가져도 된다. 행복한 밥벌이를 방해하거나 지장을 주기는커녕 오히려 여러 가지 측면에서 긍정적인 영향을 미치게 될 것이다. 그러니 행복한 밥벌이를 하게 되었더라도 죄책감이나 거부감을 갖지 말고 마음껏 즐겨도 좋다. 행복한 밥벌이를 하려는 것도 결국 행복한 삶을 살기 위해서 아니었던가? 그러니 좋아하는 취미 역시 눌러놓아야 할 필요가 없다.

행복한 밥벌이를 하면서 하는 취미가 진짜 취미다

한편으로는 이런 생각이 들지도 모르겠다. '취미에 너무 많이 탐닉하면 밥벌이에 영향을 미치게 되지 않을까?' 운동 선수가 술에 탐닉하거나 줄담배를 피우면 체력이 떨어져 밥벌이에 치명적일 수 있다. 실제로 그런 사례들이 많기도 하다. 하지만 정말 운동이 좋아서 선수가 된 사람은 절대 그런 취미에 탐닉하지 않는다. 이것은 의식적으로 절제하고 중용을 지킨다는 식이 아니다. 그냥 자연스럽게 절제되고 중용이 지켜진다.

나는 행복한 밥벌이를 찾은 이후 술에 탐닉하는 경우가 거의 없다. 정말 특별한 날이 아니고는 술에 만취하는 경우가 거의 없다. 고주망태가 되면 다음 날 진짜 좋아하는 일을 하지 못하게 될 것이 뻔하기 때문이다. 직장을 다닐 때 술만 마시면 끝장을 볼 때까지 '달렸던' 이유는 다음 날 일도 하기 싫고 출근도 하기 싫어서였다.

아마도 운동 선수 중에 술에 빠지고, 줄담배를 피우는 사람은 그 운동이 정말 좋아서 하는 경우가 아니었을 것이다. 어린 시절부터 해왔고, 운동에 재능도 있고, 그것이 아니면 다른 할 것이 없기 때문에 프로 선수가 된 사람일 가능성이 높다. 실제로 지인 중에 프로 배구 선수가 있는데 그는 프로 선수 중 다수가 그저 직장처럼 운동을 하는 사람이라고 말해준 적이 있다. 진정으로 좋아하는 일을 하는 것이 아니니까 취미에 탐닉하게 되는 것이다. 자신의 일에서 충만감을 가지는 사람은 취미에 과도하게 빠지는 경우가 거의 없다. 제일 좋아하는 일을 직업으로 했고 또 그 일로 돈까지 벌수 있는데 취미에 빠져 행복한 밥벌이를 위협할 행동은 애초에 할 필요가 없을 테니까 말이다.

이렇게 말해도 좋다. 행복한 밥벌이를 하면서 즐기는 취미가 진정한 취미라고. 좋아하는 일로 밥벌이를 할 때에야 어떤 일을 취미로 즐길 수 있다. 행복한 밥벌이를 찾은 영화감독의 취미가 온라인 게임일 수는 있지만 탐닉하지는 않는다. 오히려 온라인 게임을 하면서 다음 영화에 대한 여러 가지 영감을 받을 것이다. 그 영화감독이 가장 좋아하는 것은 영화를 만드는 일이고 또 그 일을 정말 잘하고 싶을 테니까. 행복한 밥벌이를 하는 사람의 생각 근저에는 자신이 좋아하는 일이 깔려 있을 수밖에 없다. 그러니 그가 하는 취미마저 자신이 좋아하는 일을 하는 데 필요한 어떤 영감으로 작동할 수밖에 없다.

실제로 한 작가는 자신의 모든 일상이 글쓰기 소재라고 말한 적이 있다. 그러니 그는 취미를 즐기면서도 자신의 행복한 밥벌이를 더 잘할 수 있는 영감을 얻게 되는 것이다. 그가 취미로 바둑을 둔다고 해서 그것에 매몰되어 생업을 내팽개칠 수 있겠나?

잊지 말자. 우리의 삶을 윤택하게 해줄 진짜 취미를 즐기는 비결은 바로 우리가 가장 좋아하는 일로 밥벌이를 하는 것이라는 사실.

12

퇴사의 계기를 찾지 말자

피동적으로 삶을 살게 하는 '계기'

"승준아, 좋아하는 일도 찾았고, 나름 준비도 했으니 이제 홀로 서기 해야지."

"그래, 마음의 준비를 하고 있어. 이제 회사를 나갈 때가 된 것 같아."

"그래, 잘할 수 있을 거다. 너무 오래 망설이지 말고."

"알고 있어. 이제 뭔가 계기만 있으면 바로 그만둘 수 있을 것 같아."

승준이라는 친구가 있다. 그는 직장의 답답함 때문에 고민하다가 나와 함께 오랜 시간 행복한 밥벌이를 찾고 준비했다. 내가 직장을 떠나고 난 이후 그 역시 회사를 그만둘 때가 왔음을 직감했다. 하지만 승준이는 지금도 직장을 꾸역꾸역 다니고 있다. 많은 고민과 긴 시간의 준비에도 불구하고 그는 왜 홀로 서기를 하지 못했던 것일까? 회사를 그만둘 특정한 '계기'

를 찾고 있었기 때문이다.

우리가 삶에서 오해하는 것이 하나 있다. 삶의 극적인 전환에는 무엇인가 특별한 계기가 있을 것이라는 믿음이다.

정말일까? 우리는 어떤 사람의 삶을 보면서 늘 궁금해 한다. 특히 나름 성공한 사람이나 극적인 삶의 변화를 통해 행복해진 사람들을 보면, 어떻게 그렇게 성공하고 행복할 수 있었는지 늘 궁금해 한다. 월급쟁이가 회사를 그만두고 사업에 성공하면 어떤 계기로 직장을 그만두었는지 궁금해 한다. 또 화학공학도가 소설가가 되어 유명해지면 어떤 계기로 그런 선택을 했는지 궁금해 한다.

직장인으로 살다가 자기계발서 작가로 극적인 경력 전환을 한 사람이 있다. 그는 "어떤 계기 때문에 작가로 살게 될 결심을 하게 되었냐?"는 질문에 이렇게 답했다. "어느 날 문득 어디선가 '너는 작가가 되어라!'라는 소리

를 들었다. 어디서 들렸는지 모르겠지만 나는 분명히 들었다. 그것이 계기가 되어 작가가 되기로 했다."라고. 우리는 대체로 이런 스토리에 혹한다. 어떤 강렬한 계기만 있다면 나 역시 극적인 삶의 변화를 꾀할 수 있을 것이라고 믿기 때문이다.

우리는 왜 그토록 타인의 삶, 변화의 계기에 관심이 많은 걸까? 두말할 필요 없이 용기가 없어서다.

어떤 계기를 찾는다는 것은 나의 의지로 내 삶을 바꿀 의지와 용기가 없는 사람들에게는 매우 유용하다. 어떤 특정한 계기가 찾아와주기만 한다면 나 역시 못마땅한 지금의 삶을 근본적으로 뒤엎을 수 있을 것이라고 생각하기 때문이다. 승준이도 그랬을 것이다. 이제 준비는 다 끝났으니 특별한 계기만 있다면 언제든 회사를 그만둘 수 있을 것이라고. 마치 어디선가 '너는 작가가 되어라.'라는 소리를 듣고 자기계발서 작가가 되었다는 그 사람처럼.

안타깝게도 삶의 계기를 기다리는 사람은 결코 자신의 삶을 변화시킬 수 없다. 삶의 변화를 주도하는 사람은 언제나 능동적인 사람들이다. '내 삶은 내가 이끌어간다!'는 강력한 능동성을 가진 사람만이 삶의 혁명을 가능케 한다. 특정한 계기를 기다린다는 것은, 극단적으로 말하자면 이런 것이다. "나는 삶을 바꿀 정도로 강렬한 계기가 찾아오지 않는다면 지금의 삶에서 한 발자국도 움직이지 않을 것이다."

삶에 계기는 없다

가만히 우리 삶을 돌아보자. 정말 삶에 계기라는 것이 있는 것일까? 삶을 바꿀 계기는 영화에나 존재하는 것이다. 직원들을 악착같이 착취하는 사장이 어느 날 교통사고를 당해 다음 날부터 삶의 의미를 깨닫고 전인적인 사장이 되는 일은 현실에서는 좀처럼 일어나지 않는다. 진실로 사랑했던 사람으로부터 이별을 통보받은 다음 날 머리를 깎고 산으로 들어가 스님이 되는 일도 현실에서는 드물다. 어떤 특정한 계기로 삶의 변화를 맞이했다는 이야기는 대부분 사후적으로 과잉 해석된 것일 뿐이다.

우리 삶은 언제나 연속적이다. 그래서 특정한 하나의 계기로 인해 삶 전체가 송두리째 바뀌는 일은 '없다'고 할 정도로 아주 드물다. 만약 악덕 사장이 교통사고 후에 아주 인간적인 사장으로 급격하게 변했다면 그것은 그 계기 전에 '자본론'을 읽었다든지, 딸에게 '아빠 그런 나쁜 사람인지 몰랐어!'라는 이야기를 들었다든지 하는 작은 변화들이 이미 그 사장에게 시작되고 있었을 것이다. 교통사고는 준비되어 있던 그를 각성시킬 작은 사건이었을 뿐인 것이다.

철학자 강신주는, 화학공학도였지만 철학자가 되었다. 신의 계시를 받아서 철학자가 된 것이 아니다. 대학을 다니는 동안 전공 서적보다는 인문학, 사회학 책을 더 많이 접했기 때문에 자연스럽게 철학자가 된 것일 뿐이다. 철학자 비트겐슈타인은 스승 버트란트 러셀을 우연히 만난 것이 계기가 되어 철학을 하게 되었다고 알려져 있다. 하지만 그는 가족들의 불운한 죽음 같은 사건들로 인해 삶의 근본적인 의미를 묻는 과정을 겪음으로 해서 철학을 할 준비가 이미 되어 있었다.

이런 사건들은 결과적으로만 해석하면 극적인 변화 같지만 실제 그런 삶을 살아낸 사람에게는 전혀 극적인 것이 아니다. 오히려 아주 자연스러운 삶의 흐름이었다.

돌아보면 우리 삶도 그렇다. 대학을 가고, 친구를 사귀고, 취업을 하고, 결혼을 하는 것도 특정한 계기가 아니라 그저 물 흐르듯 삶의 흐름을 타고 진행된 사건들일 뿐이다. 그러니 삶에 계기는 없다. 오히려 계기는 내가 만든다고 생각해야 한다. 삶에 어떤 계기가 있다고 생각하게 되면 일정 정도 운명론자가 될 수밖에 없다. 운명론자가 되어버리면 하늘에서 내려주는 '이제 직장을 그만둘 때다.'라는 확실한 계기를 접하지 않고는 절대 직장을 그만둘 수 없을 것이다.

계기보다는 마지노선

자신의 삶에 능동적으로 개입하는 것이 두렵고 주저하게 될 때 계기를 찾게 된다는 사실을 절대 잊어서는 안 된다. 우리는 언제나 유약해질 가능성이 있다. 그리고 유약해질 때면 타협의 유혹에 시달릴 수밖에 없다. 누가 보더라도 직장을 떠나 능히 밥벌이를 할 수 있을 만큼 유능하고 적극적인 사람조차 직장을 떠나지 못하는 이유가 바로 타협의 유혹 때문이다. "아, 좀 답답하고 가끔 짜증이 나지만 뭐 어때. 제때 월급 나오는 직장이 좋은 거지."라고 말이다.

행복한 밥벌이를 위해서는 어쨌든 직장을 나와야 한다. 이 근본적인 대전제를 부정해서는 안 된다. "좋은 직장이 있을 수도 있잖아?"라고 반박하지 말자. 우리 삶의 문제에 논리적인 반박은 의미 없다. 내가 행복한가 그렇지 않은가가 중요할 뿐이다. 지금 다니는 직장이 좋은 직장인지 아닌지만 판단하면 된다. 그리고 지금 다니는 직장에서 행복하지 못하다고 판단되면 결국 거기를 나와야 한다. "모든 직장이 다 그런 것은 아니야!"라고 다수의 논리로 반박하는 사람은 결국 다수의 뒤에서 자신의 유약함을 숨기고 싶은 사람일 뿐이다.

밤낮 직장을 떠날 계기만 찾는 사람은 직장을 떠날 수 없다. 삶을 스스로 변화시키기를 원한다면 마지노선을 정하자.

'계기'가 피동적이라면 '마지노선'은 능동적이다. 올지 안 올지도 모르는 계기에 집착하는 것은 결국 지금 자리에 언제까지나 머물겠다는 말과 같다. 나의 마지노선은 '전세자금 대출 갚으면 때려치운다.' '행복한 밥벌이 3년 준비하면 퇴사한다.' '직장에서 내가 좋아하는 일로 돈을 벌 수 있게 되면 그만둔다.' 같은 것들이었다.

내가 그래도 의연하게 퇴사를 할 수 있었던 것은, 그리고 퇴사를 하고도 멘붕에 빠지지 않을 수 있었던 것은 '마지노선' 덕분이었다. 나 역시 마지노선이 점점 다가오면서 '전세자금 대출은 거의 다 갚아가는데, 조금만 더 다니면 돈을 좀 더 모을 수 있지 않을까?' '3년 준비하는 것으로는 조금 모자라지 않을까?' '좋아하는 일로 돈을 조금 더 많이 벌어야 하지 않을까?' 하는 온갖 합리화의 유혹에 시달렸다. 하지만 나는 악착같이 그 마지노선을 지키려고 노력했다. 마지노선은 말 그대로 마지노선이니까. 거기서 물러나면 마지노선은 이미 마지노선이 아니다.

나는 여러분의 마지노선이 무엇인지 모른다. 어떤 사람에게는 마지노선이 조금 여유가 있을 것이고, 어떤 사람에게는 아주 빡빡할 것이다. 어쨌든 중요한 것은 마지노선을 정하고 마지막까지 사수해내려고 노력하는 과정이다. 그 과정에서 우리는 훨씬 더 강건하고 단단한 사람이 될 것이다.

잊지 말자. 삶에 계기가 없듯이 퇴사에도 계기가 없다는 사실을. 퇴사의 계기는 우리가 만들자. 우리가 만든 퇴사의 계기를 '마지노선'이라고 부르고, 그 선에서 절대 물러서지 말자.

아직 준비가 덜 되어 한두 번 마지노선에서 물러나는 일이 있어도 결코 포기하지 말자. 그래도 우리의 인생은 계속되는 것이니까. 그리고 우리는 누구나 여전히 성장 중인 사람들이니까.

끈덕지게 마지노선을 관철시키려고 할 때 우리는 비로소 행복한 밥벌이를 할 수 있다. 삶의 혁명이 뭐 별건가? 좋아하는 일로 밥벌이를 할 수 있

다면 그것이 바로 삶의 혁명 아니겠나? 행복한 밥벌이가 바로 우리네 월급
쟁이에게는 삶의 혁명이다. 나는 여러분이 그 혁명에 모두 성공하기를 진
심으로 바란다.

13

결국 행복한
밥벌이다

모든 것이 흔들리고 불투명해 보이고 암담해질 때

아침에 눈을 떴다. 심장은 두근거리고 있었고 아무 이유 없이 불안했다. 달력을 보니 퇴사한 지 5개월이 지났다. 옷장을 열어보니 회사를 다닐 때 매일 입었던 정장과 넥타이에 뽀얀 먼지가 쌓여가고 있었다. 괜찮다고, 잘한 선택이라고 믿고 있었지만 알게 모르게 내 속에는 쌓여가는 먼지만큼 불안감과 위축감이 자라고 있었나 보다. 사람 좋아하는 내가 만나는 사람이 하루 한 명도 되지 않았고, 집에 가서 술 한잔 하는 것도 장모의 눈치를 보아야 했으니, 충분히 그럴 만했다.

나는 불안감, 외로움, 막연함에 시달리고 있었다. 내 삶에, 내 선택에 확신이 없었던 것은 아니지만 그랬다. 그날 아침 눈을 뜬 이후, 한동안 모든 것이 흔들렸고, 불투명해 보였고, 암담해 보였다. 새벽에 혼자 집을 나와 반바지에 큰 가방을 메고 걸어가는 내 모습이 쇼윈도에 비쳤다. 직장을 그만두고 단 한 번도 그런 적이 없었지만 그날만은 내 모습이 참 초라해 보였다.

정장을 입고 출근하는 사람들의 삶으로 다시 돌아가고 싶지는 않았지만 그렇다고 지금 모습이 초라해 보이지 않는 것도 아니었다.

직장 다니는 것이 죽기보다 싫다며 직장을 때려치운 사람들이 채 3개월을 채우지 못하고 죽기보다 싫은 그 직장으로 왜 다시 기어들어가는지 절절하게 이해가 되었다. 그들 역시 지금 내가 느끼는 불안감, 외로움, 막연함에 좌절했을 것이다. 느닷없이 찾아온 슬럼프라 어찌해야 하는지 알 수가 없었다. 그때 내가 봉착한 문제에 대해서 어떻게 대처해야 하는지 누구 하나 가르쳐준 적도 없었고, 어느 책에도 나와 있지 않았다. 온전히 나 스스로 해결해야 할 문제였다.

도망치기, 행복한 밥벌이로

정직하게 말해서 두려웠다. 규칙적인 수입도 없고, 어디에도 소속되어 있지 않은 불투명하고 불안정한 내 삶이. 주어진 문제에서 도망치는 것만은 하지 않으려 발버둥치며 살아왔다. 하지만 이번만은 도망치기로 했다. 단, 내가 찾은 행복한 밥벌이로! 내가 할 수 있는 것에 조금 더 몰두하기로 했다. 걱정은 언제나 걱정할 필요가 없는 것이다. 내가 바꿀 없는 문제는 애초에 걱정할 필요가 없고, 내가 개입해서 바꿀 수 있는 문제는 적극적으로 개입해서 해결하면 되는 것이니까.

그래서 지금 '해야만 하는 일'을 하기로 했다. 그것에 몰두하는 것이 도망치는 것이라면 나는 기꺼이 도망치기로 했다. 다행히도 나는 내가 좋아하는 일을 찾았다. 그리고 더 다행스러운 사실은 직장을 그만두고 난 이후 '하고 싶은 일'이 '해야만 하는 일'이 되었다는 점이다. 하루 종일 글을 썼다. 머릿속에는 온통 글을 쓰는 생각이 가득 찼다. 아침에 눈을 떠서 불안하고 외롭고 막연할 때는 더 몰두했다. 좋아하는 일을 하는 것이기는 했지만 일정 정도 그것은 도피였다. 그 불안함, 외로움, 막연함을 피하기 위한 것이었으니까. 하지만 그 도피만큼은 긍정적인 것이었다. 엄밀히 말하자면 행복한 밥벌이로의 도망은 도피가 아니라 진지한 직면일 것이다.

문득 불안감이 찾아들 때는 더 많이 썼고, 너무 외로워 누군가를 만나고 싶을 때도 글을 더 많이 썼고, 앞이 보이지 않을 정도로 삶이 막연하게 느껴질 때는 더 많이 썼다. 그렇게 두어 달이 지나갈 무렵 희한한 경험을 했다. 글을 쓰는 순간만큼은 참으로 행복했다. 아니 행복감조차 느낄 수 없을 만큼 몰입할 수 있었다. 더 이상 불안감, 외로움, 막연함을 느끼지 않아도 되는 행복감이었다. 그리고 글을 쓰면서 내가 생각보다 꽤 괜찮은 사람일지도 모른다는 생각이 들었다. 그런 자존감이 높아지는 경험으로 나는 슬럼프를 극복했다.

300페이지가 넘는 책 두 권을 거의 넉 달 동안 다 써냈다. 교정과 탈고까지 꼼꼼하게 직접 다 했다. 혹자는 "그렇게 짧은 시간에 그 정도 분량의 책

은 결코 나올 수 없다."고 단언하듯 말했다. 하지만 나에게는 가능했다. 절박했으니까. 무엇인가 하나 잡을 것이 필요했다. 나를 괴롭힌 불안함, 외로움, 막연함을 넘어서 어떤 식으로든 나는 나를 증명하고 싶었다. 스스로에게 나도 꽤 괜찮은 사람이라는 사실을 보여주고 싶었다. 그래서 집착하듯 이 글을 써댔기에 가능한 일이었다.

결국 우리를 버티게 해주는 것은 '행복한 밥벌이'다

이제 처음으로 돌아가야 할 시간인 것 같다. 우리에게 필요한 것은 결국 행복한 밥벌이다. 행복한 밥벌이를 찾아 직장을 떠나도 문제가 끝난 것은 아니다. 형태나 정도는 다를 수 있으나 분명 나와 같은 슬럼프를 겪게 될 것이다. 모든 것이 흔들리고 불투명해 보이고 암담해질 때가 분명 찾아올 것이다. 그때 우리를 버티게 해주는 것은 다름 아닌 우리가 그토록 찾아 헤맨 행복한 밥벌이다.

어떤 슬럼프든 그것을 극복하는 방법은 어떤 일에 몰입하는 것이다. 10만 원을 잃어버렸을 때 그것을 극복하는 방법은 돈을 잃어버렸다는 사실을 잊기 위해 노력하는 것이 아니라 그 사실 자체가 생각나지 않을 만한 어떤 일에 몰두하는 것이다. 마찬가지다. 끝이 보이지 않을 것 같은 슬럼프를 극복하는 방법도 어떤 일에 몰입하는 것이다. 직장 슬럼프를 겪을 때 직장일에 더 몰입하는 것도 같은 맥락이다. 하지만 이것은 좋은 몰입이 아니다. 좋은 몰입은 자신이 좋아하는 일에 집중하는 것이다.

가구 디자이너가 되기 위해 직장을 나온 친구가 있다. 그 역시 마찬가지였나 보다. 제대로 되는 것도 없고, 막막한 미래에 대해 불안할 때면 미친 듯이 가구 디자인을 스케치했단다. 스케치를 하는 순간만큼은 행복했기 때문이었을 것이다. 자신이 진심으로 좋아하는 일을 할 때는 누구도 그것을 인정해주지 않는다 하더라도 깊은 자긍심을 느끼게 된다. 그리고 좋아하는 그 일에 몰입하고 집착한다면 어느 순간 조금의 인정과 수입까지 생길 수밖에 없다. 그때가 되면 우리에게 붙어있는 불안감, 외로움, 막연함과는 영영 굿바이다.

흔들릴 때 버틸 수 있는 힘은 결국 행복한 밥벌이다. 행복한 밥벌이를 함으로써 우리는 행복한 밥벌이로 가는 그 지난한 과정을 의연히 감당할 수 있게 되는 것이다. 이것이 우리에게 행복한 밥벌이가 필요한 또 다른 이유다. 나는 여러분이 이 글을 절절하게 공감할 수 있기를 바란다. 행복한 밥벌이를 찾아 자신을 던진 사람만이 이 글의 진의를 온전히 받아낼 수 있을 것이라 생각하기 때문이다. 머릿속으로만 행복한 밥벌이를 생각하는 사람은 "그럴 것 같네."라고 치부할 수밖에 없을 것이다.

이렇게 생각하자. 혹시 여러분이 불안함, 외로움, 막연함을 절절하게 느끼고 있다면 제대로 행복한 밥벌이를 찾은 것이라고 말이다. 삶은 결국 직접 자신을 던져야 하는 것이다. 정녕 행복한 밥벌이를 원한다면 관음증 환자처럼 주위만 둘러보지 말고 하나라도 직접 행동하고 시도하자. 그리고 어느 순간 정말 불안하고 외롭고 막연하다면 그때 다시 한 번 이 책을 집어들 수 있었으면 좋겠다. 그제야 비로소 여러분께 하고 싶었던 이야기들이 고스란히 전해질 수 있을 것이다.

잊지 말자. 결국은 행복한 밥벌이라는 사실을. 다들 건투를 빈다.

긴 글을 읽어주신
고마운 분들에게
보내는 편지

- 1 -

'제 갈 길을 가라, 남이야 뭐라든.'

마르크스의 《자본론》 서문에 나오는 이야기입니다. 그는 왜 이런 이야기를 했던 것일까요? 부유한 변호사의 집안에서 태어났지만 기득권을 버리고 자본을 신랄하게 비판하고 기존의 세상과는 다른 새로운 세상을 꿈꾼 사람이 바로 마르크스였습니다. 그 길을 걸어가기 위해 자신이 가진 모든 것을 버렸던 그는 주위 사람들로부터 얼마나 많은 비난과 조롱을 받았을까요? 안 봐도 뻔하지요. 기존의 질서에 반대하고 새로운 세상을 꿈꾸는 사람은 동서고금을 통틀어 언제나 비난과 조롱의 대상이었으니까요.

직장에서 행복한 밥벌이를 찾기 위해 발버둥치던 시절, 행복한 밥벌이를 위해 직장을 나섰던 시절, 그리고 행복한 밥벌이를 하며 걸어가고 있는 지금까지 마르크스의 저 말이 저에게는 큰 힘이 되었습니다.

저는 마르크스처럼 거창하게 새로운 세상을 만들고 싶은 것이 전혀 아니었습니다. 그저 제가 행복할 수 있는 새로운 삶을 살려고 노력하는 사람일 뿐이었습니다. 하지만 그런 소박한 꿈을 가진 사람에게도 주위 사람들은 참 많은 비난과 조롱을 했습니다. 저는 이제 알겠습니다. 왜 마르크스가 저서의 서문 마지막을 '제 갈 길을 가라, 남이야 뭐라든.'이라고 썼는지 말입니다. 자신이니까 살 수 있는, 그래서 행복한 삶을 살기 위해서는 필연적으로 타인의 비난과 조롱에서 결코 자유로울 수 없다는 것을 이미 마르크스는 알고 있었던 겁니다.

제가 이제껏 했던 이야기대로 하는 것은 결코 쉬운 일이 아닐 것입니다. 그 길을 직접 걸어온 제가 왜 모르겠습니까. 여러분이 제 말을 믿고 삶의 변화를 위해 한 발을 내딛었다면 때로는 외로웠을 것이고, 때로는 불안했을 것입니다. 저와 마르크스가 그랬던 것처럼. 그럴 때 무슨 말이 위로가 될까요? 다들 앞서 나가는 것 같은데 나만 혼자 미친 짓을 하느라 뒤처져 있는 것 같은 기분이 들 때, 세상에 나 혼자 남겨진 것 같은 기분이 들 때 도대체 무슨 말이 격려가 되고 위로가 될까요? 어떤 말이 주저앉지 않고 담대하게 또 한 발을 내디딜 수 있게 해줄까요?

우리는 결국 우리의 길을 갈 수밖에 없습니다. 그리고 남들이 뭐라든 신경 쓸 필요 없습니다. 어차피 우리 주위의 다수는 우리를 이해해주지 못할 테니까요. 자신과 똑같이 생각하고, 똑같은 방법으로 살아가지 않으면 타인에게 피해를 주는 것이라고 간단히 매도한 뒤 우리를 비난하겠지요. 어쩌면 우리니까 살 수 있는 삶을 살기 시작했을 때 주위 사람들이 비난하고 조롱을 한다면 자부심을 가져도 좋을지 모릅니다. 그것이 제대로 우리의 길을 걸어가기 시작했다는 방증이 될 테니까요.

우리는 언제나 다른 사람의 이야기에 과도하게 신경 쓰고 눈치 보느라 정작 우리의 인생을 살아보지 못했습니다. 한 번밖에 살지 못하는 인생, 이제라도 정말 우리니까 살아볼 수 있는 그런 행복한 삶을 살아야 하지 않을까요? 그러니 남이야 뭐라든 각자 제 길을 묵묵히 걸어가는 것은 어떨까요? 그래도 지치고 힘이 들 때면 마르크스의 사자후를 다시 한 번 떠올려보는 건 어떨까요? 분명 조금은 힘이 되실 겁니다.

- 2 -

제 원고의 출판을 거절한 어느 출판사 대표가 그러더군요. "작가님 글은 너무 편향적이고 극단적이에요." 맞습니다. 일정 정도 그런 것 같습니다. 이 글을 읽으신 분들 중 역시 그리 생각하는 분들이 계실지도 모르겠습니다. 그런데 잠시 우리네 직장의 모습을 찬찬히 한번 둘러봅시다. 제 이야기보다 더 편향적이고 극단적으로 직장이 우리를 소모하고 있는 것은 아닐까요? 저 역시 듣기 좋은 이야기가 잔뜩 적힌 책들을 많이도 읽었습니다. 읽는 순간만은 무엇인가 삶의 변화가 일어날 것 같았습니다. 하지만 다음 날 직장으로 돌아가면 모든 것이 무용지물이었습니다. 그 이야기들은 전혀 실제 직장에서 제 삶의 변화를 꾀할 수 없는 것들이었습니다.

저는 그런 이야기를 하고 싶지 않았습니다. 지금 우리가 처해 있는 척박하고 빡센 적나라한 직장의 현실은 보지 않은 채 제 이야기를 들으신다면 조금 편향적이고 극단적이라고 느껴질 수 있을 것 같습니다. 하지만 누구라도 지금 우리네 직장인이 처한 실존적인 곤경에 직면할 수 있다면 제 이야기가 지극히 균형 잡힌 이야기라는 사실을 어렵지 않게 알게 되실 것입니다.

제가 몇 년째 운영 중인 블로그 이름이 '발칙한 밥벌이'입니다. 왜 그런 발칙한 이름을 붙였는지 눈치 채셨나요? 지금 한국의 대부분의 직장에서는 발칙해지지 못하면 행복한 밥벌이가 애초에 요원하기 때문입니다. 서글프게도 지금 우리에게는 발칙해지지 않고 행복한 밥벌이를 할 수 있는 방법이 없어 보입니다. 이것이 우리네 직장인이 처한 곤경의 핵심이겠지요. 수많은 자기계발 방법이 있으면 뭐 하겠습니까? 밑도 끝도 없는 상사 눈치에, 끝도 없이 쏟아지는 업무에 지쳐버려 정작 자기계발을 할 에너지도 시간도 남아 있지 않은 것이 우리의 현실인데요.

우리, 발칙해집시다. 그렇게 우리 각자 제 갈 길을 갑시다. 남이야 뭐라든. 어쩌면 그것이 지금 우리가 행복한 밥벌이를 할 수 있는 유일한 방법인지도 모릅니다. 자그마치 7년입니다. 7년 동안 직장에서 행복한 밥벌이를 찾아 헤맸습니다. '좋은 게 좋은 거지 뭐.'라며 '퉁치는' 방법으로는 행복한 밥벌이를 할 수 없었습니다. 사장과 상사는 우리의 행복은 전혀 개의치 않고 우리를 뼛속까지 이용하려고 할 테니까요. 평생을 하기 싫은 일, 꼴도 보기 싫은 인간들과 함께할 수는 없는 노릇 아닌가요?

행복한 밥벌이는 있습니다. 그리 멀지 않습니다. 좋아하는 일을 하며 밥벌이를 할 수 있는 삶은 행복합니다. 그 행복을 누리기 위해 치러야 할 기회비용이 없는 것은 아닙니다만, 능히 그럴 만한 가치가 있습니다. 행복한 밥벌이를 하게 되면 알게 되실 겁니다. 행복한 밥벌이를 한다는 것이 얼마나 소중하고 행복한 일인지.

사실 이 책은 《저 오늘 회사 그만둡니다!》라는 저의 책에 이어지는 내용입니다. 저는 그 책을 통해 직장을 그만두라고 말했습니다. 어느 독자가 그러더군요. "대안이 뭐예요?" 저는 이 책을 통해 나름의 대안을 주고 싶었습니다. 글쓰는 사람으로서 일종의 의무였던 셈이지요. 그 의무 같았던 긴 이야기를 이제야 마무리를 하고 있습니다. 제 삶에서 절절하게 고민했던 것과 나름의 대안이라 할 만한 것들을 모두 이야기했습니다.

이제 나머지는 여러분의 몫입니다. 이제 여러분이 한 발 내디딜 차례입니다. 저는 행복한 밥벌이를 여러분과 함께해나가고 싶습니다.

지금 꿈이 하나 생겼습니다. 언젠가 시간이 조금 더 지나 행복한 밥벌이를 하는 사람들이 함께 모여 술 한잔하는 꿈. 이 책이 그 꿈의 시발점이 되기를 바랍니다.

저의 그 꿈을 이룰 수 있을지 없을지는 전적으로 여러분에게 달렸습니다. 그러니 이제 부탁을 드려야겠네요. 너무 늦지 않게 부디 저의 꿈을 이룰 수 있게 해달라고 말입니다.

더 이상 의미 없는 일에 소모되는 삶 말고 자신이 진정으로 원하는 일을 행복하게 할 수 있는 삶을 사시기를 진심으로 바랍니다. 우리는 모두 능히 그럴 힘이, 그럴 권리가 있습니다. 평일 오후, '행복한 밥벌이'라는 이름의 술자리에서 모두들 곧 뵐 수 있기를 바랍니다.

긴 글 읽어주신 여러분께 머리 숙여 진심으로 감사드립니다.

꼭 행복한 밥벌이 하세요!

2014년 10월 20일
가을이 시작되는 어느 새벽에

황 진 규